인류세와 기후위기의 大가속

The Anthropocene and Climate Crisis

인류세와 기후위기의 大가속

P. 크뤼천 · D. 차크라바르티 · J. B. 프레쏘 · A. 말름 외 지음
이별빛달빛 엮음 | 김용우 · 김찬종 · 정홍상 외 옮김

한울
아카데미

차례

Part 2. 내가 사는 지역과 지구는 하나다

【프롤로그】 기후위기는 인류세와 어떻게 맞물려 있는가

두 마리 토끼를 잡으려는 것이 결코 아니다. 기후위기와 인류세는 처음부터 떼려야 뗄 수 없는 관계를 가지면서 '대가속'의 궤적을 만들어 왔다. 이 저술을 편찬하게 된 가장 핵심적인 문제의식이다. 그동안 이 두 거대 담론을 분리한 채로 논의하다 보니, 인류가 절체절명의 순간에 처해 있음을 이제야 깨닫게 된 것이다. 인류가 지금과 같은 문명적 힘, 방식, 속도로 '어머니 지구'를 혹사시킨다면, '여섯 번째 대멸종'을 맞게 될 것임은 명약관화하다.

서구적 근대성이 인류를 계몽시킬 것이라고 믿었던 모든 학문과 예술은, 문명의 종말이 언젠가는 도래할 것이라는 장 자크 루소의 선구자적 경고를 거의 무시했다. 『인간 불평등 기원론』을 自然史의 지평에서 읽어 보면, '서구의 열대 탐험, 전 지구적 교역, 식민화'가 근대로의 길을 열게 되지만 결국 전 지구적 파국을 촉발시키게 된다는, 그의 은유적 논의를 파악할 수 있다. 그런데 루소의 이런 인식은 당대 유럽의 최고 자연사학자인 르클레르 드 뷔퐁(Leclerc de Buffon)의 대작인 『자연사(Histoire naturelle)』에 근거한 것이다. 뷔퐁은 계몽주의 시대에 기후위기와 인류세 – 비록 그는 이 두 용어를 사용하지는 않았지만 – 를 처음으로 연관시켰던 최초의 자연사학자였다. 필자가 『自然史혁명의 선구자들』(2022)의 4장에서 규명했듯이, 루소를 비롯해서 칸트와 괴테 등 당대 유럽의 사상가들 중에서 뷔퐁의 영향을 받지 않은 인물은 한 명도 없었다. 그렇기에 이 단행본의 문제의식을 보여 주는 글, 「인류세와 기후위기의 서구적 계보를 찾아서」는 뷔퐁의 자연사학에서 시작한다는 점에서, 그동안 국내외에 소개되고 있는 이 분야의 단행본들과 비교해 볼 때 참신하고 독창적이라고 여겨진다. 이 글은 ① 서구의 전 지구적 열대우림 파괴가 인류세를 초래하게 된 과정, ② 러시아 과학자 블라디미르 베르나츠키와 프랑스의 지질학자 피에르 테이야르 드 샤르댕에 의한 생물권, 인지권, 정신권에 관한 논의, ③ '스푸트니크 호' 발사에 의해 촉발된 냉전시대의 군사화가 기후위기에 미친 영향 등 기존의 인류세와 기후위기 논의에서 크게 주목을 받지 못했던 문제들을 규명했다는 점에서도 의의가 있다.

무엇보다도 이 저작은, 기후위기와 인류세가 어떻게 연관되어 있는지를 파악하려면 융합 학문적인 접근과 인식을 요청한다는 것을 강조한다. 자연사, 지구과학, 과학기술사, 문학, 역사학, 정치경제학, 환경사, 외교 분야의 전문가들이 이 저술의 필자이며 번역자라는 사실은 이를 반증한다.

'Part 1. 과거, 현재, 미래는 연결되어 있다'는 두 편의 글을 통해, 인류세와 기후위기의 개념이 무엇이며, 역사적으로 어떻게 서로 연관되면서 정립되었으며, 과거와 현재는 인류의 미래에 어떻게 영향을 미칠 것인지 살펴보는 데 초점을 맞춘다.

인류세라는 용어를 회자시키는 데 큰 공헌을 했던 노벨상 수상자 파울 크뤼천, 기후학자인 윌 스테픈, 과학사학자 자크 그린발, 환경사학자 존 맥닐이 함께 쓴 「인류세: 개념적, 역사적 관점」은 인류세와 기후위기의 연관성을 파악하는 데 단연 최고의 글로 평가되고 있다. 세계적인 석학으로 정평이 나 있는 네 저자들은 인류세가 산업혁명 시기에 시작되었다고 주장한다. 이는 루소가 선견지명의 혜안으로 인류세의 도래를 설파했던 시기와 일치한다는 점에서 주목을 요한다. 그들은 상당히 흥미로운 그림들을 보여 주면서 제2차 세계대전이 끝난 이후로, 인류의 여러 문명적 장치들이 인구의 폭발, 기후위기, 생태계의 파괴를 더욱 가속시켰다고 논의했다. 약 70년간 일어났던 이러한 대가속의 결과, 어머니 지구는 더 이상 인류와 생태계를 수용할 수 없는 상황으로 치닫고 있다. 저자들은 국가의 간섭을 최소화하는 것을 지향하는 '신고전주의 경제학'에 의해 생태환경이 전 지구적으로 훼손되었다는 점을 강조했다. 이 글이 탁월한 까닭은 호주 학자인 스테픈이 스웨덴의 기후학자인 요한 록스트룀 – 그의 책 『지구 한계의 경계에서』가 번역되어 있다 – 과 함께 설정했던 '지구위험한계선(planetary boundaries)'을 인류세와 기후위기의 연관성을 규명하는 과학적 근거로 삼았기 때문이다. 세계적인 석학들이 쓴 글인 만큼 읽기가 그렇게 녹록하지 않다. 하지만, 이 주제를 이해하는 데 피해 갈 수 없는 고전에 속하는 만큼, 교양 독자들이 가까운 동료들과 소통하면서 꼭 읽어 내야 하는 글이다.

프랑스의 기후 역사를 전공하는 파비앙 로셰와 장바티스트 프레쏘가 쓴 「기후의 역사에 대한 성찰적 근대성」은 주목을 요하는 글이다. 왜냐하면, 18~ 19세기 전반기에 살았던 근대인들의 자연과 기후에 대한 인식은 현대인들이 생각하는 것 이상으로 자연과 사회 사이의 조화롭고 유기체적인 세계를 지향했기 때문이다. 두 저자가 볼 때, 이런 기후 패러다임은 19세기 후반기에 붕괴되기 시작했다. 서구에 의한 전 지구적 열대의 식민화 – 필자는 『열대의 서구, 朝鮮의 열대』(2016)에서 이를 논의했다 – 와 '오리엔탈리즘'이 이를 추동시켰던 물질적, 이념적 힘으로 작용했다는 것이다. 그들은 생물학과 의학, 농학, 지구과학, 지리학, 경제학, 사회학이 근대적 학문 체계로부터 '기후 담론'이 빠져 버린 현대적인 지식 체계로 어떻게 각각 변해 갔는지를 흥미롭게 논의했다. 이 글은 기후위기에 대한 우리의 철학적 상상력을 촉발시키는데, 바로 기후위기의 원인과 결과 사이의 '재귀적(再歸的) 순환관계(reflexivity)' – 결과가 다시 원인에 영향을 미치는 것 – 에 대한 성찰을 강력하게 요청한다는 것이다. 이렇게 볼 때, 기후위기와 인류세의 관계에 대해서도 근본적으로 생각해 볼 필요가 있다.

이 저술의 또 다른 특징은 인류세에 관해 서로 대립된 견해를 보여주는 두 편의 글을 포함한다는 데 있다. 저명한 생태사회주의자인 안드레아스 말름과 인류생태학자인 알프 호른보리는 역사학자 디페시 차크라바르티가 쓴 「역사의 기후: 네 가지 테제」를 논박하기 위해 「인류의 지질학? 인류세 서사 비판」을 썼다. 상당히 널리 인용된 전자의 글은 『지구사의 도전』에 한 꼭지로 번역되어 있다. 10여 년 전에 한국에 소개된 이 탁월한 글은 아쉽게도 학계에서 거의 주목을 받지 못했다. 여하튼 차크라바르티는 스웨덴의 이 두 학자가 쓴 글을 반박하기 위해 「기후변화의 정치는 자본주의의 정치를 넘어선다」를 썼다.

한국어로 번역된 『코로나, 기후, 오래된 비상사태』(2021)를 쓴 말름과 작년에 전주에서 열린 국제학술대회에 다녀간 호른보리는 인류세 개념 자체에 대해 비판적 입장을 견지하고 있다. 두 사람은 기후위기로 인해 온 지구가 재앙적 상황을 맞게 되면, "부자와 특권층을 위한 구명보트가 없다"는 차크라바르티의 논점을 비판한다. 그들에 따르면, 인류세를 주창하는 학자들은 자연과학적 세계관을 사회로 무리하게 확장한다. 기후위기를 인류세의 가장 두드러진 징후로 간주하는 두 저자는 사회관계가 자연조건을 결정한다고 주장한다.

차크라바르티는 「역사의 기후」에서 자연사와 인류사의 경계를 무너뜨려야 한다는 역사철학적 관점을 제시한 적이 있다. 그는 "기후위기가 자본주의의 역사와 깊이 연관되어 있기는 하지만 그것으로 환원될 수 없다"라고 말했다는 사실을 환기시키면서, 말름과 호른보리의 비판에 대해 재반론을 하고 있다. 그는 인류세를 제대로 탐구하려면 자본주의라는 역사적 범주 못지않게 생물학적 '종'의 범주도 포함해야 한다고 주장했다. 그는 유발 하라리가 쓴, 세계적으로 베스트셀러가 된 『사피엔스』를 끌어와서 자신의 주장을 정당화한다. "인류는 너무나도 빠른 시간에 생태적 먹이 사슬에서 정상에 올랐기 때문에, 생태계가 인류에 적응할 시간이 없었다." 차크라바르티에 의하면, 기후위기는 인류를 포함해서 지구상의 어떤 생명체도 피해 갈 수 없는 문제이다. 또한 그가 작년에 출간한 『지구 행성 시대 역사의 기후』가 한국어로 번역된다고 하니, 이 논쟁이 앞으로 어떻게 전개될 것인지 자못 흥미롭다.

'Part 2. 내가 사는 지역과 지구는 하나다'는 아시아, 서구, 러시아에서 인류세와 기후위기가 서로 어떻게 연결되어 있는지를 조망하면서, 동아시아에 살고 있는 '내 삶'이 결국은 전 지구적인 생명과 하나임을 보여 주는 데 의의가 있다.

고고인류학자인 마크 J. 허드슨은 「아시아를 인류세에 자리매김하기」에서 서구 중심주의적인 인류세 개념을 은유적으로 비판하면서, 지역학으로서의 아시아 연구가 앞으로 인류세 탐구에서 중요한 역할을 맡을 것이라고 전망한다. 일본에서 학자로서의 경력을 쌓았던 그에 의하면, 화석연료를 유럽보다 훨씬 일찍 사용했던 중국이 18세기까지는 유럽보다 문명적으로 앞선 사회였음을 고려할 때, 인류세가 유럽보다 중국에서 먼저 시작했을 수도 있다. 하지만, 기존의 연구자들은 인류세의 관점에서 아시아 지역학을 수행하지 않았기에 이런 논쟁적 주제는 앞으로 지속적으로 관심을 갖고 살펴봐야 한다는 것이다. 그의 논의가 빛을 발하는 까닭은, 중국의 산업화를 전 지구적인 지평에서 논의하고 있기 때문이다. 중국의 화석연료 사용은 서구와 아프리카 등 많은 나라들이 중국 상품의 수출을 더욱 필요로 하기에 증가하고 있다. 인류세 연구에 대한 인류학적 방법론을 강조하는 허드슨이 볼 때, 한국이 속해 있는 동아시아의 사회-생태계는 전 지구적인 사회경제적, 문화적, 종교적 변동과 깊이 연결되어 있는 것이다.

20세기 후반 국제 외교계에서 널리 알려진 크리스핀 티켈은 1970년대에 처음으로 기후변화를 다룬 『기후변화와 국제관계』를 출간했다. 티켈의 이 책은 마침 같은 시기에 로마클럽 보고서로 출간된 『성장의 한계』 – 올해 50주년을 맞았다 – 와 맞물려 큰 반향을 불러일으켰다. 티켈은 그 후로 환경론자로 활동했으며, 타계하기 이전에 「기후위기에 대한 서구 사회의 대응: 인류세의 관점」을 남겼다. 이 글에 담긴 언어들은 상당히 온화해 보이지만 그의 원숙한 경륜을 보여 준다는 점에서 곱씹어 읽어 볼 가치가 있다. 티켈은 현재 세계 지도자들이 만나면 으레 언급하는 탄소중립이나 신재생에너지와 같은 의제로는 지구가 당면한 기후위기를 해결할 수 없다고 논의한다. 그가 볼 때, 기후위기와 인류세에 대한 시민들의 의식이 더욱 고양되지 않으면 기후재난은 더욱 가속화될 것이다. '소비경제의 철학'이 획기적으로 바뀌어야 한다는 것이다.

독자들은 알렉 브룩스와 엘레나 프라토가 쓴 「인류세와 러시아: 문학적 지평」의 제목을 보는 순간 고개를 갸우뚱할 것이다. 러시아와 인류세가 무슨 연관성이 있기에? 인류세라는 개념이 흔히 서구에서 먼저 시작되었다고 알고 있다면, 이 글은 그런 편견을 바로잡는 데 기여할 것이다. 러시아가 낳은 걸출한 지구과학자인 블라디미르 베르나츠키는 1920년대~1930년대에 '생물권'과 '인지권'에 대한 연구를 통해 인류세에 대한 과학적 근거를 정립했다. 이 글의 저자들은 그를 비롯해서 러시아에서 인류세에 관한 개념, 방법, 이론을 발달시키는 데 앞장섰던 선구자들을 소개하면서, '성장 숭배'의 주술에 걸린 서구의 인류세 연구자들이 러시아의 이런 상황을 제대로 인식하지 못한다고 비판했다. 특히 이 두 저자들이 한국어로 번역된 클라이브 해밀턴의 『인류세』와 그가 보수적이라고 논박했던 얼 엘리스의 『인류세』를 함께 비판했다는 점에서, 이 글은 인류세 담론의 세계적 전개 과정을 이해하는 데 대단히 중요하다. 이렇게 볼 때, 결국 이 글이나 허드슨이 쓴 앞의 글이나, 인류세와 기후위기에 대한 서구 중심적 입장은 아시아나 러시아 지역에서 비판적으로 논의되어야 할 것이다.

이 책의 표지로 앙리 루소의 유명한 작품 〈꿈〉(1910)의 일부를 선정한 것에 대해 설명할 필요가 있다. 이 작품은 1970년 9월에 미국의 과학잡지 ≪사이언티픽 아메리칸≫의 '생물권' 특집호 표지로 실렸다. 이어지는 필자의 글에도 나와 있듯이, 이 용어는 인류세와 기후위기를 이해하는 데 핵심적인 개념이다. 루소 작품의 공간은 열대 멕시코인

데, 열대 생물권이 지구의 생명을 지속하는 데 매우 중요한 위상을 차지한다는 점에서 이 작품을 표지로 선정한 것이다.

기후위기에 관한 책들은 차고도 넘칠 정도로 나와 있다. 그러나 인류세에 관한 단행본의 양적 규모와 질적 수준은 아직 초기 단계에 머물러 있다. 이번 단행본 발간에 참여한 몇몇 학자와 사정상 그러지 않은 학자들은 약 7년 전에 만든 '자연사연구회'를 통해 인류세와 기후위기를 공부해 왔다. 수도권에서만 아니라, 부산, 강릉, 남해 등에서 여름 워크숍을 개최하면서 지방의 학자들과도 긴밀히 교류해 왔다. 한국에서 인류세를 처음으로 공부한 연구 단체라는 사실에 자부심을 갖는다. 이번 단행본은 이러한 집단적 노력의 결실이다. 또한 진행 과정에서 여러 가지로 조언을 해준, 40년지기인 독일사학회장 이진일 교수에게 고마움을 표한다. 이 책이 인류세와 기후위기의 상관성에 관심을 가진 독자들에게 가까이 다가가기를 기대한다.

인류세와 기후위기의 서구적 계보를 찾아서

自然史와 인류사의 공명

이별빛달빛

왜 이 글을 쓰는가

노벨상 수상자 파울 크뤼천(Paul Crutzen)이 2000년에 "인류는 산업혁명 이래로 인류세라는 새로운 지질학적 시대에 접어들었다"라고 주장한 이래로, 인류세는 전 세계적으로 대중들의 깊은 관심을 촉발시켜 왔다. 그런데, 이 용어는 미국의 규조류(硅藻類) 분야 석학 유진 스토머(Eugene F. Stoermer)가 1980년대 초에 서구에서는 처음으로 창안했다. 여기서 강조할 점은, 그가 식물성 플랑크톤의 중요한 사례로 등장하는 규조류를 탐구하면서 인류세 개념을 정립했다는 것이다. 일본의 조류학자 이사오 이노우에(井上勳)가 『30억 년의 조류 자연사』에서 설명했듯이,[1] 규조류는 현재 10만 종이 넘을 정도로 해양과 육지 모두에 서식하면서 지구 생태계에 광범위하게 영향을 미쳐 왔다.[2] 그렇다. 30억 년간 진화를 해왔던 규조류의 '자연사'는 기껏해야 1만 년의 역사를 갖는 '인류사'와 근본적으로 다른 시간관을 갖는다.

스토머가 모든 지구 생명체들의 고향인 해양에 서식하는 규조류를 자연사의 관점에서 연구하면서, 인류세를 착안했다는 점에 주목할 필요가 있다. 왜냐하면, 자연사는 생명에 대한 진화론적 사유를 요청하기 때문이다. 이처럼 자연사의 지평에서 인류세를 인식할 때, 지질시대가 어떻게 충적세에서 인류세로 바뀌게 되었는지를 알 수 있는 것이다. 이렇게 볼 때, 서구 사회에서 인류세에 대한 관심이 언제부터 시작되었는지를 알려면, '자연사 혁명의 선구자들'[3] 중 한 명인 르클레르드 뷔퐁(Leclerc de Buffon)까지 거슬러 올라가야 한다. 최근에 인류세를 탐구하는 지구과학자들이 뷔퐁을 다시 사유하는 이유도 여기에 있다.

아리스토텔레스를 계승한 테오프라스토스(Theophrastos)는 인간이 기후에 영향을 미칠 수 있음을 깨달았던 고대 희랍의 첫 번째 자연사학자로 간주된다. 그는 인간의 이익을 위해 숲을 개간하면 그 지역의 기후가 바뀐다는 것을 알았다. 그 이후로 지난 2,300여 년간 인간의 활동이 기후에 영향을 미칠 수 있다는 것을 문헌으로 남긴 사람들은 너무도 많아서 여기에 다 적을 수 없다. 속된 말로 기후에 관한 책들은 차고도 넘친다. 그럼에도 이 글이 기후위기 담론의 서구적 계보를 찾으면서 알렉산더 폰 훔볼트(Alexander von Humboldt)에 주목하는 까닭은, 그가 근대 기후학의 개념을 정립했음에도 불구하고[4] 국내외의 많은 기후위기와 인류세 담론에서 그에 관한 논의를 찾기가 어렵기 때문이다.[5]

인류세와 기후위기의 서구적 계보에서, 훔볼트 이외에도 몇몇 중요한 자연학자들의 위상을 자리매김할 필요가 있다. 찰스 다윈에 가려져 100여 년 이상 관심을 받지 못한, 미국 외교관 조지 마시(George P. Marsh)는 인간이 자연에 대해 역사지질학적 행위를 하고 있음을 천명했다. 또한 '냉전(cold war)'의 시대적 상황으로 금세기에 들어와서야 서방세계에 알려진, 러시아의 지구과학자 블라디미르 베르나츠키(Vladimir Vernadsky)는 인류세의 기본 개념인 '생물권(biosphere)'과 '인지권(noosphere)'[6]을 정립했다. 이와 함께, 프랑스의 지질학자 피에르 테이야르 드 샤르댕(Pierre Teilhard de Chardin)은 인지권을 자연신학적 관점에서 논의했다. 영국의 지구물리학자 제임스 러브록(James Lovelock)은 '가이아(Gaia)' 가설을 통해서 지구도 커다란 생명체임을 보여 주었다. 이런 역사적 흐름을 종합적으로 파악할 때, 기후위기와 인류세가 현대사회에서 어떤 의미를 갖는지를 이해할 수 있다.

이 두 거대한 담론이 냉전과 어떤 관련성이 있는지를 엄중하게 캐물어야 한다. 그렇지 않으면, 마치 기후위기를 '탄소중립'의 문제로 환원시키거나 인류세를 고도로 훈련된 전문가들만이 참여할 수 있는 지적인 놀이터로 만들어 버릴 수 있다. 이런 오류에 빠지지 않으려면, 무엇보다도 '지구시스템과학'이 제2차 세계대전 이후 시작된, 그리고 아직도 지속되고 있는, 미국이 주도해 온 냉전시대와 신냉전시대의 '군사화' 흐름과 어떻게 맞물려 있는지를 깊이 탐구해야 한다. 다시 말해서 18~19세기에 이루어진, 서구의 전 지구적 식민 지배, 제2차 세계대전 이후 강대국의 제3세계에 대한 군사적 개입, 그리고 국제 외교와 지정학적 갈등을 인류세와 기후위기의 관점에서 새롭게 파악해야 한다.

기후위기와 인류세에 관한 논의는 '지오인문학(Geo-Humanities)'[7]과 자연신학, 사회과학과 국제지역학, 지구시스템과학 중심의 자연과학, 기술공학, 보건의료에 대한 광범위한 융합적 사유를 절박하게 요청한다. 그렇기에 지구가 당면하고 있는 이 거대한 두 화두를 풀어 가는 것이 결코 만만치 않다는 것을 알 수 있다. 이 두 화두는 모든 분과학문의 장벽을 무너뜨리지 않으면 도전할 수 없음을 생생하게 보여 준다. 특히, 필자는 훔볼트의 정신을 좇아서 자연사와 인류사의 공명이라는 관점에서, 인류세와 기후위기 담론의 서구적 계보를 규명하는 데 초점을 맞추었다. 교양 독자들이 개별 학문의 경계를 넘나들면서 이 글을 읽는다면 재미가 배가 될 것이다.

뷔퐁이 빠져 버린 루소?

교양 독자라면 18세기와 19세기 서양의 소위 '위대한 사상가'들이 쓴 명저를 읽을 때, 그 사상가가 열대 아프리카, 동남아시아, 중남미의 자연사에 대해 어느 정도로 깊이 이해했는지를 꼭 살펴야 한다. 만일 그가 열대 탐험을 하지 않고 한평생 유럽 내에서만 살았다고 하더라도, 열대 자연사에 관한 지식을 어떻게 수용했는지를 따져 보아야 한다. 이 문제가 대단히 중요한 이유는, 이 시기에 서구는 열대를 전 지구적으로 식민화하면서, 동물, 광물을 근대적 자원으로 활용해갔기 때문이다.

그렇다면, 『인간 불평등 기원론』[8]과 『에밀』의 저자 장 자크 루소는 열대 자연을 어떻게 인식했을까? 그는 이 두 저작에서 뷔퐁을 무려 50번 이상 언급했다고 하는데 왜 그랬을까?

루소는 자연사학자였다! 『루소의 식물 사랑』을 세밀히 읽어 보면,[9] 그가 결코 아마추어가 아닌 전문가 수준의 자연사학자였음을 알 수 있다. 루소는 뷔퐁과 생몰연도가 같은, 스웨덴 태생의 자연사학자 카를 폰 린네(Carl von Linné)가 쓴 『자연 체계』를 손에 들고 파리 식물원에 있는 열대 식물들을 조사하러 다녔다. 루소는 독서의 범위가 매우 넓어 유럽의 자연사학사를 꿰뚫고 있었다.[10] 그의 이런 열정을 지켜본 어느 판사가 루소에게 식물학 사전을 편찬해 보라고 권유할 정도였다. 루소는 겸손해하면서 이렇게 편지를 보냈다. "투른느포르와 그의 후계자들이 린네보다도 더 단계적이면서도 덜 추상적인 방법으로 식물 체계의 줄기를 찾을 수 있습니다." 조지프 피통 드 투른느포르(Joseph Pitton de Tournefort)는 루이 14세 시기에 파리 식물원 교수로서 식물의 '속(屬, genus)' 개념을 처음으로 정의했던 인물이다. 또한 루소는 다윈의 조부인 이래즈머스(Erasmus)와 서신을 교환하면서 영국의 자연사학자들이 쓴 저작들을 깊이 탐독했다.[11]

식물은 루소가 말년에 쓴 『고독한 산책자의 몽상』에서 '일곱 번째 산책'의 주제였다.[12] 성서의 아담을 '최초의 약제사'라고 간주했던 루소는 테오프라스토스의 식물 지식이 디오스코리데스(Dioscorides)를 통해 후대로 제대로 계승되지 않았다고 꼬집었다. 그는 "지구상에 알려진 모든 식물을 알아보려는 장대한 계획에 진지하게 골몰"했을 정도로, 인생의 후반기에 자연사 탐구에 많은 시간을 보냈다. 마침내 그는 고백했다. "갑자기 식물학자가 되었다. 자연을 사랑하는 새로운 이유를 끊임없이 발견하는 것만을 연구의 유일한 목적으로 삼는 사람은 식물학자가 될 수밖에 없다."[13]

그렇다면 루소는 어떤 계기로 식물을 본격적으로 탐구하기로 결심했을까? 그가 식물학자가 되기로 마음먹었을 때 그것은 어떤 유형의 식물학자를 의미했을까? 이 물음은 『인간 불평등 기원론』을 통해 '근대사회의 자연사'를 보여 주려고 했던 루소의 문제의식과도 긴밀히 연관되어 있다. 다시 말해서, 루소는 이 저작을 쓸 당시에 어떤 식물에 깊은 관심을 가졌을까?

그것은 열대 식물이다! 루소는 프랑스 식민지였던 아프리카의 모리셔스, 중남미의 카리브 해와 기아나에서 갖고 온 열대 식물들을 구해다가 집의 작은 정원에 직접 심고 재배했다. 그는 당대 프랑스 자연사학자들의 화두였던 '풍토적 순응 방법'과 '토양건조 이론'이 타당한지 아닌지를 스스로 판단하고 싶었다. 전자는 열대 식물을 프랑스의 온대 풍토와 기후에 어떻게 순화시킬 것인지에 관한 것이며, 후자는 삼림을 과도하게 벌목하면 토양이 건조해진다는 것이다. 루소가 이 과정에서 뷔퐁과 린네를 비롯해서 여러 자연사학자의 저작들을 깊이 탐독한 것은 자연스러운 일이다.

루소는 뷔퐁의 유명한 대작 『자연사(Histoire naturelle)』(전 36권)의 처음 세 권이 1744년에 처음으로 세상에 모습을 드러냈을 때, 그의 문체에 매료되었다. 글쓰기를 해본 독자라면 누구나 이런 체험이 얼마나 '치명적'인지를 알 것이다. "문체는 사람 그 자체이다." 뷔퐁이 처음으로 한 말이다. 이 주제에 대해 논의했던 『뷔퐁 평전』에 따르면,[14] 시인 샤를 보들레르와 T. S. 엘리엇도 뷔퐁의 문체에 탐닉했다.

문체 못지않게 뷔퐁의 탁월함은 그 방법론에서 찾을 수 있다. 철학자 에른스트 카시러(Ernst Cassirer)는 『계몽주의 철학』에서, "뷔퐁은 내용, 독창성, 또는 창조성에서는 뉴턴에 비길 만하지 못하지만, 방법론의 관점에서 본다면 결코 뒤지지 않는다"라고 말했다.[15] 그렇다. 뷔퐁은 근대 '자연사학'의 방법론을 정립한 최초의 학자였다.

첫째, 뷔퐁은 기후학, 역사지질학과 지질학, 지리학, 식물학과 동물학, 민족학, 광물학 등을 광범위하게 결합시켰다. 뷔퐁의 자연사학은 융합적인 특징이 있어서 현대 자연과학의 어느 특정한 학문으로도 이해하기에 쉽지 않다. 하지만 뷔퐁의 시대에는 이런 융합적 사유가 오히려 자연스러웠다. 뷔퐁의 이런 융합적 사유는 제임스 쿡(James Cook) 함장의 2차 탐험에 참여했던 자연사학자 게오르크 포르스터(Georg Forster)를 통해 훔볼트에게 계승되었다.[16]

둘째, 뷔퐁은 자연사를 지구의 역사로 확대했다. 그것은 ① 지구와 행성의 형성, ② 지구 내부에 있는 용암의 분출로 인한 산맥의 형성, ③ 바닷물에 의한 육지의 지속적인 침수, ④ 바닷물이 빠져나가고 난

후에 전개된 화산 활동, ⑤ 코끼리와 지구 남쪽의 동물들이 북쪽으로 이동한 과정, ⑥ 대륙 사이의 분리, ⑦ 자연에 작용하는 인간의 힘이 각각 그것이다. 이 중에서 다섯 번째와 여섯 번째 시기는 그의 탁월한 선견지명을 보여 준다. 그에 따르면, 아프리카와 아메리카 대륙이 분리되기 이전에는 코끼리와 여타 열대 동물의 서식지가 서로 달랐다. 하지만, 시간이 흘러 두 대륙이 나누어진 후에, 코끼리가 다른 열대 동물들과 서식지를 공유했다. 뷔퐁은, 독일의 기상학자이며 지구물리학자인 알프레트 베게너(Alfred Wegener)가 『대륙과 해양의 기원』에서 '대륙이동설'을 논의하기 이전에,[17] 이런 설명을 했다는 점에서 지구의 자연사에 대한 놀라운 통찰력을 보여 주었다.

셋째, 뷔퐁은 풍토와 기후를 자연사에서 핵심적인 개념으로 인식했다. 그는 『최초의 자연의 모습에 대해』에서 자연사를 "사물이 지속적으로 존재하도록 창조주가 만든 법칙의 체계"라고 정의했다. 풍토와 기후는 식물, 동물, 광물과 유기적인 관계를 갖는다. 뷔퐁은 너무나 많은 종이 토양과 물의 크나큰 변화나 기후의 영향을 받으면서 더는 예전과 같은 상태로 존재하지 않는 상황에 주목했다. 그러므로 그는 자연의 생명체가 지속되기 위해서는 풍토와 기후 조건에 적응하는 것이 필수적이라고 믿었다. 즉, 풍토와 기후에 대한 생명체의 적응력은 식물, 동물, 광물이 존재하기 위한 필요조건이었다.

넷째, 뷔퐁은 자연사와 인류사가 서로 유사한 패턴으로 변화해 왔다고 보았다. 그는 인류의 힘이 자연의 힘을 지원하면서 자연 세계를 바꾸고 있음을 강조했다. 지구의 역사에서 일곱 번째 시기가 이에 해당한다는 것이다. 그는 『자연의 신기원』의 서문에서, 현재 인간이 살고 있는 자연은 원래 자연 상태의 산물인 동시에, 인간이 오랜 기간에 걸쳐 변화시켜 온 결과물이라고 설명했다. 뷔퐁은 야생식물의 작물화와 동물의 사육화는 인간에 의한 자연의 새로운 창조라고 생각했다. 인간은 자신의 "필요와 욕망에 맞게" 토지를 경작해 왔으며 가축을 사육시켜 왔다. 따라서 누구나 자신이 살고 있는 시대의 "자연 상태는 인간의 기예가 발명되기 이전과 상당히 다르다". 그의 이런 논의는 명백히 인류세 주창자들의 논지와 부합된다. 바로 이런 이유로, 얀 잘라시에비치(Jan Zalasiewicz) 등 인류세를 탐구하는 몇몇 지구과학자들이 뷔퐁에 주목하면서, 『자연의 신기원』을 영어로 출간했던 것이다.[18]

루소는 뷔퐁의 이러한 자연사학 방법론을 깊이 파고들었다. 그리고 자신이 직접 재배했던 열대 식물들을 조사하면서 열대 자연사에 그 방법론을 적용했다. 그는 마침내 자연사의 관점에서 유럽의 전 지구적 열대 식민화를 예리하게 인식했다. "유럽인들은 몇 세기에 걸쳐서, 자신들이 발견한 열대 섬들의 울창한 삼림을 무자비하게 벌목했다. 그 결과 토양이 황폐해졌다."

루소는 열대의 이런 문제가 서구에 부메랑이 되어 돌아올 것이라고 예측했다. 그는 벌목과 대지의 건조현상 사이에 밀접한 관련이 있음을 깨달았다. 토양이 건조해지면 식량 생산이 감소해서 인구도 줄어든다. 이렇게 되면 인류 문명은 쇠퇴할지도 모른다. 루소는 이 문제를 가장 심각하게 인식했다. 그는 인간이 자연 그대로의 상태에 있던 토지를 경작하면서, 지구 전체의 거대한 삼림이 사라지고 있음에 대해 경종을 울렸다.

루소는 유럽 문명이 열대의 "다양한 기후, 공기, 섭생, 생활 방식에 대해 오랜 세월에 걸쳐서 작용할 경우에" 얼마나 놀랄 만한 영향력을 미치는지에 대해, 계몽주의자들이 고민하지 않는다고 비판했다. 루소의 혜안은 유럽의 열대 식민화가 장기적으로 초래하게 될, 인류와 지구의 자연사까지도 내다볼 정도로 탁월했다.

이렇게 볼 때, 뷔퐁이 빠져 버린 루소는 존재할 수 없다. 뷔퐁이 지구의 자연사에 관해 탐구를 했다면, 루소는 뷔퐁의 자연사학을 지렛대로 삼아 유럽과 열대의 교역, 유럽의 열대 자연사 탐험, 유럽의 열대 식민화가 앞으로 만들어 갈 서구적 근대의 음울한 미래를 내다보았다.

"생명의 힘은 극지방에서 열대로 뻗어 나간다"

열대우림 지역을 여행해 본 사람이라면 누구나 이 지역의 식물과 동물이 온대 지방과는 비교할 수 없을 정도로 다양하다는 데 놀라움을 금하지 못한다. 생물다양성이라는 용어는 이렇게 열대 동식물의 다양성에서 유래된 것이다. 그런데 이 신조어가 태어난 맥락을 알게 된다면, 국내외를 막론하고 생물다양성을 주장하는 전문가들에게 과연 박수와 환호를 보낼 수 있을지 의문이다.

미국의 로널드 레이건 대통령이 집권했던 시기인 1986년에, 수도 워싱턴에서 '생물다양성에 관한 국민 포럼'이 열렸다. 한국에도 익히 알려진 에드워드 윌슨(Edward Wilson)과 스티븐 제이 굴드(Stephen Jay Gould), 열대생물학의 석학 토머스 러브조이(Thomas Lovejoy) 등 미국뿐만 아니라 세계적으로도 평판이 높은 과학자와 정책 전문가 60명이 모여서, 생물다양성이라는 용어를 사용하기로 결정했다. 이들 중 대다수가 열대생물학 분야의 전문가이다. 미국의 저명한 과학 잡지인 ≪뉴사이언티스트≫는 "미국의 외교정책이 참석자들의 후원자가 될 것"이라고 전망하면서, "일단 사람들이 생물학적 부를 이해했다면, 해결책은 눈덩이처럼 굴러간다"라고 말했던 윌슨을 인용했다.[19] 미국 외교를 위한 '생물학적 부'의 생산은 이 포럼이 무엇을 지향하는지 명확하게 보여 주는 핵심이었다.

그렇다면 이 포럼을 주도했던 윌슨이 2년 후에 했던 말을 들어 보자.

> 열대에 거주하는 사람들의 문제는 기원을 따지면 주로 생물학적인 것이다. 과잉인구, 파괴된 거주지, 황폐화된 토양, 영양실조를 비롯해서, 수억 명의 열대 사람들은 식량과 주택이 하루하루 불확실하다. 생물학적 다양성을 경제적 부를 창출하기 위한 자원으로 삼으면, 이런 문제들은 부분적으로 해결된다.[20]

윌슨과 굴드를 포함한 참석자들은 애시당초 열대의 생물학적 다양성을 열대 자연과 원주민의 관점이 아닌, 미국의 부를 향상시키기 위한 경제 자원으로 이해했다. 이러한 입장은 레이건 정부가 내걸었던 신자유주의적 경제외교 정책과 딱 맞아떨어졌다. 그러니까 윌슨은 신자유주의에 부합하도록 생물다양성에 대해 정의를 내렸던 것이다. 그 후로 천문학적 연구비가 이 포럼의 참석자들에게 돌아간 것은 당연한 것일까.

이와 관련해 열대 아메리카를 탐험하면서 동물과 식물의 다양성에 주목한, 근대 기후학의 선구자인 훔볼트의 말을 들어 보자. 우선, 그는 장 바티스트 라마르크(Jean Baptist Lamarck)의 '지구물리학'을 학문적으로 계승했음을 강조한다. 라마르크는 생물학, 기후학, 수리지질학이 지구물리학을 구성하는 세 가지 주춧돌이라고 규정했다. 특히 그가 쓴 『수리지질학』(1802)은 지구의 자연사를 이해하는 데 빼놓을 수 없는 핵심적 텍스트이다.[21] 이 저작에 따르면, 지표상의 모든 생물체들은 매우 복잡한 유기물질들을 지속적으로 생산하면서 서로 영향을 미친다. 그뿐만 아니라, 이 생물체와 유기물질들은 상호작용을 하면서 지표의 형태와 구조를 바꾼다. 라마르크는 이러한 변화를 일으키는 생물체의 활동을 '생명력(pouvoir de la vie)'이라고 불렀다. 그러면서 그는 이것의 본질을 탐구하려면, 수리지질학, 생물학, 기후학을 통합하는, 지구물리학이 필요하다고 말했다. 이렇게 볼 때, 인류세와 기후위기를 이해하는 데 라마르크는 피해 갈 수 없는 자연사학자이다.

훔볼트가 열대 아메리카 탐험을 마치고 돌아와 파리에서 『식물지리학』을 출간했을 때, 라마르크로의 지구물리학에 근거했던 것이다. 훔볼트는 이 저작에서 "생명의 힘은 극지방에서 점진적으로 축적되면서 적도를 향해 뻗어 나간다"라고 말했다.[22] 그가 이렇게 말한 지도 2세기가 흘렀다. 그럼에도 그가 말했던 이 논점은 아직까지 과학적으로 명쾌하게 밝혀지지 않고 있다.

언론인인 엘리자베스 콜버트(Elizabeth Kolbert)가 『여섯 번째 대멸종』에서 말했듯이, 훔볼트의 이런 논점은 그 후로 '위도에 따른 생물다양성 증감률'에 대한 분석을 통해 연구가 상당히 진전되었다. 하지만 그 이유가 무엇인지를 규명하려는 노력은 현재 서로 다른 가설이 30여 가지나 될 정도로 학자들 사이에서 합의가 되지 않고 있다. 콜버트는 이 중에서 가장 개연성이 높은 세 가지 가설을 제시했다.[23]

첫 번째 가설은 극지방에서 적도로 갈수록 진화 시계가 더 빨리 돌아가기 때문이라는 것이다. 열대 지역의 농업에서 이모작과 삼모작을 하듯이, 유기체도 더 많은 세대를 생산한다. 이 생산량이 많을수록 유전적 돌연변이가 발생할 확률이 증가한다. 그만큼 새로운 종이 나타날 우연성이 더 올라가는 것이다.

두 번째 가설은 열대 지역으로 갈수록 생물체들은 기후변화에 대응하는 능력이 약해서 종들 사이의 이동이 언덕이나 계곡에 의해 제한을 받게 되므로 새로운 종이 형성될 가능성이 높아진다는 것이다. 이 가설은 곤충학자인 대니얼 잔젠(Daniel Janzen)이 쓴, 상당히 널리 알려진 논문 「왜 열대 지역에서는 산길이 더 높은가」에 근거한다.[24] 이 논문은 열대 산맥의 기후위기와 종 분포 사이의 연관성을 규명한 것으로 이 분야 학자들에게는 회자되어 왔다.

세 번째 가설은 자연사에서 가장 중요한 시간 변수에 근거한 것으로, 열대 지역일수록 진화는 더욱 활발하게 이루어진다는 것이다. 아마존과 말레이 제도에서 자연사 탐험을 했던 앨프리드 월리스(Alfred Wallace)가 처음으로 열대의 생물학적 다양성을 시간의 함수로 파악했다. 그는 "빙하 지역일수록 진화는 어렵게 이루어지며, 열대 지역일수록 진화가 일어날 기회가 커진다"라고 말했다.

이 세 가지 가설을 통해 분명한 점이 드러났다. 훔볼트의 논점에 대한 과학적 검증이 어떤 방향으로 이루어지건 간에, 열대 지역은 인류세와 기후위기의 속도와 방향을 파악하는 데 가장 핵심적인 공간이라는 것이다. 이 지구상에서 열대 생물들의 멸종 가속도가 빨라질수록, 생물권은 그만큼 더 급격하게 변화할 것이다.

세계적인 역사학자 중에서 '하버드-C. H. 베크 세계사'[25] 시리즈의 공동 편집자인 위르겐 오스터함멜(Jürgen Osterhammel)만큼 훔볼트에 대해 깊이 주목한 인물은 없다. 그는 훔볼트가 랑케나 헤겔과 달리 유럽 중심적인 지평을 넘어선 '코즈모폴리턴'이라고 말했다.[26] 오스터함멜은 페르낭 브로델(Fernand Braudel)이나 이매뉴얼 월러스틴(Immanuel Wallerstein)이 독일의 학문적 유산인 '세계사와 지리학의 근접성'을 지향했던 학자라고 하면서, 훔볼트가 이런 독일 전통을 만들어 간 선구자라고 보았다. 하지만 오스터함멜은 '자연사와 인류사는 공명한다'는 훔볼트 사상의 핵심을 짚어 내지 못했다. 이처럼 기후위기를 절박하게 해결해야 할 뿐만 아니라, 인류세의 역사적 본질을 인식해야 하는 상황에서도, 훔볼트는 여전히 국내외 역사학자들의 관심을 충분히 받지 못하고 있다.

'역사지질학적 행위자'로서의 인간

"모든 생명체 가운데 인간만이 자연의 모든 질서와 유기적 균형 상태를 파괴하는 유일한 생물적 존재이다." 마시는 『인간과 자연』(1864)에서 인간의 행위가 역사지질학적 힘을 갖고 자연을 변형시켜 왔다는 것을 명료하게 표현했다.[27] 물론 뷔퐁과 훔볼트를 비롯해서 여러 자연사학자들이 이러한 인식을 했지만, 마시처럼 분명하게 천명하지는 않았다.

그의 저작은 5년 앞서 출간된 다윈의 『종의 기원』으로 빛이 가려졌다. 『종의 기원』 초판은 1,250부, 『인간과 자연』의 초판은 1,000부가 각각 인쇄되어 빠른 시간에 판매된 것을 생각한다면, 서구 사회가 약 한 세기에 걸쳐서 마시의 저작에 주목하지 않은 것은 대단히 이례적이다. 마시는 『인간과 자연』 2판에서 책의 제목을 '인간의 행동이 변형시킨 지구'로 수정함으로써 자신의 논점을 더 정확하게 보여 주었다.

마시는 독특한 외교관이었다. 무려 10여 개 외국어를 구사했던 그는 원래 연방의원으로 사회적 경력을 시작했다. 그는 라마르크가 쓴 『동물철학』과 『수리지질학』, 찰스 라이엘(Charles Lyell)의 『지질학 원리』, 훔볼트의 『식물지리학』을 비롯해 자연사에 관한 수많은 책을 읽었다. 마시는 책읽기에만 머물지 않았다. 그는 동물과 식물의 이동, 변형, 멸종, 삼림의 변화와 파괴, 강물과 바닷가 모래의 변화 등을 광범위하게 조사하면서, 자연사에 관한 저작들이 자연의 현장에서 타당한지를 꼼꼼히 기록했다.

마시는 이렇게 자연사에 관해 깊이 탐구하면서 1847년에 버몬트 주의 러트랜드 카운티 농업협회에서 연설했다.[28] 이 연설에서 그는 기후가 인간에게 미치는 영향에 주목해야 한다고 강조했다. 특히 그는 인간이 삼림을 계속 개발하면 기후변화에 영향을 미쳐서 농업에 파괴적으로 작용할 수 있음을 경고했다.

1861년, 그의 인생에서 전환점이 찾아왔다. 링컨 대통령이 그를 이탈리아 공사로 임명했는데, 이때부터 21년간 이탈리아에서 재직했으며 삶도 이탈리아에서 마감했다. 이탈리아가 두 번째 조국이 된 것이다.

마시는 『인간과 자연』에서 인간이 식물과 동물의 특성과 습성을 변형시키고 분포 상태를 변화시킬 뿐만 아니라, 종 자체를 멸종시켜 왔음에 대해 구체적인 사례를 들어 이야기했다. 자연은 스스로 하는 일을 측정할 수 있는 척도를 갖고 있지 않은 데 비해, 인간은 자신의 기준으로 자연을 마음대로 측정해 버린다. 사람은 고래나 코끼리와 같이 크고 당장에 이익이 되는 생물은 마음대로 처리하면서, 오랜 기간에 걸쳐 전 지구상에 광범위하게 분포되어 있는 미생물에는 관심이 없다. 마시는 이런 상태가 지속된다면 인류는 돌아올 수 없는 강을 건너

게 되어 "멸망으로 치달을 것이다"라고 준엄한 경고를 했다.

특히 그가 예의 주시한 것은 인간의 역사지질적인 행위가 가장 뚜렷하게 나타나는 삼림이다.

> 삼림의 파괴나 제거는 2~3세대에 걸쳐 지질학적 격동이 초래하는 것과 마찬가지로 치명적인 폐해를 가져다주며, 용암과 화산재에 매몰되는 것보다도 더 절망적으로 지표를 황폐화한다(259쪽).

삼림은 인간과 자연의 유기적인 연관성을 해독할 수 있는 역사지질학적, 역사지리적인 기호이다. 삼림이 소실되면 풍토와 기후를 구성하는 모든 요소가 함께 변한다. 기후는 불안정해지고 토양은 원래의 물리적 성질을 상실하여 태양과 바람으로 말라 버려 가루로 날리게 된다. 부엽토가 사라져 버린 대지는 척박해져서 자연의 생산성이 현저히 떨어진다. 대지를 덮고 있던 비옥한 유기질 토양은 축축한 저지대로 쓸려 내려가 썩으면서 치명적인 열대 질병을 유발하는 수생식물의 성장을 촉진시킨다.

19세기 후반에 서구의 자연사학자들이 온통 진화론에 관심이 쏠려 있던 상황에서, 마시만이 인간의 역사지질학적 행위와 지구의 미래에 대해 목소리를 냈다. 다윈은 물론이거니와 생태학의 선구자로 알려진 에른스트 하인리히 헤켈(Ernst Heinrich Haeckel)조차도 마시의 저작에 관심을 기울이지 않았다.

『과거는 낯선 나라다』의 저자로 한국에도 알려져 있는 미국의 역사지리학자 데이비드 르웬탈(David Lowenthal)은 『인간과 자연』의 한국어판 서문에서, 마시의 저작이 갖는 역사적 의미를 다음과 같이 평했다. “애덤 스미스가 정치경제학에서, 뷔퐁이 자연사에서” 그랬던 것처럼, 마시는 “모든 이용 가능한 지식을 융합해 내는 일을 지리학에서 달성했다”. 이 대목은 마시가 이룬 학문적 작업이 어느 정도로 중요한지를 잘 보여 준다.

아직 ‘국제환경법’이나 ‘환경외교’와 같은 개념 등이 뚜렷이 정립되지 않았던 시대에, 인간의 역사지질학적 행위에 대한 마시의 통찰력은 학문의 경계를 넘나드는 융합적 학문 정신에서 비롯된 것이다. 이렇게 마시는 인간의 역사지질학적 힘을 자연사학의 핵심적인 주제로 부각시켰다는 점에서, 인류세와 기후위기가 다음 세기에 중대한 지구적인 문제가 될 것임을 예측했다.

생물권과 인지권: 인류세의 기본 개념

지질학자 에두아르트 쥐스(Eduard Suess)가 1875년에 처음으로 생물권 개념을 창안했다. 쥐스는 이 개념을 더욱 확대해서 방대한 분량의 『지구의 형상』을 출간했다.[29] 라마르크와 훔볼트에 깊이 천착했던 그는 모든 생명체들이 지구의 네 권역인 대기권, 수권, 대륙권, 생물권을 서로 연결한다고 주장했다. 쥐스의 이 저작은 영어로 번역되었음에도 영미권 학자들에게 별로 영향을 미치지 못했다. 반세기가 흐른 후에, 러시아의 지구화학자이며 지질학자인 베르나츠키가 『생물권』(1926)에서 쥐스의 이론을 더욱 깊이 탐구했다.[30]

생물권은 인간을 포함해서 지구상의 모든 생물 종이 살아가는 서식지를 의미한다. 『생명이란 무엇인가』로 한국 독자에게도 익숙한 린 마굴리스(Lynn Margulis)에 따르면,[31] 생물권은 호모 사피엔스가 세균, 원생생물, 곰팡이, 식물, 동물과 공생하면서 진화하는 공간이다. 아마존과 콩고 열대우림은 지구의 양대 허파라고 일컬어질 정도로 대표적인 생물권에 해당한다. 인류의 기원을 어떻게 설정하건 간에, 인간은 단 한 번도 이 생물권을 떠나서 생존한 적이 없었다. 다시 말해서 인간은 선사시대부터 지금까지 생물권과 떼려야 뗄 수 없는 관계를 가져왔다. 그럼에도 이 중요한 개념이 19세기 후반에야 처음으로 창안되었던 것이다.

생물권이 중요한 이유는, 인류는 지구의 네 가지 권역 중에서 대기권, 수권, 대륙권에는 직접 힘을 가할 수 없지만 생물권의 진행 과정에는 일상적으로 개입할 수 있기 때문이다. 기후재앙이 일어나고 인류세가 점점 회자되는 이유도 여기에 있다.

베르나츠키는 『생물권』에서, 라마르크가 『수리지질학』에서 논의했던 지구의 자연사에 근거하면서, '생지화학적(biogeochemical) 에너지'라는 용어를 만들어 냈다. 베르나츠키는 이 에너지가 생물권에 존재하는 모든 생물체들의 생명운동을 지속시키는 근본적인 힘이라고 주장했다.

현대 지구과학에서 사용되는 '생지화학적 순환'이라는 개념은 베르나츠키의 이론에 근거해 있다. 인류세와 기후위기를 더욱 정확하게 이해하려면 이 용어를 꼭 알아야 한다. 다소 어려워 보이지만, 그 의미는 의외로 간단하다. "지구에 존재하는 화학적 물질은 지구의 네 권역을 통해 순환한다." 지구가 살아 있으려면 사람과 같이 영양을 섭취하고 배설해야 한다. 영양은 화학적 분자 또는 원자의 형태로 지구의 네 권역을 순환하는 것이다. 이 순환은 기본적으로 지구의 생명을 지속가능하게 하는 에너지의 흐름이며 물, 탄소, 산소, 질소 그리고 다른 무기물들도 순환한다. 인체의 혈관에 해당한다고 보면 크게 틀리지 않다.

베르나츠키가 1932년에 프랑스 한림원의 소속 기관인 인문 아카데미의 창립 기념강연을 하러 왔다. 이 자리에는 '북경 유인원(類人猿)'을 처음 발견했던 테이야르 드 샤르댕도 참석했다. 그리고 『창조적 진화』의 저자 앙리 베르그손과 그의 제자이면서 샤르댕의 동료인 과학철학자 에두아르 르 롸(Edouard Le Roy)도 합석했다.

르 롸는 인지권이라는 개념을 처음으로 사용했는데, 그는 생지화학적 순환이 인간 활동에 의해 영향을 받으면서, 이러한 인간의 개입이 생물권과는 구분되는 인지권을 형성한다고 말했다.[32] 베르나츠키와 샤르댕은 이 개념을 각각 다른 방식으로 발달시켰다. 전자는 인지권을 생물권을 구성하는 영역으로 파악하면서 인류와 기술을 가리킨다고 보았다. 후자는 인지권이 생물권의 '외부와 상층'을 형성하는 인간의 층위라고 규정했다.[33]

여기서는 일정한 수준의 자연과학적 지식을 알아야 이해할 수 있는 베르나츠키보다는,[34] 인문 교양이 있다면 이해할 수 있는 샤르댕에 대해서 더 상세히 설명하기로 한다. 그는 『자연 안에서 인간의 위치』에서 인지권을 진화론적 관점에서 해석했다.[35] 그에 따르면, 길고 긴 진화의 역사에서 볼 때 호모 사피엔스는 몇 단계의 '대가속'을 통해 두뇌화(頭腦化) 또는 두경화(頭頸化)의 진전을 보여 주었다. 생물체가 어류 → 양서류 → 파충류 → 포유류로 진화하면서 호모 사피엔스의 전 단계에 있던 유인원들의 뇌수(腦髓)가 지속적으로 발달하여 현재와 같은 두뇌를 갖추게 된 것이다. 두뇌의 형성이 촉발시킨 '의식의 폭발'은 '인간의 출현으로 발생한 생물학 혁명'을 의미하는데, 이 폭발에 의해 인지권이 형성되기 시작한 것이다.

샤르댕은 지난 250년간 인류 사회에 큰 두 가지 혁명적 변화가 있었다고 말했다. 첫째, 과학과 기술의 발달로, 18세기만 해도 학자들은 대중으로부터 괴리된 고독한 존재였지만, 지금은 그 숫자만도 수백만에 달해 광대한 네트워크를 구성하면서 서로 긴밀한 관계를 갖고 활동하고 있다. 둘째, 서구의 전 지구적인 탐험과 이에 따른 탐구 활동으로 전 인류가 만들어 내는 에너지가 그 끝을 모를 정도로 최고의 복잡화 단계로 나아가고 있다.

그는 이 두 가지 현상이 서로 상승작용을 일으키면, 지구는 인간과 함께 생물학적 가능성의 한계점에 도달하게 되면서 인류 문명도 결정적인 정지선에 이르게 된다고 우려했다. 이렇게 샤르댕은 인류세라는 용어를 사용하지는 않았지만, 18세기 후반부터 지구가 인지권의 새로운 단계로 접어들었음을 확실히 인식했다는 점에서 인류세의 도래를 이미 예측했다고 볼 수 있다.

≪사이언티픽 아메리칸≫은 미국의 과학 분야 학자들이 유럽의 과학 수준을 따라잡기 위해 1845년에 창간한 잡지이다. 마침내 생물권 개념이 이 잡지의 1970년 9월호에 특집으로 등장했다. 쥐스가 이 개념을 창안한 지 약 한 세기가 지나서이다. 이것은 생물권의 개념을 미국의 과학교양 독자들이 알게 된 중요한 역사적 사건이다. 이 잡지에는 생물권에 대해 기본적으로 알아야 할 내용들이 소개되었다. 그럼에도 미국과 소련의 냉전 체제가 지속되던 시대여서 베르나츠키라는 이름은 계속 은폐되었다.

그러는 동안에 몇몇 생명과학자와 과학사학자들이 베르나츠키의 생물권 개념과 이론의 중요성을 인식했다. 마굴리스는 대중적 과학서인 『생명이란 무엇인가』에서 "생명은 다윈의 시간을 통해 최초의 세균과 연결되고, 베르나츠키의 공간을 통해 생물권의 모든 구성원과 연결되는, 팽창하고 있는 하나의 조직이다"라고 대담한 발언을 남겼다.[36] 더 나아가 그는 『공생자 행성』에서 생물권이 '가이아'를 이해하기 위한 기초 개념이라고 주장했다.

'어머니 지구'

『서구의 몰락』을 쓴 오스발트 슈펭글러(Oswald Spengler)의 영향을 받은 아널드 토인비가 『세계사—인류와 어머니 되는 지구』에서 생물권을 인류사의 지평에서 인식했다. 토인비 이후로, 존 로버트 맥닐(John Robert McNeill)과 같은 극히 일부의 환경사학자를 제외하면, 생물권은 인문학자들의 본격적인 주목을 받지 못하고 있다. 한국에서는 더욱 그렇다.

토인비는 샤르댕이 생물권을 처음으로 창안했다고 오류를 범했지만, 베르나츠키가 『생물권』에서 논의했던 내용들을 정확하게 이해했다. 토인비는 「2장 생물권」에서, "생물권은 지구를 둘러싸고 있는 육지와 물과 대기로 이루어진 하나의 막(膜)"으로서, 인간을 비롯해 모든 생물이 살 수 있는 "유일한 서식처"라고 말했다.[37] 또한 그는 마시가 『인간과 자연』에서 강조했던 논점에 근거해서, "인간은 생물권에 살고 있는 생물 중에서 다른 생물들을 살상할 수 있는, 그래서 생물권을 파괴함으로써 인류 자체를 파멸시킬 수 있는 힘을 갖고 있는 최초의 종"이

라고 설파했다.[38]

토인비가 생물권의 지평에서 가장 주목했던 인류사의 시기는 1763년부터 1871년까지이다. 앞에서 논의했던 것처럼, 이 기간에 서구는 전 지구적으로 열대 자연을 자본주의 상품경제로 편입했다. 그는 「80장 생물권, 1763~1871」에서 이 시기 유럽인들은 생물권을 지구상의 모든 종들이 더 이상 생존하지 못하도록 붕괴시킬 수 있는 힘을 갖게 되었다고 말했다. 뷔퐁을 언급한 다음에, 토인비는 "다윈의 혁명적 업적은, 그가 생물학적 변화 기전을 설명한 것이 아니라, 생물권의 모든 생물체가 정적인 것이 아니라 동적이라는 점을 증명했다는 데 있다"라고 주장했다.[39] 하지만 토인비는 산업혁명, 프랑스 혁명, 미국 독립혁명을 포함해서 약 100여 년에 걸쳐 전 세계적으로 일어났던 정치적, 경제적, 사회적 변화가 어떻게 생물권의 전 지구적인 대변동으로 이어졌는지에 대해서는 설명하지 않았다. 이런 한계에도 불구하고, 그가 생물권을 인류사 차원에서 파악했다는 점은 중요한 의미를 갖는다.

스푸트니크가 쏘아 올린 '가이아' 가설

소비에트 연방은 1957년 10월 4일 최초의 인공위성을 쏘아 올렸다. 서방세계는 말 그대로 스푸트니크 충격에 휩싸였다. 『전체주의의 기원』으로 널리 알려진 한나 아렌트는 『인간의 조건』의 「서론」에서 그 충격을 다음과 같이 표현했다.

반드시 신 자체는 아니라고 할지라도 하늘에 계신 인류의 아버지인 신의 거부로 시작했던, 근대의 인류 해방과 세속화는 하늘 아래 모든 피조물의 어머니인 지구를 거부하는 매우 치명적인 결과로 끝이 나야만 하는가? [40]

아렌트가 볼 때, 17세기에 시작된 근대는 20세기 전반기에 끝이 났다. 그리고 원자폭탄이 처음 폭발하면서, 현대가 시작되었다. 그는 지구만이 인류의 유일한 서식처가 아닐 수 있음을 예고하면서, 이로 인해 인류가 자동화된 기계의 무기력한 노예가 될 것이라고 경고했다. 비록 그는 인류세와 인공지능이라는 용어를 사용하지 않았지만, 인류가 파국적 위기에 처할 것임을 분명히 내다보았다.

스푸트니크 발사에 주목했던 언론학자가 있었다. 『미디어의 이해』로 널리 알려진 마셜 매클루언(Marshall Mcluhan)은 1974년에 긴 제목의 흥미로운 글 「스푸트니크가 발사된 순간에, 지구 행성은 구경꾼이 더 이상 존재하지 않는, 오로지 행위자만이 존재하는, 전 지구적인 무대가 되었다」를 발표했다.[41] 매클루언이 처음 사용했던, '지구촌'이라는 용어는 이렇게 태어났다. 그는 자연으로서의 지구는 끝났으므로 '생태학적 사유'가 불가피하다고 주장했다.

그런데 영국의 과학자 러브록이 볼 때, 1970년대의 생태학은 여전히 인간 중심적인 학문에 머물러 있었다. 그는 미국항공우주국(NASA)과 협동 연구를 하면서 화성의 대기에 대한 연구에 근거해 '가이아' 가설을 제기했다. 그는 인류가 지구를 우주에서 조망할 수 있게 되면서 자신의 가설이 본격적인 모습을 갖추게 되었다고 말했다. 이 가설에 의하면, 생물권은 열역학 2법칙에 아랑곳하지 않으면서, 35억 년간 지구의 기후를 조절하는 역할을 해왔다.[42] 러브록은 『인간의 인간적 활용』[43]의 저자 노버트 위너(Norbert Wiener)의 '사이버네틱스' 개념에 영향을 받아, 『가이아』의 「4장 사이버네틱스」에서 지구가 조화로운 시스템에 의해 작동한다고 간주했다. 그는 이를 인체의 내부 환경을 항상 일정하고도 안정되게 유지하려는 '항상성(homeostasis)' 개념에 비유했다.

이 용어 자체는 하버드대학교의 생리학자 월터 브래드퍼드 캐넌(Walter Bradford Cannon)이 고안했는데, 프랑스의 생리학자 클로드 베르나르(Claude Bernard)가 이 개념을 과학적으로 정립했다. 에밀 졸라의 자연주의 문학, 마르크스와 엥겔스의 자연변증법에 큰 영향을 미쳤던, 베르나르는 『실험의학의 원리』에서 생물체는 '내부 환경'과 '외부 환경'의 생리적 균형에 의해 생명을 유지한다고 말했다.[44] 그는 프랑스 사회학자 오귀스트 콩트가 창안했던 외부 환경에 착안해서, 내부 환경이라는 개념을 처음 사용했다.[45] 항상성에 대한 그의 이런 입장은 베르나츠키와 샤르댕에게도 큰 영향을 미쳤다.

다시 러브록으로 돌아와서, 그는 생태학이 나무는 보면서도 지구라는 거시적인 숲은 바라보지 못했다고 비판하면서, 가이아 가설은 생태학의 한계를 극복할 수 있다고 주장했다. 하지만 그가 쓴 『가이아』는 1979년 처음 출간되었을 때 과학계로부터 따돌림을 받았다.

러브록과 이웃 동네에 살았던, 노벨문학상 수상자인 윌리엄 골딩(William Golding)이 그의 고민을 듣고 가이아라는 이름을 권해 주었다. 고대 지중해 사람들은 어머니 지구를 가이아라고 불렀던 것이다. 고대 희랍의 서사 시인 헤시오도스(Hesiodos)는 가이아를 찬양하는 시를 지었다. "모든 것의 어머니, 가이아/ 근본이며 가장 오래된 존재/ 나는 지구를 노래할 것이다./ 가이아는 세상의 모든 것을 먹여 살린다./ 당신이 누구이건/ 지구의 신성한 대지를 밟건/ 바닷길을 나가건/

하늘을 날아가건 간에/ 가이아가 곳간을 열어 당신을 키우리라." 가이아는 이렇게 약 4천 년 만에 러브록을 통해 환생했다.

러브록은 가이아 가설을 마굴리스의 공생진화 이론과 결합시켜 과학적 근거를 더욱 다져 나갔다. 이 가설은 베르나츠키가 정립했던 생지화학적 순환을 설명하는 데도 그대로 부합한다는 점이 밝혀졌다. 또한 생태학자 스테판 하딩(Stephan Harding)이 지난 6억 년간 있었던 다섯 차례의 대멸종에서 가이아의 증거를 찾아냈다. 그가 쓴 『지구의 노래』에 의하면, 각각의 대멸종 이후로 다양한 생물체들이 지구에 다시 나타날 때까지 약 5백만~1천만 년의 시간이 걸렸다.[46] 이렇게 생명이 다시 출현할 수 있었던 사건이야말로 가이아가 존재한다는 강력한 증거인 것이다. 한국에도 마니아 독자들이 있는 굴드나 리처드 도킨스와 같은 학자들이 여전히 비판했지만, 인류세 주창자들이 이 가설을 점점 지지하면서, 러브록의 입지는 더욱 강화되고 있다.

냉전시대 '지구시스템과학'의 형성

노벨물리학상 수상자 패트릭 블래킷(Patrick Blackett)은 『원자 에너지의 군사적, 정치적 결과』(1948)에서, 일본에 대한 원자폭탄 투하는 "제2차 세계대전의 마지막 군사작전이기보다도, 소련과의 외교적 냉전에 대한 첫 번째 주요 작전이었다"라고 말했다.[47] 원자폭탄이 냉전시대를 알리는, 소련에 대한 미국의 군사적 행동이라면, 스푸트니크는 미국의 이런 냉전 '패러다임'을 우주적 차원으로 확대하려는 소련의 대응에 해당했다. 여기서 패러다임이라는 용어를 사용한 까닭은, 이 용어를 고안한 토머스 쿤의 『과학혁명의 구조』(1962)가 원자폭탄의 발명과 제조를 주도한, 하버드대학교 총장인 제임스 코넌트(James B. Conant)와의 다소 복잡한 관계를 통해 출간되었기 때문이다.[48]

세계사의 지평에서 볼 때, 냉전과 식민주의는 '제국의 연속체'이다.[49] 필자가 『열대의 서구, 朝鮮의 열대』에서 논의했듯이 식민주의가 서구가 열대를 전 지구적으로 지배하면서 형성되었다면, 냉전은 미국과 유럽, 소련과 중국이 세계를 각각 자본주의와 공산주의의 세계로 편입, 지배하려는 제국적 욕망에 의해 시작되고 지속되었다. 식민주의는 '문명화의 사명'으로, 냉전은 '근대화'의 이름으로 그 정당성을 보장 받았다. 식민주의의 서구가 열대의학(tropical medicine)의 이론과 방법으로 열대 식민지의 환경위생을 해결했다면,[50] 냉전시대의 미국은 소련에 맞설 수 있는 새로운 패러다임의 과학과 기술을 필요로 했다. 그것은 '과학의 군사화'를 의미했다.

해리 트루먼 대통령이 1950년 4월에 서명한, '국가안전보장회의' 68호 문서(NSC-68)는 미국이 냉전시대를 어떻게 규정하고 향후 대응해 나갔는지를 파악하는 데 상당히 중요하다. 이 문서에서 미국은 "크렘린의 계획을 견제하는 것만으로는 목표를 달성할 수 없다"라고 주장하면서, 상대를 공격할 수 있는 국방력을 갖춰야 한다고 역설했다.[51] 그러려면 과학과 기술이 군사화되어야 한다는 것이다. 미국의 통치자들은 한국전쟁을 통해서 안보와 과학기술의 연관성을 더욱 강화시키는 것이 중요하다는 점을 깨달았다.[52] 케네디 정부는 베트남 전쟁을 치루면서, 육군, 해군, 공군, 해병대 합동으로 지구뿐만 아니라 우주의 모든 행성까지도 포함하는 원대한 우주정복 계획을 수립했다. 소련도 마찬가지였다. 두 강대국은 사이버네틱스, 게임이론, 운용 과학에 근거해서 각종 미사일을 비롯한 다양한 군사 무기들을 개발하는 데 박차를 가했다.

하지만 기존의 지구물리학적 지식과 기술만으로는 한계가 있었다. 지구의 생물권, 대기권, 수권, 대륙권을 통합적으로 탐구할 수 있는 새로운 연구 분야가 필요했다. 유도탄 개발이 대기권에 대한 지구물리학적 지식에 근거해야 했다면, 잠수함은 중력장, 지각운동, 조수 운동과 같은 지구 동역학에 대한 연구가 수반되어야 개발할 수 있었다. 미국 국방성 산하 해양연구소는 이런 냉전시대의 흐름을 타고 수심 측정이나 수중 음향에 대한 과학적, 기술적 지원을 대폭 확대했다.[53] 매카시즘은 미국 대학의 이런 연구 지원을 더욱 부채질했다. 노암 촘스키가 편집한 『냉전과 대학』의 집필에 참여한 어느 지구과학자에 따르면, 이런 방향으로 연구하지 않는 학자들은 대학에서 정년을 보장 받지 못하는 것을 포함해서 상당한 제재를 받았다.[54]

미국이 냉전시대에 국가안보를 강화하기 위해 과학기술을 군사적 목적으로 활용하는 과정에서, 대륙의 이동을 설명하는 '판구조론'이 1960년대에 발달했다. 사실 이 이론은 독일의 기상학자 베게너가 1912년에 처음으로 대륙이동설을 정립했음에도 불구하고 한동안 학계에서 거부되었다.[55] 여하튼 양자역학이 물리학에서 그랬듯이, 냉전의 산물인 판구조론은 지구과학에서 혁명적인 이론으로 간주되었다. 판구조론은 18세기 후반부터 형성되어 왔던 '지질학'의 패러다임을 근본적으로 바꿔 놓았다.

레이건 대통령이 1983년에 발표했던 '전략방위추진(Strategic Defensive Initiative)'은 지구과학의 새로운 패러다임인 지구시스템과학의 탄생을 예고했다. 레이건의 이런 구상을 비판했던 쪽에서는 그가 영화를 패러디했다고 비꼬면서 이를 '스타워즈'라고 불렀다. 식민주의 시대에 영국이 제해권을 장악하기 위해 해양력을 강화했듯이,[56] 냉전시대에 레이건과 네오콘(Neo-Conservaties)은 우주 기반 방어 시스템이 미국을 소련의 핵공격으로부터 보호할 수 있다고 주장했다.[57] 이를 위해 펜타곤의 통제를 받는 NASA의 역할이 더 강화될 수밖에 없었다. 이 거대한 조직에 참여한 지구과학자들은 1980년대에 지구시스템과학에 대한 보고서와 단행본 등을 발간하면서,[58] 약 200년에 걸쳐 사용되어 온 지질학이라는 용어보다도 지구시스템과학을 더 선호했다. 그리고 대학의 해당 학과와 교과서의 명칭도 이에 맞추어 바뀌었다. 미국의 저명한 지구과학자 얼 엘리스(Erle C. Ellis)가 『인류세』에서 말했듯이, NASA의 연구에 참여했던 러브록의 가이아 가설도 지구시스템과학의 과학적 기초를 정립하는 데 기여했다.[59]

냉전시대에, 지구시스템과학이 펜타곤, 군수산업체, 그리고 연방의회의 국방위원회를 연결하는 '철의 삼각동맹'[60]의 강력한 지원을 받으면서, 지구를 통합적으로 탐구할 수 있는 학문 분야가 되었다는 것은 참으로 역설적이다. 왜냐하면, 지구시스템과학의 도움 없이는, 냉전시대에 더욱 가속화되어 온 기후위기와 인류세에 관한 논의를 할 수 없기 때문이다.

기후위기의 군사화

버락 오바마 대통령은 2009년 노벨평화상 수상 강연에서, 자신이 미국의 최고 통수권자라고 말하면서 국가안보에서 기후위기의 중요성을 강조했다.[61] 그다음 해에, 펜타곤은 기후위기를 군사적 의제로 포함한다고 발표했다. 그 후로 미국의 군사 지도자들은 이런 흐름을 계속 이어 갔다. 미국중앙정보국(CIA)은 '기후위기와 국가안보위원회'를 설립하면서 해외의 기후위기에 관한 정보를 수집하기 시작했다. 그리고 2013년도에 미국태평양사령부의 해군 제독 새뮤얼 로클리어 3세(Samuel Locklear III) 사령관은 "태평양에서 미국의 안보에 가장 심각하고도 장기적인 위협은 무엇인가"라는 질문을 받고 즉각적으로 기후위기라고 대답했다.[62] 백악관의 승인을 받아 국방부는 「기후위기가 국가안보에서 갖는 함의」라는 보고서를 2015년도에 발표하면서, "기후위기는 국가안보에 긴급하고도 점점 증대하는 위협"이라고 말했다.[63] 기후위기와 국가안보는 미국에서 떼려야 뗄 수 없는 관계가 되었다.

루이스 멈퍼드(Lewis Mumford)는 『기계의 신화』에서 현대인들이 살아가는 세계를 다음과 같이 정확하게 표현했다. "힘, 속도, 운동, 표준화, 대량생산, 정량화, 조직화, 정밀성, 획일성, 천문학적 규칙성, 통제"는 "서구식 현대사회의 패스워드가 되었다".[64] 이런 기계적 방식이 가장 철저하게 작동하는 분야는 군수산업임이 분명하다. 끔찍한 9/11 테러가 발생하고 10년이 되던 2011년에, 오바마 대통령이 백악관의 지하 상황실에서 국가안보 최고 지도자들과 함께 오사마 빈 라덴 사살 장면을 위성중계로 생생하게 시청했던 장면이 기억날 것이다. 이는 서구식 패스워드가 국가안보를 위해 활용되었기에 가능했던 것이다. 문제는 이 패스워드가 미국의 군수산업을 확장하는 데 기여하면서 기후위기의 군사화와 맞물려 있다는 데 있다.

펜타곤—연방의회 국방위원회—군수산업체를 연결하는, 미국의 거대한 '군산복합체(Miltary-Industrial Complex)'는 기후위기가 어떻게 군사화되고 있는지를 여실히 보여 준다. 냉전이 시작된 1945년부터 최근의 아프가니스탄 사태에 이르기까지, 미국은 무려 30여 개국에 군사적으로 개입했다. 군산복합체가 이런 과정에서 어마어마한 규모의 전쟁 무기와 군수물자를 공급했다고 말하는 것은 군사개입의 한쪽 면만을 바라보는 것이다.

미국의 군사개입은 기후위기와 관련해서 세 가지 중요한 문제를 초래하고 있다.

첫째, 군산복합체는 금세기에 '녹색안보'를 내세워, 미국이 군사개입을 한 나라들에 대해 재생에너지, 바이오 연료, 전기차 등에 집중적으로 투자하고 있음이 드러났다.[65] 기후위기를 가속화하는 이런 투자는 시민적 감시와 공적 논쟁의 사각지대에 놓여 있기에 더욱 위험하다.

둘째, 미국의 군사개입은 해당 지역에서 이루 말할 수 없을 정도의 이산화탄소 배출로 이어졌다. 예를 들어 이라크 전쟁(2003~2011) 기간에 초기 4년 동안 발생했던 이산화탄소는 물경 1억 4,100만 톤에 달했다. 이는 139개국의 이산화탄소 배출량과 맞먹었다고 하니,[66] 미국의 군사개입이 기후위기에 미치는 영향이 얼마나 중대한지를 알 수 있다.

마지막으로, 미국의 군산복합체는 세계에서 가장 많이 화석연료 에너지를 사용하는 단일 집단에 해당한다. 이는 100개국보다도 더 많이 사용하는 것이다. 아프가니스탄에서 미국 해군은 하루에 석유 80만 배럴을 사용했다.[67] 이를 통해 이 나라에 20년간 주둔했던 미군의 에너지 사용량이 어느 정도 규모인지 미루어 짐작할 수 있다. 에너지를 문명적 관점에서 탐구하는, 캐나다의 석학 바츨라프 스밀(Vaclav Smil)은 『에너지와 문명: 역사』에서 전쟁은 화석연료에 의한 에너지 사용을 한없이 극대화한다고 경고했다.[68] 이렇게 볼 때, 기후위기에 관한 세계정상회의와 국제 협약들은 미국이 실행해 온, 어떤 나라의 통제도 받지 않는, 기후위기의 군사화 전략 앞에서 얼마나 무력한지를 잘 보여 준다.

지구 생태계의 파괴

인류세와 기후위기를 다루는 국내외의 수많은 단행본, 논문, 그리고 SNS는 식민주의에서 냉전으로 제국이 연속되는 과정에서 서구 열강과 러시아가 지구 생태계를 어떻게 파괴해 왔는지에 거의 주목하지 않는다. 가장 단적인 사례를 들면, 서구의 미디어들은 아마존만이 지구의 허파라고 떠들어 댄다. 인체에도 허파가 둘이 있거늘 어떻게 지구에 달랑 하나만이 있겠는가. 콩고 강 유역을 포함한 중앙아프리카도 지구의 허파에 속한다. 이 열대 생태계는 서구의 식민주의에 의해 수백 년에 걸쳐 처참하게 파괴되어 왔다. 필자는 『열대의 서구, 朝鮮의 열대』에서 이 두 지역의 생태환경 파괴를 논의했기에 여기에서는 생략하기로 한다.[69]

문제는 이런 역사가 냉전시대부터 지금까지도 지속되고 있다는 데 있다. 한국이 참전했던 베트남과 아프가니스탄에 초점을 맞추어 설명한다. 이 지역의 자연지리적 특성이 각각 밀림지대와 산악지대임에 주목하자. 이 두 전쟁에 관한 여러 영화들이 보여 주었듯이, 게릴라전은 숲과 작물을 불태우고, 가축을 도살하며, 경작지를 훼손하면서 전개되었다.[70] 전쟁터의 생태계 균형이 붕괴되면서 다양한 유형의 질병들이 창궐했다. 악순환의 고리로 연결된 빈곤과 질병이 농민들을 엄습했다. 그들은 생태 면역력이 현저히 떨어진 채로 새로운 삶의 터전을 마련하기 위해 어쩔 수 없이 난민이 되었다. 올해 20년을 맞는 9/11 테러 이후로 미국이 군사적으로 개입한 이라크, 아프가니스탄, 예멘, 시리아, 파키스탄 등에서 난민이 된 사람은 약 3,800만 명에 달한다.[71] 전쟁 난민은 '기후 정의'와 관련해서 국제 협력을 통해 지속적으로 해결해야 한다.

베를린 장벽이 무너지면서 냉전이 겉으로는 종식되었다고 해서, 제3세계의 생태계가 자연의 평화를 되찾은 것은 아니다. 서구 열강과 러시아 그리고 최근에는 중국까지 가세해서, 앙골라, 콩고, 르완다, 소말리아, 에티오피아, 수단, 모잠비크, 중앙아프리카공화국 등 아프리카에서 일어났던 여러 국제 전쟁 – '내전'이 결코 아니다 – 을 추동시키면서 이 지역의 생태계 균형을 붕괴시켜 버렸다. '이슬람독립국가(IS)'의 테러 사태가 보여 주듯이, 강대국의 군사적 개입은 '제3세계의 급진화'를 가속시키면서,[72] 해당 지역의 생태계 파괴로 이어지고 있다.

생태계의 전 지구적 파괴가 인류세의 관점에서 중요한 까닭은, 그것이 층서학적 변화를 심각하게 일으키기 때문이다. 층서학(stratigraphy)이란 지구시스템과학의 한 분야로 암석이 생성된 순서와 지층의 특성을 탐구한다. 잘라시에비치와 같이 인류세를 연구하는 지구과학자들은 생물다양성과 관련해서 층서학적 변화에 주목한다.[73] 필자는 『열대의 서구, 朝鮮의 열대』에서 이를 확대해 세 가지 변화로 나누어 논의했다.[74]

첫째, 암석층서학적 변화로, 이는 대규모 해안간척사업, 하천유역 개발사업, 광물 개발 등에 의해 유발되어 왔다. 역사적으로는 미국의 열대 파나마 운하 사업, 영국의 인도 식민지에 대한 대삼각측량사업(Great Trigonometic Survey), 벨기에 식민 정부에 의해 시작되어 아직도 이루어지고 있는 콩고 유역의 광물개발사업 등이 여기에 해당한다. 이런 대규모 사업은 퇴적물에 급격하게 영향을 미쳐서 암석의 성분을 빠른 시간에 변화시킬 수 있다.

둘째, 화학층서학적 변화로, 이는 주로 전쟁과 산업화에서 생기는 반응성 질소, 이탄화탄소, 그리고 다양한 유형의 화합물에 의해 발생한다. 서구에서 제3세계로의 환경오염 산업시설의 대규모 이전, 인도네시아의 야자유 개발사업, 수단의 다르푸르 지역에서의 '기후 전쟁'[75] 등이 이러한 변화를 야기해 왔다.

셋째, 생물층서학적 변화인데, 농업 단일경작을 위해 자연의 식생 토양을 축소시키거나 저인망 수산업을 통해 해양의 생물다양성에 영향을 미치며, 생태계의 교란을 야기시키는 수많은 인간 활동 등이 이런 변화를 초래해 왔다. 서구 열강의 아메리카 식민화 과정에서 보여준 플랜테이션 개발, 서구 열강, 중국, 일본의 남태평양에서의 수산업 활동이 이런 변화의 대표적인 사례로 손꼽힌다.

이렇게 볼 때, 앞에서 논의했던 뷔퐁의 자연사에서 라마르크의 지구물리학을 거쳐 훔볼트의 식물지리학으로 이어지는, 서구 '自然史혁명의 계보'[76]를 이해하는 것이 얼마나 중요한지 다시 깨닫게 된다. 인류세와 기후위기에 관한 한, 인문사회 분야의 지식만으로는 교양인이 되기 어려운 세상이 되었다. 자연사에 관한 폭넓은 책읽기와 사색이 요청된다.

기후위기, 인류사와 자연사의 경계를 허물다

『유럽을 지방화하기』로 알려진 디페시 차크라바르티(Dipesh Chakrabarty)는 기후위기를 역사학의 영역으로 포함했다는 점에서, 프랑스 아날학파의 3세대 역사학자 엠마뉘엘 르 롸 라뒤리(Emmanuel Le Roy Ladurie)의 역사적 인식론을 넘어선다. 그는 『축제의 시간, 기근의 시간』에서 기후의 역사를 탐구했다. '지난 천 년간 기후의 역사'라는 부제를 붙인 이 저작에서, 그는 기후의 역사를 '지리학적, 지질학적 역사'로 불렀다. 그는 이 연구의 목적은 "기후변화가 인간의 거주, 생산, 경제, 전염병과 질병, 인구에 어떻게 작용하는지"를 탐구하는 데 있다고 말했다. 하지만 그의 연구는 아쉽게도 학문 후속세대로 이어지지 못했다.

원래 ≪비판적 탐구(Critical Inquiry)≫에서 발표된 차크라바르티의 논문 「역사의 기후: 네 가지 테제」(2009)는 해외 학계에서 이런저런 논쟁을 불러일으켰다. 하지만 그다음 해에 번역이 되었음에도 한국에서는 지금까지 별로 반향이 없다.[77] 작년에 출간된 『지구 행성 시대 역사의 기후』가 한국어로 번역된다고 하니, 앞으로 그의 논점을 둘러싸고 여러 논의가 있으리라 기대한다.

차크라바르티가 제시했던 네 가지 테제 가운데 두 가지는 인류세 그리고 기후변화와 관련해서 매우 중요하다.

> 하나, 인류가 기후위기의 원인이라는 설명은 자연사와 인류사 사이의 오래된 인문주의적 구분을 무너뜨린다. 둘, 인류가 지질학적 힘으로 존재한다는, 인류세라는 생각은 근대성/지구화에 대한 인문주의적 역사에 심각한 도전을 의미한다.

차크라바르티의 논점은 분명하다. 자연사와 인류사의 경계를 허물어뜨려야 한다는 것이다. 19세기 이래로 역사학의 경계 바깥으로 밀려났던 자연사가 기후위기의 의제를 통해 역사학의 영역 안으로 확실히 들어오게 되었다. 그럼에도 차크라바르티의 관점은 한국의 학문사회에서 아직 폭넓게 공유되지 않고 있다. 그 이유는 간단하다. 그의 논점을 수용하는 순간 전문화된 분과 학문에서 근본적 변화가 일어나야 하는데, 이것이 결코 쉬운 일이 아니기 때문이다.

자연에서 인간의 위치: 맺음말에 대신하여

인간은 생물권을 더 이상 마음대로 처리할 수 있는 존재가 아니다. 더 나아가 인간은 우주의 중심도 아니다. 프랑스의 석학 클로드 레비스트로스는 자연과 인간의 관계를 정확하게 표명했다. 그는 자연계의 질서가 인간 사회의 질서를 생성하며, 후자는 전자를 반영할 뿐이라고 주장하면서, 『야생의 사고』에서 인류학자 조지 터너(George Turner)가 쓴 『사모아』의 구절을 인용했다.

> 불과 물은 인연을 맺었고 이 결합에서 땅, 바위, 나무 등 만물이 태어났다. 오징어가 불과 싸워서 졌다. 불은 바위와 싸웠으나 바위가 이겼다. 큰 돌은 작은 돌과 싸웠으나 작은 돌이 승리했다. 작은 돌은 풀과 싸웠고 그 결과 풀이 이겼다. 풀은 나무와 싸웠으나 풀이 지고 나무가 승리했다. 나무는 칡넝쿨과 싸워서 졌으며 칡넝쿨은 썩고 거기에 구더기가 번식했다. 그 구더기가 변해서 사람이 되었다.[78]

터너가 사모아 연구를 하던 시절에 서구는 아직 박테리아 개념이 없었기에 구더기라고 말했을 것이다. "박테리아가 변해서 인간이 된다." 주목해야 할 점은 터너의 이런 인류학적 사유가 열대 사모아에서 형성되었다는 것이다. 열대 자연사는 서구 근대학문의 실험실이 되었다. 그럼에도 불구하고, 인류는 지구의 세 허파를 중심으로 열대 삼림을 마구잡이로 황폐화하면서 기후위기를 더욱 가속화하고 있다.

레비스트로스와 함께 프랑스에서 브라질까지 같이 배를 타고 갔던 앙드레 브르통(André Breton)은 『초현실주의 선언』에서 다음과 같이 말했다.

> 인간은 필시 우주의 중심이 아니며, 조준점이 아니다. 동물의 등급에서 인간보다 상위의 생물이 존재하며 인간의 행위가 하루살이나 고래에게 낯설어 보이듯이, 상위 생물들의 행위가 인간에게 낯설어 보일 것이다.[79]

브르통의 이런 인식은 서구의 여러 사상가들과 공명한다. 독일의 낭만주의 작가 노발리스(Novalis)의 말대로, "인간은 실제로 한 동물 속에서 기생동물이 되어 살고 있다. 이 동물의 신체 조직이 인간의 신체 조직을 결정하며 그 역도 성립한다." 심리학자 윌리엄 제임스(William James)도 맞장구를 친다. "마치 인간 옆에서 살고 있는 개와 고양이처럼, 인간도 자연 속에서 인간이 생각조차 못 하는 어떤 존재 옆에 작은 자리를 차지하면서 살고 있는지 누가 알겠는가." 파스퇴르연구소장을 지낸 에밀 뒤클로(Emil Duclos)도 화답한다. "인간의 주위에는 필시 인간과 동일한 설계로 만들어졌지만 다른 생물들, 예를 들어 단백질이 우회전하는 또 다른 '인간'들이 움직이고 있다."

인류세와 기후위기의 대가속을 조금이라도 늦추려면, 이렇게 자연에서의 인간의 위상을 새롭게 정립하지 않으면 안 된다. 필자는 레비스트로스의 『야생의 사고』가 교양 독자들의 필독서가 되어야 한다고 생각한다. 비록 이 책은 기후위기와 인류세에 대해 어떤 논의도 하지 않았지만, 이 시대가 절박하게 요청하는 사유의 방식을 보여 주기 때문이다. 루소의 '자연으로 돌아가라'를 좇아서 레비스트로스도 같은 동심원을 보여 준다. "수백만 년의 세월 동안 복잡하고 꼬불꼬불한 길을 통해 곤충을 유혹하면서 꽃가루로 인도했던… 이름도 없는 바람, 그 바람과 같은 본성이 인간의 영원한 고향인 자연이다." 야생의 사고는 바로 자연사와 인류사가 공명할 때 이루어진다.

주

1. 이사오 이노우에, 『30억 년의 조류 자연사』, 윤양호 옮김(전남대학교출판부, 2017).
2. 규조류는 노벨상의 탄생에도 기여했다. 알프레드 노벨은 불안정한 액체 폭약인 니트로글리세린을 규조토에 깊게 스며들게 함으로써 다이너마이트를 안전하게 사용할 수 있도록 제조했다.
3. 이별빛달빛, 『自然史혁명의 선구자들』(한울아카데미, 2022).
4. 크리스티안-디트리히 쇤비제, 『기후학』, 김종규 옮김(시그마프레스, 2007), 69쪽.
5. 이종찬, 『훔볼트 세계사—自然史혁명』(지식과감성, 2020).
6. 이 용어는 '정신권'으로도 번역되어 있다.
7. 지오인문학에 대한 논의는 이종찬, 『열대의 서구, 朝鮮의 열대』(서강대학교출판부, 2016).
8. 장 자크 루소, 『인간 불평등 기원론』, 김중현 옮김(펭귄클래식코리아, 2010).
9. 장 자크 루소, 『루소의 식물 사랑』, 진형준 옮김(살림, 2008).
10. 장 마르크 드루앵, 『철학자들의 식물도감』, 김성희 옮김(알마, 2011).
11. 루소의 자연사 탐구에 대해서는, 이별빛달빛, 「계몽주의 자연사」, 『自然史혁명의 선구자들』, 280~297쪽을 볼 것.
12. 장 자크 루소, 『고독한 산책자의 몽상』, 진인혜 옮김(책세상, 2013).
13. 같은 책, 108쪽.
14. Otis Fellows and Stephen Milliken, *Buffon* (New York: Twane Publishers, 1972).
15. 에른스트 카시러, 『계몽주의 철학』, 박완규 옮김(민음사, 1995), 111쪽.
16. 이에 대한 상세한 논의는 이종찬, 『훔볼트 세계사—自然史혁명』.
17. 베게너의 대륙이동설조차도 살아생전에 거부되었다가 사후에 인정을 받았다. 알프레트 베게너, 『대륙과 해양의 기원』, 김인수 옮김(나남출판, 2010).
18. Jan Zalasiewicz, Anne-Sophie Milon, and Mateusz Zalasiewicz(eds.), *The Epochs of Nature by Leclerc de Buffon* (Chicago: The University

of Chicago Press, 2018).
19. Edward O. Wilson, *Naturalist* (Washington, D.C.: Island Press, 1994), pp.359~ 360.
20. Megan Raby, *American Tropics: The Carribean Roots of Biodiversity Science* (Chapel Hill, N.C.: The University of North Carolina Press, 2017), p.1.
21. Jean Baptist Lamarck, Carozzi, *Hydrogeology,* Translated by Albert V.[Urbana, IL.: University of Illinois Press, 1964(1802)].
22. Alexander von Humboldt. *Essai sur la Géographie des Plantes: accom pagné d'un tableau physique des régions équinoxiales*, 2 ed.(Paris: Chez Fr. Schoell, 1804).
23. 엘리자베스 콜버트, 『여섯 번째 대멸종』, 이혜리 옮김(처음북스, 2014), 198~199쪽.
24. Daniel H. Janzen, "Why Mountain Passes Are Higher in the Tropics?" *The American Naturalist*, Vol.101(919)(1967), pp.233~249.
25. 제바스티안 콘라트·위르겐 오스터함멜, 『하버드-C. H. 베크 세계사 1750~1870 근대 세계로 가는 길』, 이진모·조행복 옮김(민음사, 2021).
26. 위르겐 오스터함멜, 「지구사 접근방법과 '문명화사명' 문제」, 조지형·김용우 엮음, 『지구사의 도전』(서해문집, 2010), 236~283쪽.
27. George P. Marsh, *Man and Nature*, Edited, with a New Introduction by David Lowenthal[Seattle & London: University of Wisconsin Press, 2003(1864)]. 이 원서와 내용이 다른 한국어 번역으로는, 조지 마시, 『인간과 자연』, 홍금수 옮김(한길사, 2008).
28. https://cdi.uvm.edu/manuscript/uvmcdi-85593(버몬트대학교 디지털 도서관). 2021년 5월 18일.
29. Edouard Suess, *The Face of the Earth*, Translated by Hertha B. C. *Sollas, under the direction of W. J. Sollas*, 5 Vols.[Oxford: Clarendon Press, 1904-1924(1885- 1909)].
30. Vladimir I. Vernadsky, *The Biosphere*, Translated by David B. Lang muir(New York: Copernicus, 1998). 린 마굴리스가 번역을 주도했던 이 책은 1998년에 처음 영어로 출간되었다.

31. 그의 '공생진화' 이론은 다윈의 자연선택 이론을 넘어섰다고 평가 받는다. 린 마굴리스, 『공생자 행성』, 이한음 옮김(사이언스북스, 2007).
32. Edouard Le Roy, "L'exigence idéaliste et le fait de l'évolution," *Revue Philosophique de la France Et de l'Etranger*, 109[1930(1927)], pp.146~147.
33. 린 마굴리스 & 도리언 세이건, 『생명이란 무엇인가』(개정판), 김영 옮김(리수, 2016), 73쪽.
34. 인지권에 관한 베르나츠키의 입장에 대해서는, 다른 지면을 통해 발표할 것이다.
35. 피에르 테이야르 드 샤르댕, 『자연 안에서 인간의 위치』, 이병호 옮김(분도출판사, 2006).
36. 린 마굴리스 & 도리언 세이건, 『생명이란 무엇인가』, 79쪽.
37. 아널드 토인비, 『세계사—인류와 어머니 되는 지구』, 강기철 옮김(일념, 2000), 20쪽.
38. 같은 책, 33쪽.
39. 같은 책, 604쪽.
40. 한나 아렌트, 『인간의 조건』, 이진우 옮김(한길사, 2019), 50쪽.
41. Marshall McLuhan, "At the Moment of Sputnik the Planet Became a Global Theater in Which There Are No Spectators But Only Actors," *Journal of Communication*, Vol.24(1)(1974): 48~58.
42. 제임스 러브록, 『가이아』, 홍욱희 옮김(갈라파고스, 2004), 246~247쪽.
43. 노버트 위너, 『인간의 인간적 활용』, 이희은·김재영 옮김(텍스트, 2011).
44. 클로드 베르나르, 『실험의학의 원리』, 이영택 옮김(문교부, 1953). 이 책은 번역자가 프랑스어판에서 직접 번역했다. 한국 의학자들에게는 유석진이 영어판에서 중역한 『실험의학방법론』(태광문화사, 1985)이 더 알려져 있는데, 전자의 책이 베르나르를 이해하는 데 더 중요하다.
45. 이종찬, 「11장 근대 임상의학」, 『의학의 세계사』(몸과마음, 2009), 266쪽.
46. 스테판 하딩, 『지구의 노래』, 박혜숙 옮김(현암사, 2011).
47. 원래 *Military and Political Consequences of Atomic Energy*로 영국에서 출간된 이 책은 1년 후 미국에서 *Fear, War and the Bomb* (Whittlesey House, 1949)로 발간되었다. 이 인용문(미국판, p.139)은 그 후로 수십

년간 상당히 인용되었다.

48. 이에 관한 자세한 논의는 George Reich, "When Structure Met Sputnik: On the Cold War Origins of the Structure of Scientific Revolutions," in Naomi Oreskes and John Krige(eds.), *Science and Technology in the Global Cold War*(Cambridge, M.A.: The MIT Press, 2014), pp.371~392.
49. 오드 아르네 베스타, 『냉전의 지구사: 미국과 소련 그리고 제3세계』, 옥창준 외 옮김(에코리브르, 2020), 636~637쪽.
50. 이종찬, 「13장 열대의학과 위생적 통치」, 『의학의 세계사』, 301~318쪽.
51. "NSC 68: United States Objectives and Programs for National Security"(1950). 이 문서는 1975년에 기밀 지정이 해제되었다. https://www.mtholyoke.edu/acad/ intrel/nsc-68/nsc68-1.htm. 2021년 5월 3일. 축약 번역본은 한국미국사학회 엮음, 『사료로 읽는 미국사』(궁리, 2006), 369~374쪽.
52. Jon Agar, *Science in the Twentieth Century and Beyond*(Cambridge: Polity, 2012), p.328.
53. Ronald E. Doel, "Constituting the Postwar Earth Sciences: The Military's Influence on the Environmental Sciences in the USA after 1945," *Social Studies of Science*, Vol.33(5)(2003): 635~666.
54. 레이먼드 시버, 「냉전 시기의 지구과학 연구」, 노암 촘스키 외, 『냉전과 대학』, 정연복 옮김(당대, 2001), 346~375쪽.
55. 알프레트 베게너, 『대륙과 해양의 기원』.
56. 앨프리드 세이어 머핸, 『해양력이 역사에 미치는 영향』, 전 2권, 김주식 옮김(책세상, 1999).
57. 오드라 J. 울프, 『냉전의 과학』, 김명진·이종민 옮김(궁리, 2017), 242쪽.
58. NASA, *Earth System Science: Overview*(NASA Publication, 1986); NASA, *Earth System Science: A Closer View*(NASA Publication, 1988).
59. 얼 엘리스, 『인류세』, 김용진·박범순 옮김(교유서가, 2021), 43쪽.
60. 이 용어는 원래 미국 국방정책 전문가인 고든 애덤스(Gordon Addams)가 1981년에 고안한 것으로, 연방의회의 관련 위원회, 행정부의 관련 부처, 관련 이해집단 사이에 맺어진 정책적 동맹을 의미했다. 권용립, 『미

국 외교의 역사』(삼인, 2010), 575쪽 참고.

61. https://www.cbc.ca/news/world/text-of-obama-s-nobel-peace-prize-speech-1.808630 (2021년 4월 21일)
62. https://climateandsecurity.org/2013/03/admiral-locklear-climate-change-the-biggest-long-term-security-threat-in-the-pacific-region (2021년 5월 9일)
63. https://obamawhitehouse.archives.gov/sites/default/files/docs/National_Security_Implications_of_Changing_Climate_Final_051915.pdf(2021년 4월 26일)
64. 루이스 멈퍼드, 『기계의 신화 1권: 기술과 인류의 발달』, 유명기 옮김(아카넷, 2013), 531쪽.
65. 아미타브 고시, 『대혼란의 시대』, 김홍옥 옮김(에코리브르, 2021), 184쪽.
66. Emily Gilbert, "The Militarization of Global Change," *International Journal for Critical Geographies*, Vol.11(1)(2012), pp.1~14.
67. *Ibid.*
68. Vaclav Smil, *Energy and Civilization: A History* (Cambridge, M.A.: The MIT Press, 2017), pp.368~384.
69. 이종찬, 『열대의 서구, 朝鮮의 열대』.
70. J. R. 맥닐·피터 엥글키, 「3부 인류세: 인간의 행성」, 아키라 이리에 책임 편집, 『하버드-C. H. 베크 세계사 1945 이후 서로 의존하는 세계』, 이동기 외 옮김(민음사, 2018), 527쪽.
71. 미국 브라운대학교 왓슨연구소의 '전쟁비용 프로젝트'는 9/11 이후 미국의 군사적 개입에 의해 초래된 많은 문제들을 종합적으로 다루고 있다. https://watson.brown. edu/costsofwar (2021년 9월 10일)
72. 오드 아르네 베스타, 『냉전의 지구사: 미국과 소련 그리고 제3세계』, 635쪽.
73. Jan Zalasiewicz et al., "Stratigraphy of the Anthropocene", *Philosophical Transactions of the Royal Society of London A*, Vol.369(1938)(2011), PP.1036~1055.
74. 이종찬, 『열대의 서구, 朝鮮의 열대』, 86~87쪽.
75. 하랄트 벨처, 『기후전쟁』, 윤종석 옮김(영림카디널, 2010).
76. 이별빛달빛, 『自然史혁명의 선구자들』.

77. 디페시 차크라바르티, 「역사의 기후: 네 가지 테제」, 조지형·김용우 엮음, 『지구사의 도전』(서해문집, 2010), 348~386쪽.
78. 클로드 레비스트로스, 『야생의 사고』, 안정남 옮김(한길사, 2005), 334~335쪽.
79. 앙드레 브르통, 『초현실주의 선언』, 황현산 옮김(미메시스, 2012), 226~227쪽.

Part 1. 과거, 현재, 미래는 연결되어 있다

인류세: 개념적, 역사적 관점

_윌 스테픈·자크 그린발·파울 크뤼천·존 맥닐 지음

기후의 역사에 대한 성찰적 근대성

_파비앙 로셰·장바티스트 프레쏘 지음

*인류세

개념적, 역사적 관점

**윌 스테픈(Will Steffen) 지음
***자크 그린발(Jacques Grinevald) 지음
****파울 크뤼천(Paul Crutzen) 지음
*****존 맥닐(John McNeill) 지음
김찬종 옮김

* Will Steffen, Jacques Grinevald, Paul Crutzen and John McNeill, "The Anthropocene: conceptual and historical perspectives," *Philosophical Transactions of the Royal Society A*, Volume 369, Issue 1938(2011), pp.842~867.

** 미국 출신 화학자로, 호주국립대학교 교수와 같은 대학 기후변화연구소 소장을 역임했다. 지속가능성을 중심으로 기후변화와 지구시스템과학 분야의 연구를 수행했으며, 파울 크뤼천과 함께 인류세 개념을 주창하고, 요한 록스트룀과 함께 지구행성 한계에 대한 국제적 논의를 주도했다.

*** 스위스 제네바대학교 국제개발연구대학원 교수로서 국제층서위원회의 인류세 소위원회 위원이다. 연구 분야가 철학, 인식론, 과학기술사에 걸쳐 있다. 열역학 분야의 선구자인 니콜라 레오나르 사디 카르노(Nicolas Léonard Sadi Carnot), 생지화학과 생물권 개념의 창시자인 블라디미르 베르나츠키, 생태경제학의 창시자인 니콜라스 게오르게스쿠-뢰겐(Nicholas Georgescu-Roegen) 등에 대한 연구를 수행했으며, 인류세·기후변화 등에 대한 선도적인 저술을 했다.

**** 네덜란드 기상학자이자 대기화학자로, 대기 중 오존의 생성과 분해에 대한 연구로 1995년 노벨 화학상을 수상했다. 오존층과 기후변화에 대한 연구와 함께 인류세 개념의 주창자이며 핵겨울 개념을 최초로 제시했다. 스웨덴왕립과학아카데미 회원과 영국왕립학회의 국제회원을 역임했다. 1980년 이후 독일 막스플랑크 화학연구소, 미국 캘리포니아대학교 스크립스 해양연구소, 서울대학교 등에서 연구 활동을 했다. 2021년 1월에 영면했다.

***** 미국 조지타운대학교 외교학부 교수이며 환경역사학 분야의 선구적인 학자로서, 2017년 미국예술과학학술원 회원으로 선출되었다. 산업혁명의 환경역사가 연구 주제이며, 『20세기 환경의 역사』(역서), 『모기 제국: 1620~1914의 카리브해의 환경과 전쟁』(저서), 『대가속: 1945년 이후 환경역사』(저서) 등이 있다.

●●●●

전 지구 환경에 대한 인류의 흔적은 너무 크고 활성화되어 지구계의 기능에 미치는 영향 측면에서 볼 때 자연의 일부 거대한 힘과 대등할 정도가 되었다. 비록 1800년대 이후부터 인간이 글로벌 지구 환경에 영향을 준다는 것이 알려졌지만, 10년 전에 제시된 인류세라는 용어가 최근에야 글로벌 지구 환경 변화를 연구하는 공동체에서 비공식적으로나마 널리 쓰이기 시작했다. 그러나 이 용어는 지구 역사의 새로운 지질학적 세(epoch) 또는 대(era)로 공식적인 인정을 받지 못했다. 이 글에서 우리는 새로운 시대의 논리적 출발점이 1800년 무렵 산업혁명의 도래임을 논의하면서, 인류세를 지구 역사의 공식적인 새로운 세로 인식해야 한다는 점을 제기하고자 한다. 이어서 인류가 21세기로 진행해 오면서 인류세의 진전에 대한 최근 동향을 탐색하고자 한다. 이를 위해서는 우리와 타 생명계 간의 관계에서 발생한 근본적인 변화와 지구 기후계를 견인하는 대규모 지구물리학적 순환과 우리의 관계를 관리하기 위한 초기 시도와 제안에 초점을 맞출 것이다.

서론

지구는 유일하고, 진화하는 행성 시스템이다. 기후변화로 인해 지구 규모에서 환경에 미치는 현대 인류문명의 영향력이 뚜렷하게 부각되었다. 명백히 인류 활동에서 유래한 영향 때문에 발생한 남극 상공의 오존홀을 발견한 데 이어서, 방대한 양의 무색·무취인 이산화탄소의 방출로 인해 지구 표면의 에너지 균형이 영향을 받는 것을 인식하게 되었다. 이러한 인식을 통해서 인간 활동이 인간과 다른 생명을 지탱하는 광범위한 생태계 서비스[1]에 부정적인 영향을 주어(IPCC, 2007; MEA, 2005) 결국 '생물권(biosphere)[2]의 위기'로 이어질 수 있다는 염려가 커졌다(NRC, 1981, Grinevald, 2007에서 인용). 그러나 기후변화는 빙산의 일각에 불과하다. 탄소 순환에 더해서 인류는 ① 지구상의 생명체 유지에 근간이 되는 질소, 인, 황과 같은 몇 가지 생지화학적(biogeochemistry) 순환 또는 원소 순환을 심각하게 변형시키고 있으며, ② 고지대에서 바다로 흐르는 강물을 가로채거나, 토지 피복을 변화시켜서, 육상에서 대기로 이동하는 수증기의 흐름을 변형시킴으로써 육상의 물 순환에 큰 변화를 가하고 있다. 그리고 ③ 지구의 역사상 여섯 번째 대멸종 사건을 밀어붙이고 있다. 이를 종합하면 인류가 지구시스템 기능에 대한 영향 측면에서 자연의 거대한 힘의 일부와 경쟁을 할 정도로 크고 활성화되어 있다는 강력한 증거를 보여 준다.

저자 중 한 사람(파울 크뤼천)이 10여 년 전에 제안한 인류세라는 개념(Crutzen and Stoermer, 2000; Crutzen, 2002)은 인간과 전 지구 환경 사이의 관계에서 양적인 전환을 표현하기 위해서 도입되었다. 인류세라는 용어는 다음과 같은 것을 제시한다. ① 지구는 홀로세(Holocene)라고 불리는 현재의 지질학적 시대로부터 벗어나고 있다. ② 인류의 활동은 홀로세로부터의 이탈에 큰 책임이 있다. 즉, 인류는 그 자체로 전 지구적인 지질학적 동인이 되었다. 도입 이래로 인류세라는 용어는 전 지구적 변화를 연구하는 공동체에서 널리 수용되었으며, 기후변화와 전 지구적인 여러 환경 쟁점에 대한 대중매체의 기사에서 때때로 언급된다. 그러나 이 용어는 여전히 비공식적인 상태로 남아 있다. 최근에 이 용어를 지구 역사의 공식적인 새로운 시대로서 인정할 것인지를 검토하는 '인류세 연구집단'이 제4기층서소위원회의 일부로 구성되어 이러한 상황은 달라질 수도 있다.

인류세 개념의 선례들

인류세는 과학 용어에서 신조어로 보인다. 그러나 인류, 즉 '문명화된 인간'에 의해서 주도되는 지구 자연사의 세에 대한 생각은 완전히 새로운 것이 아니며, 1970년대에 전 지구 환경에 대한 인식이 높아지기 전에도 NASA의 지구출(Earthrise)[3] 사진과 로마클럽의 성장 한계 보고서(1972)(Meadows et al., 1972) 등에 의해서 제기되었다. 생물학자 유진 스토머(Eugene F. Stoermer) (Grinevald, 2007: 243)는 "나는 인류세라는 용어를 1980년대에 사용했다. 그러나 크뤼천이 연락해 오고서야 공식화했다"라고 기술했다. 이 시기에 다른 저자들도 인류세라는 용어를 사용하지는 않았더라도, 이 개념을 탐색하고 있었다(e.g. Nisbet, 1991). 더 흥미롭게도 1992년에 앤드루 레브킨(Andrew C. Revkin)이 출간한 『지구온난화: 환경 예측에 대한 이해』라는 대중적인 책에는 다음과 같은 예언자적인 글이 담겨 있다. "아마 미래의 지구과학자들은 이 새로운 후기 홀로세를 인과적 요인, 즉 우리 인간을 반영하여 명명할 것이다. 우리는 언제가 인간세(Anthrocene)라고 불릴지도 모르는 시대로 접어들고 있다. 결국, 우리 자신이 만드는 지질학적 시대이다"(Revkin, 1992: 55). 아마 많은 독자들은(e.g. Grinevald, 2007) 사소한 언어학적 차이를 무시하고, 이 새로운 용어를 인류세[Anthro(po)-

cene]라고 읽을 것이다.

사실, 인류세라는 개념이 도입되기 전에도(Crutzen and Stoermer, 2000; Crutzen, 2002), 지대한 영향을 가져올 이 아이디어에 대한 몇몇 역사적 선례들이 재론되어 왔다. 되돌아보면, 서구 산업화와 세계화의 황금시기 이전에도, 이러한 선상의 사고는 지구의 역사에 대한 뛰어난 예언자적 관찰자와 철학자들에게서 발견할 수 있다. 생물권의 지속가능발전이라 불리는 IIASA[4] 프로젝트(Clark, 1986)의 책임 저자인 윌리엄 클라크(William Clark)에 이어, 크뤼천은 유명한 이탈리아 지질학자이자 가톨릭 사제(Stoppani, 1873)가 제안한 인류대(anthropozoic era)의 초기 선례를 발견했다. 조지 마시(George P. Marsh)는 '인간의 활동으로 변형되는 지구'라는 중요한 부제가 붙은 『인간과 자연』(1864)[5]에서 A. 스토파니(A. Stoppani)를 인용했다. 마시의 또 다른 중요한 초기 저서는 『지질학적 작용요인으로서의 인간』(Sherlock, 1922)이다.

20세기 동안 두 번의 세계대전 때문에 이 개념은 더 이상 발전하지 못했다. 1955년에 이르러서야 '변화하는 지구의 모습과 인간의 역할'[6](Thomas, 1956)이라는 프린스턴 심포지엄에서 마시의 주제는 놀라울 정도로 되살아났다. 한참 후, '인간 활동에 의해 변형된 지구'[7](Turner II et al., 1990)라는 제목의 심포지엄과 체사레 만리케 재단에서 조직한 세미나(Naredo and Gutierrez, 2005)에서 이 개념은 다시 나타났다.

이 모든 학술 모임에서, 생물권의 인지권(noosphere)으로의 변형, 즉, 인류권(anthroposphere) 또는 지구계의 인위적 변형과 같은 초기 개념에 대한 언급이 있었다. 세계대전 직후인 1920년대 초기에 인지권이라는 용어와 개념이 파리에서 제기되었으며, 오스트리아 지질학자인 에두아르트 쥐스(Eduard Suess)가 저술한 『지구의 형상』의 마지막 권에서, 생물권[쥐스가 발명한 용어(Suess, 1875)] 개념의 중요성을 상기하면서, 인지권 개념을 뒷받침했다. 더 직접적으로, 인지권 개념은 다음 세 명의 예언자적인 위대한 학자들 모임의 소산이다. 한 사람은 러시아 지구화학자이자 자연학자인 블라디미르 베르나츠키(Vladimir Vernadsky)로 그는 생지화학의 창시자이고 오랫동안 무시되어 온 생물권 과학[나중에 지구생태학이라고 불림]의 아버지이다. 나머지 두 사람은 진화론에 대한 이단적 가톨릭교도로, 당시 지질학 교수였던 피에르 테이야르 드 샤르댕(Pierre Teilhard de Chardin)과 그의 절친인 앙리 베르그손의 제자이자 콜레주 드 프랑스에서의 후계자[8]로서 수학자에서 철학자로 전향한 에두아르 르 롸(Edouard Le Roy)이다. 1922년에서 1925년까지 베르나츠키가 프랑스에 체류할 동안 이 세 사람에 대한 기록은 거의 없다. 그럼에도 불구하고 베르나츠키의 소르본 강의는 『지구화학』(1924)이라는 책으로 출판되었다. 이것은 생지화학에 대한 첫 번째 소책자(monograph)이며, 그 후속으로는 『생물권』이 있다 (1929, 2007).

1955년에 테이야르 드 샤르댕이 죽은 후 그와 그의 추종자나 반대자 그리고 베르나츠키[조지 에벌린 허친슨(George Evelyn Hutchinson)의 예일 과학 학파[9]를 따르는 미국의 생태계 선구자에 의해서 부분적으로 받아들여짐]가 개발한 생물권과 인지권에 대한 다양한 개념에 대해서 많은 사람들이 혼란스러워했다. 베르나츠키의 혁명은 최근까지 잘 드러나지 않는다[그린발의 베르나츠키에 대한 서론에서(Vernadsky, 1929)]. 1927년과 1928년에 르 롸가 집필한 두 권의 책은 빛을 잃고 잊혀졌다 [그의 작품 일부에 대한 첫 번째 영어 번역은 폴 삼손(Paul R. Samson)과 데

이비드 피트(David Pitt)에 의해 나타난다(Samson and Pitt, 1999)]. 많은 학자들이 인지권[더 최근에 산업적 대사[10]라고 불리는 기술권(technosphere)을 포함해서]의 발달로 인한 생물권의 진화와 변환에 대한 오래된 학설에 대해서 무지하다. 새로운 지질학적 작용요인으로서 인류라는 생각은 헨리 페어필드 오즈번(Henry Fairfield Osborn)이 『우리의 약탈 당한 행성: 인류에 의한 환경의 파괴』라는 저서에 『생물권과 인지권』(Vernadsky, 1945)이라는 미국 출판물을 참고문헌에 언급하면서 포함했다.

테이야르 드 샤르댕과 베르나츠키는 쥐스의 『지구의 형상』과 베르그손의 독자들이었다. 1907년 출판된 유명한 책 『창조적 진화』[11]에서 베르그손은 다음과 같이 서술했다. "증기기관이 발명된 지 한 세기가 흘렀다. 그리고 우리는 이것이 우리에게 주는 충격의 깊이를 겨우 느끼기 시작하고 있다. 수천 년이 경과한 뒤, 멀리서 보면, 아직 현 시기의 넓은 선만이 보일 것이다. 기억된다고 해도 우리의 전쟁과 혁명은 거의 중요하지 않을 것이다. 그러나 증기기관과 이에 수반되는 모든 종류의 발명품의 행렬은 아마 우리가 선사시대의 청동기나 타제석기를 말할 때처럼 언급될 것이다. 증기기관은 한 시대를 정의하는 데 기여할 것이다."

『지구화학』이라는 책의 「지각의 탄소와 생명체」 장에서 베르나츠키는 다음과 같이 썼다. "그러나 우리의 지질학적 시대에서, 영생대(psychozoic era), 즉 이성의 시대(Schuchert, 1918: 66)에서 무엇보다도 중요한 새로운 지구화학적 요인이 등장했다. 지난 1만 또는 2만 년 동안, 농업에 대한 지구화학적 영향이 대단히 강해지고 다양해졌다. 우리는 인류의 지구화학적 업적이 놀랄 만한 속도로 증가하고 있음을 목도한다. 우리는 지구화학적 과정에 대한 의식과 집합적 인간 이성의 영향이 확연하게 더욱더 증대되고 있음을 본다. 인간은 행성의 구조에, 특히 생명체와 불활성 물질 사이의 원자 교환에 대해서, 새로운 형태의 영향을 끌어들였다. 이전에 개체들은 호흡, 영양, 확산을 위해 필요한 원자만으로 역사에 영향을 주었다. 인간은 기술과 문명화된 삶의 양식을 만들어 내는 데 필요한 원소에 영향을 미치는 방식으로 이 영역을 확장했다. 여기에서 인간은 호모 사피엔스가 아니라 호모 사피엔스 파베르(homo sapiens faber)(Vernadsky, 1924: 342; Vernadsky, 2007: 219~220)로 행동한다. 『지구화학』 프랑스어 텍스트에서, 베르그손의 『창조적 진화』는 영감의 근원으로 인용된다. 동일한 생각이 『생물권』(제2판)에서 발전되었다. 더 최근에는 가이아(Gaia) 가설[12]의 아버지이자 지구생리학적 항상성의 지지자인 제임스 러브록(James Lovelock)[13]이 생지화학적 순환에 대한 인류의 영향을 다루는 또 다른 전지구적 개념 체계를 제시했다(Lovelock, 1979, 1988).

그러나 20세기 초기에는, 구소련의 베르나츠키나 미국의 헨리 애덤스(Henry Adams)를 제외하고는 아무도 제2차 세계대전 이후 세계적인 산업화, 기술과학 발전, 핵무기 경쟁, 인구 폭발, 그리고 급속한 경제 발전과 같은 인류세 두 번째 단계의 대가속을 상상하지 못했다. 스반테 아레니우스(Svante Arrhenius)의 1896년 온실효과 이론에 대한 연구 또는 가이 스튜어트 캘린더(Guy Stewart Callendar)가 추정한 지구온난화 시나리오에 대해서 아무도 심각하게 생각하지 않았다. 이러한 일들은 우리의 현대적인 행성 생태학적 인식이 나타나기 이전에 일어났다.

인지권에 대한 다양한 관념이나 다른 용어로 표현된 유사한 생각은,

그럼에도 불구하고, 2010~2012년 런던지질학회[14] 회장 선출자가 작금에 옹호하는 인류세라는 새로운 개념과 동등하지 않다. 그는 자신의 책에 다음과 같이 기술했다. "지금 우리가 살고 있는 시대는 슬프지만 분명하게, '인류세'라고 알려져 있다. 우리는 따뜻한 행성[15]으로부터 중요한 메시지를 수신해 왔다. 우리는 이를 이해할 수 있고 이에 응답해야 한다. —사람이 중요하므로" (Lovell, 2010: 196).

인간-환경 관계의 역사

인간과 인간이 포함된 환경 사이의 상호작용의 역사는 매우 먼 길을 거슬러 올라간다. 현대 인류의 출현보다 훨씬 이전 인류 조상인 유인원 시기까지 말이다. 수백만 년을 가로지르는 이 기간의 거의 모든 시간 동안 인간과 그 조상들은 많은 방식으로 환경에 영향을 미쳤다. 그러나 필요한 식물성 식량 자원을 더 쉽게 확보하기 위해서 또는 동물 사냥을 용이하게 하기 위해서 항상 자연생태계에 변화를 주는 방식이었다. 그들은 관찰이나 시행착오를 통해서 지식을 얻었을 것이며, 환경을 점점 더 효과적으로 유리하게 변화시킬 수 있었지만, 주위의 생태계를 전적으로 변화시킬 수는 없었다. 그들은 대기의 화학 조성이나 대양을 전 지구 수준에서 변화시킬 수조차 없었다. 수세기 전 산업혁명이 일어난 뒤에야 이러한 괄목할 만한 진전이 이루어졌다.

이 이야기는 석기와 기본적인 무기 제작에 숙달된 직립원인 속[genus Homo erectus]에 의해서 수백 만 년 전에 시작된다. 그들은 나중에 불을 통제하고 다루는 방법도 배우게 되었다. 이는 불을 조작할 줄 모르는 이 행성의 다른 동물들과 인간의 관계를 근본적으로 변화시킨 결정적인 돌파구가 된다. 불의 통제는 의심할 여지 없이 영장류의 식량을 위한 사냥에 도움이 되었으며, 또한 밤에는 영장류의 숙박지에 위험한 동물이 접근하는 것을 어렵게 하는 데 도움을 주었다.

초기 인류에게 단백질이 풍부한 식량자원이 늘어난 것은 다른 이점을 가져다주었다. 식물성 영양에서 잡식성 영양으로의 전환은 초기 인류의 신체적, 정신적 역량에 근본적인 변화를 일으켰다. 특히 정신적 역량의 변화가 더 중요했을 것이다. 뇌의 용량은 1,300cm^3로 세 배까지 커져서, 지구상의 어떤 동물보다도 신체 대비 뇌의 비율이 커지게 되었다. 이는 결과적으로 처음에는 구어, 나중에는 문어의 발달을 가능하게 했으며, 이 둘은 세대에서 세대로 지식과 사회적 학습의 축적을 촉진했다. 그리고 궁극적으로 인류의 복합적인 문명 발달과 환경조작 능력을 지속적으로 증대시키는 데 기반이 되는 막대하고 빠르게 증대하는 지식의 축적을 불러왔다. 지구의 역사를 통해서나 현재 지구상에서 어떤 생물 종도 이와 가까운 능력을 갖지 못했다.

산업화 이전의 인간은 오늘날 우리가 알고 있는 현대 문명의 발달에 이르기까지는 갈 길이 멀었음에도 불구하고, 현대 문명의 기반인 에너지 집적적인 화석연료에 접근했다는 일부 초기 단서가 있다. 약 천 년 전에, 인간에 의한 중요한 화석연료(석탄)의 최초 활용은 중국의 송 왕조(960~1279) 시기에 일어났다(Hartwell, 1962, 1967). 중국에서 석탄은 북쪽의 탄광에서 채굴되었고, 석탄 산업은 주로 자국의 철 산업을 지원하기 위해서 발달했으며, 11세기에는 1700년대 유럽 전체(러시아 제외)의 석탄산업 생산과 같은 규모로 성장했다. 갖가지 이유 때문에 이어지는 여러 세기 동안 중국의 석탄 산업은 쇠퇴기로 접어드는 반면, 유럽, 주로 영국에서는 석탄 산업이 13세기에 성장하기 시작했다. 석탄의 사용은 런던의 규모가 커짐에 따라 증대되었으며, 석탄의 높은 에너지 밀도 때문에 도시의 연료로 선택되었다. 1600년대에 이르러 런던에서는 매년 약 36만 톤의 석탄을 사용했다(TeBrake, 1975; Brimblecombe, 1987). 그러나 중국과 영국은 예외적이다. 세계의 나머지 지역에서는 주요 에너지원으로 나무와 숯에 의존했다. 중국과 영국의 석탄 연소는 대기 중의 이산화탄소 농도에 주목할 만한 영향을 주지 않았다.

산업화 이전의 두 가지 사건이 때로 인류세의 시작을 알리는 것으로 인용된다. 첫 번째는 홍적세(Pleistocene)의 거대동물 멸종의 물결이다. 마지막 빙하기 동안 많은 대형 포유류[16]가 적어도 네 대륙 – 아시아, 호주, 아메리카 – 에서 멸종했다(Martin and Klein, 1984; Roberts et al., 2001). 대형 포유류 멸종의 궁극적인 원인이 인류에 의한 사냥 압력인지 아니면 기후변화인지에 대한 오랜 논쟁에도 불구하고, 현시점에서 인류의 도래와 멸종 시기의 밀접한 관련성으로 볼 때 인간이 중요한 역할을 했음은 자명하다. 이 멸종이 네 대륙의 생태계에 중요했겠지만, 이것이 지구계의 전반적인 기능에 중대한 영향을 미쳤다는 증거는 없다.

두 번째는 소위 신석기 시대 혁명이라고 불리는 초기 홀로세(현세)에 일어난 농업의 시작이다. 인류세 시작에 대한 이 가설에서는 농업과 관련된 두 가지 사건이 다음 빙하기의 시작을 방해하기에 충분한 양의 이산화탄소와 메탄을 제각기 방출했다고 주장한다(Ruddiman, 2003). 하나는 8천 년 전에 숲을 잘라내고 그 땅을 경작지로 바꾼 것이고, 다른 하나는 약 5천 년 전에 벼 관개농업이 발달한 것이다. 이 가설에 의하면 초기의 숲이 축소되면서 홀로세에 안정된 대기 중의 이산화탄소 농도가 감소하는 경향을 반전시켜 5~10ppm의 이산화탄소 증가가 일어났다. 최근의 한 모형기반 분석[17] 결과에 의하면 이와 같은 대단하지 않은 온실기체 농도 증가에 의해서도 전 지구의 평균온도를 의미 있게 올리는 데 충분한 기후계의 해양 피드백이 유발되고, 대기 중에 추가적인 이산화탄소가 방출된다는 주장이 있다(Kutzbach et al., 2010).

반면 조기 인류세 가설에 대한 반론도 상당하다. 만약 5천~8천 년 전에 온실가스 농도가 소량 증가해서 지구 평균기온이 의미 있게 상승되었다면, 현재의 온실가스 농도 때문에 전 지구적으로 극심한 온난화가 있어야 한다고 할 것이다. 게다가 지구 공전궤도에 따른 태양복사 변화 분석결과에 의하면 현재 지구가 유례없이 긴 간빙기에 속해 있으며, 온실가스의 방출이 증가하지 않아도 적어도 1만 년 동안은 또 다른 빙하기에 진입하지 않을 것이다(Berger and Loutre, 2002; EPICA community members, 2004). 또한 홀로세 동안 대기 중 이산화탄소 농도 변화는 탄소 순환의 자연적 역학 관계로 설명할 수 있다(Broecker and Stocker, 2006; Joos et al., 2004). 마지막 관점은 최첨단의 동적인 전 지구적 식생 모델을 사용한 최근 분석결과와도 일치한다. 이 분석에서는 과거의 육지 사용 변화의 추정 비율 최대치의 두 배를 가정했다. 그 결과 (농사로 인한) 육지 사용 변화로 인해 발생한 이산화탄소 농도 변화는 1850년까지는 4ppm 이하이며, 이는 자연적인 변화 범주의 이내이다(Stocker, Strassmann, and Joos, 2010). 따라서 조기 인류세 가설은 적절하지 않아 보이며, 연구 공동체에서도 폭넓은 지지를 받지 못하고 있다.

인류세의 시작

1700년대 영국으로부터 유래한 산업혁명 또는 19세기 서구 문명의 열역학-산업혁명 때문에(Grinevald, 1990) 농업은 인간의 가장 지배적인 활동으로서 종말을 맞게 되었고, 인류는 홀로세에 확립된 것과는 크게 다른 궤도에 놓이게 되었다. 그것은 의심할 여지 없이 인간의 산업 발전의 가장 큰 전환 중 하나이자 가장 중요한 전환이었다. 이 전환의 기저에 깔려 있는 원인은 아마 상호작용적이고 복합적이었을 것이다. 이런 원인에 포함되는 것은 일부 지역의 자원 제약, 혁신적인 새로운 사고를 열어 준 진화하는 사회정치적 구조, 그리고 시장을 강조하는 새로운 경제 질서의 시작이다(Mokyr, 1999).

인류가 산업혁명에 접어들면서 벗어나게 된 것 중에 두드러진 것은 에너지 병목현상에 의해 지배된 세계였다. 1차 에너지 자원은 크기와 위치에 의해 확고하게 제한되어 있었다. 이런 1차 에너지 자원은 바람과 물과 같은 것으로서 지표면을 가로질러 그리고 동식물의 생물권을 스쳐 움직인다. 이 모든 에너지 자원들은 최종적으로 대기 순환과 물 순환을 구동시키며, 광합성에 필요한 기본 에너지 자원을 제공하는 태양 에너지의 흐름으로부터 유래한다. 이 같은 과정은 본질적으로 피할 수 없는 비효율성을 지닌다. 즉, 식물은 태양복사 에너지의 1% 미만을 광합성을 위해 사용하고, 식물을 섭취하는 동물은 식물에 저장되어 있는 에너지 중 고작 10%밖에 얻지 못한다. 이러한 에너지 제약은 인간의 수와 활동 증가에 강력한 병목현상이 되었다.

화석연료의 발견과 개발을 통해서 이러한 병목은 극복되었다. 화석연료는 과거 수천만 혹은 수억 년 동안 광합성으로 축적한 방대한 태양 에너지 저장고를 나타낸다. 에너지가 풍부하고, 밀집되어 있으며, 접근과 운반이 비교적 쉽고 간단한 완벽한 연료원이었다. 인간의 에너지 사용량은 급격히 늘어났다. 일반적으로 이런 산업사회에서 사람들은 이전에 농사를 짓던 선조들보다 에너지를 네 배에서 다섯 배 더 많이 사용했으며, 이전의 농업 종사자들 또한 그 이전에 수렵 채집을 하던 때보다 에너지를 세 배에서 네 배 더 많이 사용했다(Sieferle, 2001).

화석연료의 활용으로 인류는 새로운 활동이 가능하게 되었으며, 기존 활동을 크게 확장하고 가속화할 수 있었다(Smil, 2008). 전자의 가장 중요한 예시는 에너지 집약적 과정인데, 대기 중 비반응성 질소로부터 반응성 질소 화합물을 합성하는 역량이다. 본질적으로, 이러한 화석연료에 기반한 산업 공정(하버-보슈 공정)을 통해서 대기로부터 비료를 만들어 낸다. 후자의 예시는 기계화된 삼림개간 기술을 이용하여 숲이 주를 이루는 자연 생태계를 농경지와 방목 지역으로 변환시키는 것이 크게 증가하는 것이다(Ellis, 2011). 또 다른 예시는 대형 댐을 건설하여 강의 물줄기 방향을 바꾸는 일이 늘어나는 것이다.

이러한 예와 여타 에너지 의존적 과정과 활동의 결과 때문에 인간의 산업 활동과 인간이 환경에 남긴 흔적이 심각하게 증가했다. 1800년과 2000년 사이 인구가 약 10억에서 60억으로 증가함과 동시에 에너지 사용률은 40배, 경제적 생산량은 50배로 증가했다(McNeill, 2000). 집약적 인간 활동에 사용되는 지표의 비율은 약 10%에서 25~30%로 증가했다(Lambin and Geist, 2006). 인간이 환경에 남긴 흔적은 온실가스인 이산화탄소, 메탄과 아산화질소의 증가를 통해 대기에서도 뚜렷하게 나타났다. 특히 이산화탄소의 경우 화석연료 연소의 불가피한 결과물로써 산업 시대의 에너지 사용량 증가와 직접적으로 연관되어 있다.

대기의 이산화탄소 농도가 인류세의 진화를 추적하는 데 매우 유용한 지표를 제공하지만, 해양과 대륙의 천연 탄소 저장고[18]가 대기에 남은 초기 산업시대의 흔적을 감쇠하고 지연시켰기 때문에 인류세의 시작 날짜를 식별하는 데 특별히 유용하지는 않다. 예를 들어, 대기 중 이산화탄소 농도는 1750년에 277ppm(부피 기준), 1775년에 279ppm, 1800년에 283ppm 그리고 1825년의 284ppm으로(Etheridge et al., 1998) 이 모두는 홀로세 가변성 범위인 260~285ppm 이내였다(Indermuhle et al., 1999). 1850년에 이르러서야 이산화탄소 농도(285ppm)는 홀로세 변동의 자연적인 상한선에 도달했고, 1900년에는 자연 가변성을 넘어서 인간의 영향을 식별할 수 있을 만큼 충분히 높은 296ppm으로 상승했다. 20세기 중반 이후 대기의 이산화탄소 농도 증가와 이산화탄소의 동위원소 조성이 매우 정확하게 직접적으로 측정되어 왔으며(Keeling, 1960), 인간의 흔적을 명백히 보여 주었다.

그렇다면 인류세는 실제로 언제부터 시작되었는가? 서로 다른 시간에 다른 속도로 다른 장소에서 발생한 전환점의 정확한 날짜를 맞추기는 어렵지만, 확실한 것은 1750년에 산업혁명이 가까스로 시작되었으나, 1850년에 이르러서는 영국을 거의 완전히 바꿔 놓았으며, 유럽과 대서양 건너 북미의 다른 국가들로 퍼져 나가고 있었다는 것이다. 따라서 서기 1800년을 합리적인 인류세의 시작으로 선택할 수 있다고 제안한다. 우리는 이전 홀로세의 사건들을 표기하는 데 일반적으로 사용하는 'BP(before present)'[19]보다 오히려 기독교 양력을 이용했음을 유의해야 한다. 홀로세에 관한 연구에서는, 특히 방사성탄소 연대측정법을 인용하는 연구에서는 그 '현재'가 (시간이 지남에 따라 측정 시점으로부터) 점점 멀어지는 1950년으로 정의되었음에도 불구하고 자주 BP를 사용한다. 여기에서는 익숙하고, 분석에 포함된 가까운 역사적 사건과 시기의 중요성을 감안하여 표준 기독교 양력[20]을 이용한다. 그러나 방사성탄소 연대 측정법에 의한 '현재' 시점(1950년)이 인류세 시작 시기의 여러 후보들 중 하나이기도 한 핵시대와 대가속 시대의 시작 시점과 매우 근접해 있다는 점은 놀랄 만하다.

대가속

제2차 세계대전 이후 인류의 산업은 급속도로 발전했다. 20세기 중반까지 지구 환경에 남겨진 인간 활동의 흔적은 홀로세의 변동 패턴을 넘어서서 여러 가지 중요한 방식으로 명확히 구별되었지만, 그 흔적은 20세기 중반에 급격히 증가되었다. 이러한 변화는 너무 극적이어서, 1945년부터 2000년 이후까지를 대가속이라고 불렀다(Hibbard et al., 2006).

〈그림 1〉은 대가속을 시각적으로 나타낸 것이다. 산업혁명의 시작부터 새 천 년의 시작까지 인류 산업발전의 여러 지표를 보여 준다. 〈그림 1〉에서 볼 수 있는 것과 같이, 인간 활동을 나타내는 모든 지표는 1950년경에 급격한 증가율을 나타냈다(Steffen et al., 2004; McNeill, 2000). 예를 들어, 인구는 겨우 50년 동안에 30억에서 60억으로 증가했으며, 경제 활동은 15배 증가해 같은 기간 동안 훨씬 더 극적으로 늘어났다. 1960년 이후 석유 소비량은 3.5배 증가했다. 몇몇 지표는 대가속이 시작될 즈음에는 거의 0에 가까웠지만, 제2차 세계대전 종전

〈그림 1〉

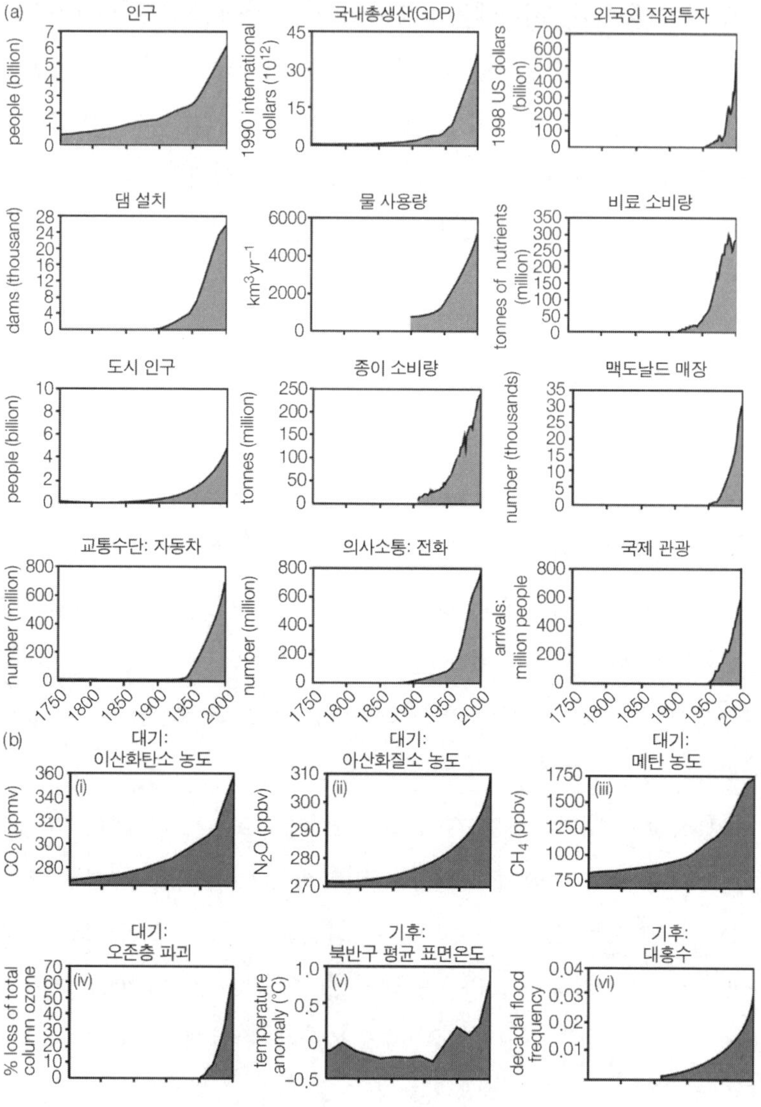

(a)
인구
people (billion)
국내총생산(GDP)
1990 international dollars (10^{12})
외국인 직접투자
1998 US dollars (billion)
댐 설치
dams (thousand)
물 사용량
$km^3 yr^{-1}$
비료 소비량
tonnes of nutrients (million)
도시 인구
people (billion)
종이 소비량
tonnes (million)
맥도날드 매장
number (thousands)
교통수단: 자동차
number (million)
의사소통: 전화
number (million)
국제 관광
arrivals: million people
1750
1800
1850
1900
1950
2000
(b)
대기:
이산화탄소 농도
CO_2 (ppmv)
(i)
대기:
아산화질소 농도
N_2O (ppbv)
(ii)
대기:
메탄 농도
CH_4 (ppbv)
(iii)
대기:
오존층 파괴
% loss of total column ozone
(iv)
기후:
북반구 평균 표면온도
temperature anomaly (°C)
(v)
기후:
대홍수
decadal flood frequency
(vi)

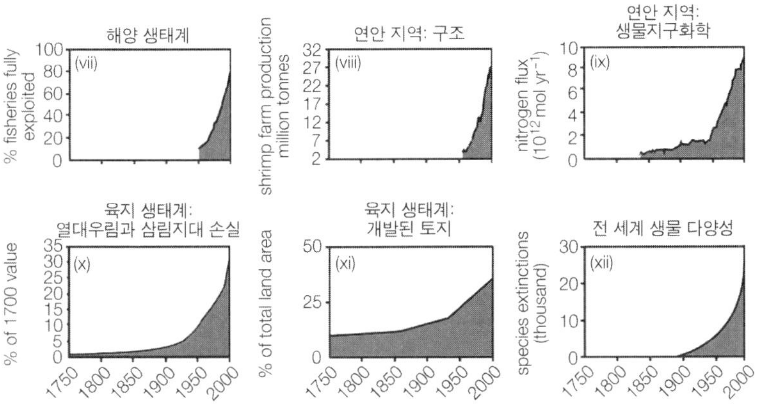

* (a) 산업혁명의 시작부터 증가하는 인간 활동 변화율. 1950년대에 변화율 증가가 두드러졌으며, 지난 50년이 인류 역사에서 극적이고 전례 없는 변화의 기간이었다는 것을 보여 준다. 각 그래프의 기반인 개별 데이터베이스에 대한 문헌을 포함하여 Steffen et al.(2004)에 의함. (b) 인간 활동이 급증한 결과로 일어난 지구계의 전 지구 규모 변화: (i) 대기 중 이산화탄소 농도, (ii) 대기 중 아산화질소 농도, (iii) 대기 중 메탄 농도, (iv) 연평균 오존 전량 330을 기준으로 나타낸 남극 상공의 오존 감소 전량 비율, (v) 북반구 평균 표면온도 편차, (vi) 1900년 이후 10명 이상 사망하거나 100명 이상이 영향을 받은 자연재해, (vii) 완전 남획, 남획, 혹은 붕괴된 세계 어장비율, (viii) 연안유역 변화의 대용 수치로서 연간 새우 생산량, (ix) 1850년 이후 세계 연안지역에 인간이 유발한 질소 변동 흐름의 모형기반 분할계산(model-calculated partitioning), (x) 열대 아프리카, 라틴아메리카 그리고 남부·동남 아시아에서 추정된 열대우림과 삼림지대 손실, (xi) 방목지와 농경지로 전환된 토지의 양, (xii) 그리고 수학적으로 계산된 멸종 비율.

** 각 그래프의 기반인 개별 데이터베이스에 대한 참고문헌을 포함하여 Steffen et al.(2004)로부터 발췌.

직후 폭발적으로 급증했다. 자동차 수는 전쟁 직후 불과 4천만 대에서 1996년에 7억 대로 증가했으며 꾸준히 늘고 있다. 또한 전쟁 이후 해외여행, 전자통신과 경제적 연결이 급속히 확장되었는데, 이는 모두 이전에는 매우 적었거나 기반 자체가 존재하지 않았던 것들이다.

지난 반세기 동안 가장 인상적이었던 동향 중 하나는 도시 생활을 위해 농장과 마을을 포기하는 현상이 광범위하게 일어난 것이었다. 총인구의 절반 이상인 30억 이상이 현재 도시에 거주하고 있으며, 이

비율은 지속적으로 증가하고 있다. 도시로의 이주는 일반적으로 기대 상승, 그리고 결국에는 소득 증가를 불러일으키며, 이는 곧 소비 증가로 이어져 대가속의 또 다른 요인을 형성하게 된다.

〈그림 1〉에서 볼 수 있는 바와 같이, 급성장하는 인류의 산업 활동이 지구계에 남긴 흔적은 명백하다. 복잡한 자연 시스템에 의한 지체와 완충 효과 때문에 1950년경 지구환경지표 12개의 기울기가 모두 동일하게 급격한 변화를 보이지는 않지만, 지구계는 확실히 홀로세 변동성 범위 밖으로 벗어났다. 대기 중 온실가스 농도의 상승은 관측과 기록이 잘 되어 있지만(IPCC, 2007), 지구 환경과 관련해 이와 동등한 다른 중요한 변화들이 많다. 자연생태계가 인간이 지배하는 경관으로 전환되는 일이 전 세계적으로 일어나고 있다(MEA, 2005). 비료를 만들기 위한 대기 중 질소고정 과정에서 반응성 질소가 극적으로 증가했으며(Gruber and Galloway, 2008), 세계는 여섯 번째 대멸종이자 생물학적 종에 의해 야기된 첫 번째 대멸종 사건에 진입하게 될 가능성이 높다(Chapin III et al., 2000).

대가속의 시작은 두 차례의 세계대전과 대공황의 방해로 반세기 정도 지연되었을 수 있다. 이 현상의 배아기는 1870년과 1914년 사이에 명확히 드러났다. 인구와 경제성장률 모두 이전 수준 이상으로 상승하기 시작한 것이다. 산업혁명 또한 가속화되었으며, 영국을 기반으로 유럽의 저지대 국가[21]를 건너 북미, 러시아, 그리고 일본에까지 급격하게 확장되었다. 자동차와 비행기의 발명으로 제2차 세계대전 이후 이동성의 급증을 위한 바탕이 마련되었다. 호주, 남아프리카공화국, 그리고 칠레의 광산과 농장에서의 산출물을 신흥 세계경제로 통합시킴으로써 세계화가 본격적으로 시작되었다. 하지만 이런 동향의 가속화는 제1차 세계대전과 이후 수십 년간 이어진 혼란에 의해 중단되었다.

무엇이 마침내 제2차 세계대전 이후 대가속을 촉발시켰을까? 이 전쟁으로 공황에 기여한 산업화 이전의 유럽 제도의 잔재와 세계대전 자체의 마지막 붕괴가 의심의 여지 없이 일어났다. 그러나 다른 많은 요인들도 중요한 역할을 했다(McNeill, 2000; Hibbard et al., 2006). 경제회복과 재개된 경제성장을 돕기 위해 새로운 국제적 제도인 이른바 브레튼우즈 체제[22]가 만들어졌다. 미국 주도하에 세계는 개방적 무역과 자본 흐름이 특징인 신자유주의적 경제원리 중심 체제로 향했다. 제2차 세계대전 이후인 1950~1973년에 경제성장률이 최고 수치를 달성하면서 경제가 급격히 통합되었다.

다른 요인들도 대가속에 기여했다. 전쟁을 통해서 넓은 범위의 신기술(그중 대부분은 화석연료가 제공하는 저렴한 에너지에 의존하는) 발전은 물론이고, 핵심 과학자와 기술자들이 배출되었으며, 이는 곧 민간경제로 향하게 되었다. 정부, 산업과 학계 사이의 협력은 일상적이 되었고, 혁신과 성장을 더욱 주도하게 되었다. 점점 더 많은 공공재들이 상품으로 전환되었고 시장경제 속에 포함되었으며, 성장에 대한 강박관념은 사회경제적, 정치적 영역을 주도하는 사회적 핵심 가치관이 되었다.

환경문제는 대가속 시대의 대부분 동안 거의 관심을 받지 못했다. 도시 대기오염이나 수로 오염 같은 지역적 환경문제, 혹은 북부 유럽이나 북미 동부지역에서 일어난 산성비 같은 광역적 환경문제의 경우 때때로 개선되기도 했으나, 이러한 조치 또한 일본이나 유럽, 북미의 일부 부유한 국가들에 국한되었다. 새로 나타나는 지구적 환경문제들은 대부분 무시되었다. 대가속 시대 동안 거의 전적으로 OECD 국가들의 활동으로 인해 대기 중 이산화탄소 농도가 1950년 311ppm에서 2000년 369ppm으로 무려 58ppm 증가했다. 이러한 배출이 기후에 미치는 영향은 1990년대까지 널리 주목을 받지 못했고, 신중했던 과학계는 기후가 온난화되고 있고 인간 활동이 그 원인이라는 것을 2001년까지는 어떤 정도의 확신에 근거해서도 공표하지 않았다.

21세기의 인류세

21세기의 첫 10년이 거의 지나가면서도, 대가속 시대 동안 확립된 여러 경향은 지속되었지만, 인류세는 부분적으로 새로운 방향으로 진행되고 있다. 이 중 가장 눈에 띄는 것은 중국뿐 아니라 인도, 브라질, 남아프리카공화국과 인도네시아로 대표되는 커다란 일부 개발도상국들이 급격히 발전의 궤도에 올랐다는 것이다. 1945~2000년 사이의 대가속은 세계 인구의 극히 일부만을 차지하는 OECD 국가들이 주도했지만, 21세기의 대가속은 훨씬 더 민주적으로 변했다.

2004년의 자료를 기반으로 한 〈그림 2〉는 급격하게 변화하는 인류의 이산화탄소 배출 패턴을 명확하게 보여 준다(Raupach et al., 2007). 장기적인 관점에서 개발도상국은 1751년 이후 총 누적 배출량의 약 20%만을 차지했지만, 이는 총 세계 인구의 80%를 차지하고 있다. 합쳐서 총 약 8억의 인구를 가진 세계의 최빈국들은 산업혁명 시작 이후 누적 이산화탄소 배출량이 1% 미만이었다. 그러나 그림에 제시된 최근 자료는 지난 10년 동안의 극적인 변화를 보여 준다. 2004년의 경우, 개발도상국의 배출 플럭스는 총 세계 배출 플럭스의 40% 이상으

〈그림 2〉

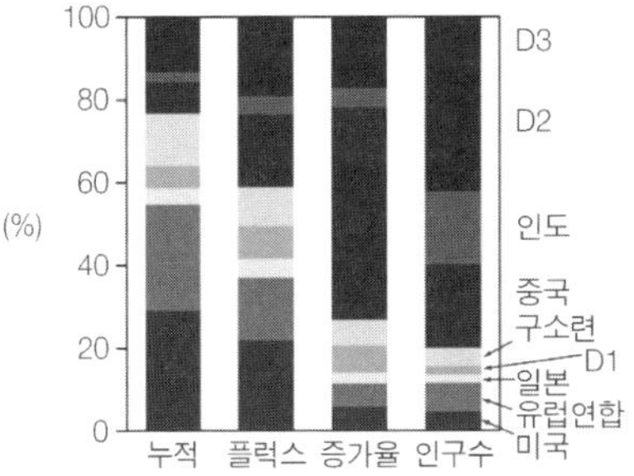

* 전 세계 누적 배출량에 대한 9개 지역의 상대적 기여도(1751~2004년), 2004년의 전 세계 배출 플럭스, 전 세계 배출 증가율(2000~2004년의 5년 평활화값), 세계 인구(2004년). FSU, (구)소련 국가; D1, 미국, 유럽연합과 일본을 제외한 선진국; D2, 중국과 인도를 제외한 개발도상국; D3, 최빈개발도상국.

** 각 수치의 기반인 개별 데이터베이스를 참조했으며 Raupach et al.(2007)로부터 발췌.

로 증가했고, 5년 평활화한 2000~2004년의 배출 증가율은 OECD 국가와 구소련보다 중국과 인도가 훨씬 더 급격하게 증가하는 것을 보여 주고 있다.

2008년의 세계 탄소수지는 이런 경향을 더욱 뚜렷하게 보여 준다(Le Quéré et al., 2009). 2008년까지는 석탄이 이산화탄소를 배출하는 가장 주된 화석연료 자원이었는데, 이러한 석탄의 사용량 증가는 90%가 중국과 인도로부터 유래했다. 현재는 중국이 세계최고 규모의 이산화탄소 배출국이며, 인도는 러시아를 제치고 세계 세 번째 규모의 배출국이 되었다. 그러나 지난 10년간 개발도상국 배출량 증가의 약 25%가 개발도상국에서 생산되었지만 선진국에서 소비되는 상품과 서비스로 인한 국제무역의 증가로 인한 것이었다.

지난 10년간 중국과 인도가 달성한 엄청난 경제성장 속도에도 불구하고, 자원 제약 때문에 이들을 비롯한 다른 개발도상국들이 1950년 이후 OECD 국가들의 궤적을 그대로 따라가기는 어려울 것이다. 이런 잠재적 제약들 중 가장 잘 알려진 것은 이른바 '석유생산정점'의 문제이다(Grinevald, 2007; Sorrell, 2009). 그럼에도 불구하고 특히 중국의 경우, 1950년 이후 다른 OECD 국가들의 성장률이 빛을 잃게 만들 정도로 지속적인 경제성장률을 계속 달성해 왔다.

석유생산정점 개념은 보통 받아들여지는 것보다 훨씬 더 복잡하다. 기술적으로 말하면 석유생산정점은 석유가 고갈될 수 있는 유한한 천연자원임을 인식한, 특정 지역에서의 석유의 최고 생산속도를 의미한다(Hubbert, 1949; ASPO, 2010). 따라서 이는 하나의 유전 혹은 세계 석유생산 전체를 나타낼 수도 있으며, 후자가 흔히 관심 있게 받아들여지는 규모이다. 일반적으로 석유 생산량은 최대치로 증가한 후 서서히 감소할 것으로 예상되고 있다. 그러나 세계적 규모로 봤을 때, 새로운 석유 공급원을 찾고 접근할 수 있는 능력이 석유생산정점 방정식에서 중요하게 여겨진다. 하지만 석유생산정점은 종종 함축적으로 (그리고 부정확하게) 수요를 맞출 수 있는 석유생산 능력을 의미한다. 궁극적으로 경제 발전의 관점에서 가장 관심사항은 수요공급 관계인 것이다. 즉, 만약 대규모 개발도상국들이 OECD 국가들이 거쳤던 석유가 넘쳐나고 저렴했던 제2차 세계대전 이후 폭발적 경제성장 과정을 반복하는 경우, 공급이 수요를 따라올 수 있어야 한다.

그렇다면 2010년 이후 석유 가용량에 대한 전망은 어떻게 될까? 수요 측면의 경우, 21세기의 첫 10년간은 주로 중국과 인도의 수요 증가로 인해 매년 약 2~3% 증가를 보여 왔다. 국제에너지기구(IEA)는 수요를 따라가기 위해 2030년까지 26%가 추가적으로 더 생산되어야 한다고 전망했다(Sorrell et al., 2009). 고작 20년 내에 개발도상국들이 감

〈그림 3〉

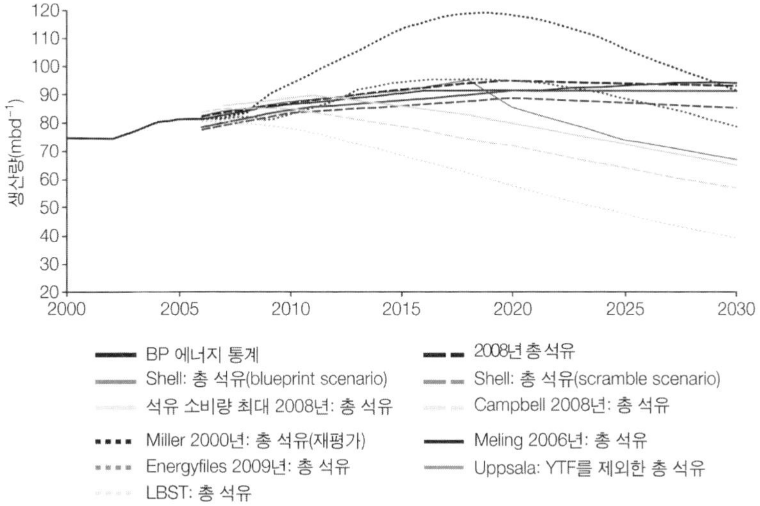

* 세계 기존 석유생산정점23, 2009~2031년의 전망이다.
** 그래프 내 개별 곡선에 대한 참고문헌을 포함해서 Sorrell et al.(2009) 인용.

당할 수 있는 가격으로 이 수준의 생산량 증대를 달성할 가능성은 매우 낮아 보인다. 최근 석유생산정점 문제에 관한 철저한 평가(Sorrell et al., 2009)를 통해 다음과 같은 결론에 도달했다. ① 전 세계 석유 생산이 언제 정점을 찍을 것인지는 자원의 규모에 대한 가정과는 상대적으로 관련성이 낮으며, ② 약 2009년과 2031년 사이에 최대생산 시점이 있을 것으로 추정되고, 2020년 전에 최대치를 기록하게 될 상당한 위험요인(〈그림 3〉)이 있다.

이보다 훨씬 잘 알려지지 않은 가능성은 바로 세계가 '인(Phosphorus) 생산정점'에 가깝다는 것이다(Cordell, Drangert, and White, 2009). 인은 질소와 함께 비료로서 대가속 시대 동안 농업생산 급증에 중심적인 역할을 해온 핵심요소이다. 적어도 세기 중반까지 세계인구 증가가 계속되고, 중국, 인도와 다른 대규모 개발도상국들의 급성장에 따른 식습관 변화로 인해, 비료에 대한 수요는 증가할 것이다. 하지만 인에 대한 허버트 타입(Hubbert-type)[24] 분석에 따르면, 인 생산은 2030년경에 연 25~30Mt P 정도의 최대치를 기록할 것인데, 이는 인 수요가 최대치에 이르기 이전이다(Cordell, Drangert, and White, 2009). 인의 생산과 유통을 공정하고 장기적인 방식으로 주의 깊게 관리하지 않을 경우, 세계 일부 지역에서의 식량 안전성 악화는 석유공급 감소와 더불어 가까운 미래에 대가속을 상당히 둔화시킬 수 있다. 또한 바이오 연료의 생산도 이러한 상황을 악화시킬 수 있다.

아마 21세기 인류세의 가장 큰 논란의 여지가 있는 반전 중 하나는 생명의 분자와 유전적 기반을 이해하는 것뿐 아니라, 생명 그 자체를 합성하는 가속화되는 흐름일 것이다. 2010년 5월 J. 크레이그 벤터(J. Craig Venter)가 이끄는 연구진은 화학 성분으로부터 유전체를 구축하고 그것을 생명 합성에 이용했다고 발표했는데, 이는 이 목적을 향해 극적인 걸음을 내딛었다는 의미이다(Gibson et al., 2010). 4천만 미국 달러를 사용하고 20명을 10년간 고용한 연구를 통해, 다른 세균 속으로 옮겨서 본체의 유전자를 대체할 수 있는 세균 염색체를 생성해 냈다. 이 인위적으로 생성된 새로운 염색체가 자리하자, 세균 세포는 새로운 단백질을 생산하기 위해 복제를 시작했다(Pennisi, 2010). 벤터가 이끄는 연구진은 2001년 처음으로 완전한 인간 유전체 지도를 완성시킨 두 연구진 중 하나였다(Venter et al. 2001; Lander et al., 2001).

합성 생명체 구축을 위한 최근의 발자취들은 궁극적으로 생명의 기원과 관련한 긴 연구의 역사에 기반을 두고 있다. 이 연구는 인류세의

2단계인 대가속의 시작 시기쯤인 1952년, 화학자 스탠리 밀러(Stanley Miller)와 해럴드 유리(Harold Urey)가 원시지구 대기의 단순한 무기질 분자들로부터 생명체 구성 요소를 형성하는 유기 분자들을 형성해 내는 것을 보여 주는 고전적인 실험을 진행한 시기로 거슬러 올라간다(Miller, 1953; Miller and Urey, 1959). 그들은 메탄, 수증기, 암모니아, 수소, 이산화탄소를 밀폐된 용기에 혼합했는데, 전류가 혼합물을 통해 방전될 때 아미노산, 탄수화물, 핵산을 포함한 복잡한 유기 분자들이 형성되었다.

인류가 새로운 생명을 창조하기 직전일지도 모르지만, 역설적이게도 최근 일어난 지구의 생물다양성 감소를 늦추는 데는 실패했다(Butchart et al., 2010). 1970~2010년의 생물다양성 변화와 관련된 31가지 지표를 종합해 보면, 그동안 생물다양성의 감소율이 유의미하게 완화된 점은 나타나지 않는다. 전 세계적으로 보호 지역이 지구 표면의 12%까지 증가했다는 것과 핵심적인 생물다양성 지역(Eken et al., 2004; Ricketts et al., 2005)을 보존하기 위해 새로운 보호 지역을 공표한 것과 같은 주목할 만한 성과에도 불구하고, 전반적으로는 감소 추세이다. 생물다양성 상태 지표 10개 가운데 8개가 감소 중이며, 이는 척추동물 개체 수(Collen, 2009)와 숲 분포 범위(FAO, 2006; Hansen et al, 2008) 그리고 산호초 상태의 감소를 포함한다.

또한 이 연구는 ① 생태 발자국, 질소 침적, 외래종 개체 수, 남획과 기후 영향 같은 생물다양성을 변화시키는 요인들과 ② 보호 지역의 범위, 급속히 퍼지는 외래종의 관리, 그리고 지속가능한 삼림 관리 같은 생물다양성 감소에 대한 인류의 대응 경향들을 살펴보았다[〈그림 4〉; (Marsh, 1864)]. 생물다양성에 대한 인류의 훼손 압력을 알리는 지표들

〈그림 4〉

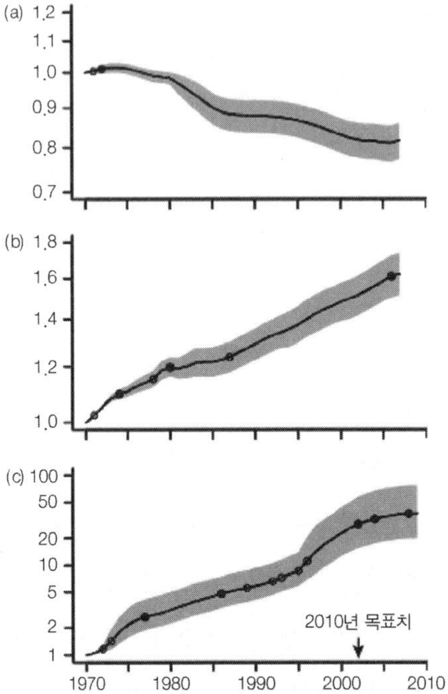

* (a) 생물다양성의 상태, (b) 생물다양성에 대한 인간의 압력, (c) 생물다양성 감소에 대한 인간 대응의 집계 지표들. 음영 처리된 구역은 95% CI와 유의미한 양/위쪽(개방 고리)과 음/아래쪽(폐쇄 고리)의 변곡이 표시되어 있다.
** 집계에 사용된 방법론과 지수들에 대한 세부사항이 포함된 Butchart et al.(2010)로부터 발췌.

은 지난 수십 년간 증가했으며, 이들 지표 중 어느 것도 유의미한 감소를 보여 준 것은 없다. 인류는 생물다양성의 감소에 대해 보존 행동을 증가시키며 대응했지만(〈그림 4(c)〉), 대응 수준이 생물다양성 감소율에 영향을 미치기에는 충분하지 않았고, 실제로 최근 10년간 대응 활동의 증가 속도는 둔화되어 왔다.

스테픈 등(Steffen, Crutzen, and McNeill, 2007)은 전 지구적 규모에

서 인간이 환경에 미치는 영향에 대한 인식의 증대와, 지구계와 인간의 관계를 관리하는 세계적 운영 체제를 구축하는 첫 시도에 근거하여 인류가 인류세의 3단계에 들어섰다고 주장했다. 생물다양성협약(CBD)[25]과 유엔기후변화협약(UNFCCC)[26] 이 이러한 시도와 관련한 두 가지 예이다. 그러나 이 두 가지 세계 운영을 위한 시도의 결과물은 실망스러웠다. 이산화탄소 배출량은 줄지 않고 증가 중이며, 앞서 서술한 바와 같이 인간에 의한 생물다양성 감소는 느려지거나 멈출 조짐이 보이지 않는다.

효율적인 세계 운영체제 구축에 대한 실패는 어쩌면 놀라운 일이 아니다. 환경관리 관점으로 볼 때 인류세의 많은 특징은 과거 경험의 범위 밖에 존재한다(Steffen, 2011; Young and Steffen, 2009). 예를 들어, 지구계의 시간 지체는 방대하다. 즉, 다음 10~20년간 이루어진 결정들은 수 세기 후 미래에 미터 단위의 해수면 상승으로 이어질 수도 있다. 비가역성 또한 일반적인 특징이다. 즉, 미래 사회에서 어떤 생물이 가치 있거나 보존 가치가 충분하다고 판단하더라도 생물 종의 멸종은 되돌릴 수 없다. 인류세에서는 형평성과 관련한 문제도 종종 매우 심각해진다. 대기권에 추가적인 온실가스 방출에 대한 책임이 가장 큰 부유한 국가들과 기후변화에 가장 심각한 영향을 받는 가난한 나라들이 겪는 고통 사이의 커다란 차이가 전형적인 예이다. 마지막으로, 지구의 대규모 하위계 내 요소의 티핑(전환) 가능성과 같은 지구계 자체 기능의 복잡성은 정책 입안자들에게 당황스러울 정도로 많은 문제를 제공할 것이다.

인류세에서 발생하는 문제의 성격을 감안했을 때, 글로벌 문제에 대한 효과적인 해결책을 찾기 위해 정치인, 정책 입안자, 관리자들이 큰 어려움을 겪고 있는 것은 놀랄 만한 일이 아니다. 그러나 희망을 보여주는 일부 혁신적인 접근 방식이 있다. 능동적 적응 관리[27]는 작은 규모에서 복잡성과 불확실성을 다루는 데 효과적인 것으로 입증되었고(Holling, 1978; Bunnell et al., 2003; Haynes, Bormann, and Martin, 2006), 지구적인 수준에서도 효과적일 수 있다. 다단계와 다원적 관리[28] 체계는 전 세계적 문제와 지역에 미치는 영향과 해결책 사이의 간격을 메우는 데도 효과적일 수 있다(Andersson and Ostrom, 2008; Berkes, 2007; Ostrom, 2005). 추가적이며 매우 중요한 과제는 바로 정책 입안자들이 제 시간 안에 대응할 수 있도록 지구계의 작동 변화에 대한 조기경보 체계를 구축하는 것이다. 지구계의 거동(www.earthobserations.org)에 대한 예측 향상을 뒷받침하고 포괄적, 협력적, 지속적으로 지구의 상태를 관찰하기 위해 만들어진 지구관측시스템(GEOSS)[29]은 모든 조기경보 체계의 핵심요소가 될 것이다. 마지막으로, 거버넌스 공동체는 새로운 정보를 동화하는 역량을 크게 강화시켜야 할 필요가 있다(Young and Steffen, 2009). 이러한 정보는 생물물리학적, 사회경제적 자료의 수집, 분석, 해석, 그리고 복잡계 시스템 역학 모델링을 할 수 있는 인류의 폭발적인 역량에 상응하는 것이다.

온실가스 배출량 감축을 위한 노력이 기대치에 훨씬 못 미치는 것으로 밝혀졌던 2009년 12월 코펜하겐 기후 회의[30]에서 효과적인 세계관리체계 준비가 긴급하다는 것이 강조되었다. 많은 이들이 '위험하다'고 생각하는 기후변화를 피하기 위해서 세계적으로 배출량 증가를 반전시켜야 하며, 그 이후 배출량을 빠르게 대폭 줄여야 한다는 점을 고려하면 가까운 미래에 대한 전망은 밝지 않다(Meinshausen, 2009; Allen, 2009). 이런 상황에서 지구 표면을 식히기 위한 다양한 기후 또는 지구공학적인 접근 방식을 채택하는 것이 적절한지에 대한 상당한 논의가 이루어지고 있으며(Rasch, Crutzen, and Coleman, 2008; Lauder and Thompson, 2008; Fleming, 2010), 그 결과에 따라 단계적으로 대기권에 대한 시험 적용으로 이어질 수도 있다. 지구공학[31]의 중요 보고서가 영국왕립학술원[32]에 의해 2009년 출간되었다. 최근까지 금기시되어 온 주제였던 지구공학은 최근에야 갑자기 진지한 연구 주제가 되었으며, 만약 이 연구 성과가 장래성 있는 접근법을 보여 준다면 이후 현장실험도 진행될 수 있다.

가장 널리 논의 중인 지구공학적 방식은 성층권에 인공 에어로졸(공중에 떠 있는 미세 입자들)을 살포하는 것이다(Crutzen, 2006)(이는 크뤼천에 의해 다시 소개되었다). 에어로졸은 자연적으로 발생할 수 있다. 예를 들면 산불, 먼지 폭풍, 화산 폭발로부터 발생한다. 또한 인간 활동을 통해, 화석연료와 바이오매스 연소로부터 발생할 수 있다. 에어로졸은 지구로 들어오는 태양복사의 일부를 다시 우주로 산란시킴으로써 일반적으로 기후를 냉각시킬 수 있다. 일부 입자들이 수증기의 응결을 촉진하는 핵의 역할을 해서 구름을 생성하여, 구름 밝기(알베도)와 강수량에 영향을 주면서 이런 효과가 더욱 증폭될 수 있다. 이 현상에 기반하는 지구공학적인 접근법에는 의도적으로 대기 중의 황산입자 농도를 높여서 지구를 냉각시킴으로써 온실가스로 인한 온난화의 인위적 기온 상승을 일부 상쇄하는 것이 있다. 이 냉각 효과는 황산입자들이 성층권에서 만들어지면, 1~2년간 머물러 있기 때문에 가장 효율적이다.

지표 부근에서 황 입자를 활용한 냉각 방식으로 효과를 얻으려면, 인간의 건강에 영향을 주는 오염 물질로써 작용하기 때문에 상당한 대가를 치러야 한다. 세계보건기구(WHO)[33]에 따르면 황 입자들은 세계적으로 매년 50만 명 이상의 조기 사망을 야기한다(Nel, 2005). 산성강수(산성비)와 퇴적으로 인해 이산화황과 황산염은 특히 민물 수역에서 다양한 유형의 생태학적 손상을 일으킨다. 건강과 생태학적 고려 때문에 이산화황과 인위적으로 만들어진 대부분의 유기 에어로졸의 배출을 줄이는 것은 지구온난화와 이에 수반되는 부정적 결과인 해수면 상승을 불러옴으로써 환경 정책 입안자들을 곤경에 빠뜨리고 있다. 기 브라쇠르(Guy Brasseur)와 E. 로크너(E. Roeckner)의 모델기반 계산에 따르면(Brasseur and Roeckner, 2005), 공기의 질을 완전히 개선할 경우 대부분 대륙의 평균 표면기온을 0.8℃ 증가시키며, 북극의 경우 4℃ 증가시킬 수 있다.

말할 필요도 없이, 온난화에 대한 대응책을 시도하기 전에 환경에 대한 부정적인 부작용의 가능성을 충분히 연구해야 한다. 부작용들 중에서도, 성층권 오존층에 대한 것들은 대기화학적 관점에서 보면 분명한 것이다. S. 틸메스(S. Tilmes) 등이 최근에 실행한 모델기반 계산[34]에 따르면 오존층 구멍 회복이 수십 년간 지연되었음을 나타낸다(Tilmes et al., 2009).

여기에는 심각할 수 있는 추가적인 문제가 적어도 두 가지 있다. 첫째, 이산화탄소 배출량을 제한시킬 대책이 실패할 경우, 이산화탄소 흡수량의 상승은 대양 상층부의 산성화로 이어져 석회질 유기체의 용해를 일으킬 것이다(Royal Society, 2005). 둘째, 성층권 내 유황입자 농도 상승이 전 세계 강수 패턴에 영향을 미침에 따라 인간 활동에 필요한 수자원에도 심각한 문제를 가져올 수 있다. 지구 표면에 들어오는 에너지(태양광)를 감소시켜 세계 평균기온을 낮출 수 있지만, 이는 세계 물 순환에도 영향을 미칠 것이다. 예를 들어 1991년에 폭발한 피나투보 화산[35] 때문에 대량의 유황 입자들이 성층권에 들어가게 되었으며, 몇 년 간 세계 평균기온이 내려갔으며, 가뭄 발생이 증가하고 개울 유량이 상당히 감소했다(Trenberth and Dai, 2007). 20세기 동안 전반적 자료는 화산 폭발 때문에 세계 지표 강수량이 알아볼 수 있을 정도로 감소했다는 것을 보여 준다(Gillett, 2004; Lambert, 2005).

기후 시스템이 '2℃ 방호책' 이상으로 올라가는 것을 막는 데 지구공학이 충분한 기여를 하기 위해서는 아주 많은 후속 과학적 연구가 필요하다. 또한 인공적으로 기후 시스템을 변화시키려고 추진하기에 앞서, 이전에 언급한 국제적 통제 이외에도 법적, 윤리적, 그리고 사회적인 문제들까지 충분히 논의되고 해결되어야 할 것이다. 대규모의 기후조절이 수용되려면, 그 아무리 과학적으로 이롭게 여겨진다 하더라도, 국제사회의 여러 다른 문화와 관점을 가진 정치 지도자들, 그리고 대중과의 신뢰를 구축하는 것이 필요하다. 궁극적으로 예기치 않은 결과가 초래되는 것을 피하기가 거의 불가능하기 때문에 인류는 지구공학적 접근을 시도하기 전에 심사숙고하는 시간을 가져야 할 것이다.

지구공학과 많은 방면에서 대치점에 있는 상반된 접근법은 바로 요한 록스트룀(Johan Rockström)과 그 동료들이 제안한 지구위험한계선(planetary boundaries) 개념이다(Rockström et al., 2009a, 2009b). 이 접근법은 지구계의 작동에 대한 지식 부족과, 복잡 미묘한 시스템(지구계)에 변화를 주었을 때 발생할 수 있는 일부 예측하기 어렵고 되돌릴 수 없는 변화들을 감안할 때, 지금까지 인류가 지구에 미친 악영향을 상쇄시키기 위해 고의적으로 지구계를 조작하는 일에 심각한 위험성이 있음을 인식하고 있다. 따라서 지구위험한계선 접근법은 지구계를 현대 문명이 발전하고 번창해 온 환경적 안전 범위인 홀로세 영역으로 되돌리는 것에 기반을 두고 있다.

지구위험한계선은 여러 하위영역의 집합으로, 지구계에 대한 인류의 '안전작동영역'을 정의하고 있다. 소수의 하위 시스템이나 과정에 기반을 두고 있으며, 이 중 다수는 임계값을 넘어설 경우 갑작스러운 변화를 일으킨다. 이 접근법은 〈그림 5〉에 개념적으로 제시되어 있다. 각각의 하위 계나 과정에 대한 통제변인들을 정의했으며, 가능한 경우에는 각각의 통제변인에 상응하는 임계값을 나열했다. 이 임계값은 지구계의 고유 특성이며, 인류의 행동이나 의지와는 무관하다. 한편 한계선은 임계값으로부터 '안전'하다고 여겨지는 범위에 있는 통제변인들의 값이며, 여기서 '안전'하다는 것은 위험과 불확실성에 사회가 대응하는 방식과 역량에 따른 가치판단이다.

록스트룀과 그 동료들은 9개의 지구위험한계선이 인류의 안전작동영역을 규정하는 집합을 이룬다고 제안한다(Rockström et al., 2009a, 2009b). 〈표 1〉은 이 9개의 하위 시스템이나 과정, 각각의 통제변인(매개변인), 제안된 지구위험한계선, 그리고 산업화 이전(인류세 이전) 값과 함께 비교한 통제변인상의 현재 위치를 제시했다. 이 분석에 따르면, 기후변화, 생물다양성 감소율, 그리고 질소 순환에 해당하는 3개의 한계가 이미 침범되었다. 즉, 이 경우들에는 인류가 이미 지구계를 홀로세 영역 밖으로 몰아낸 것이다. 토지사용 변화와 전 지구적 담수 사용과 같은 몇몇 수용한계 영역은 뚜렷하게 정의된 임계값은 없지만, 전반적으로 지구계의 회복력을 약화시킬 수 있다.

지구위험한계선 개념은 현재 진행 중인 인류세의 세 번째 단계에서 한걸음 더 발전된 것이다. 인류와 자연의 관계를 다루기 위한 전 지구

〈그림 5〉

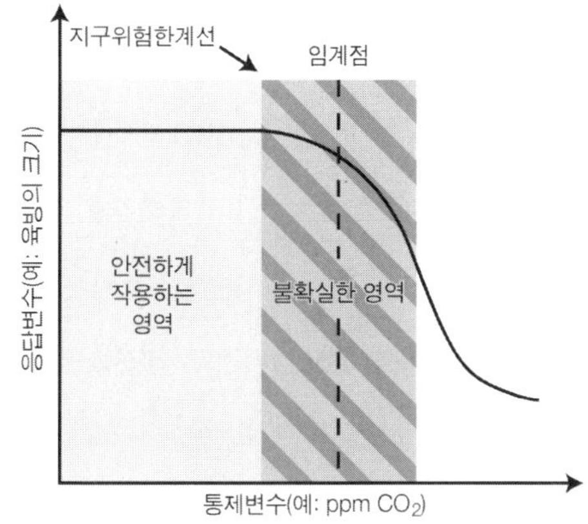

* 지구위험한계선에 대한 개념적 서술. 이 한계선은 지구계의 변화 과정에서 발생할 수 있는 대륙 규모에서 세계규모 수준의 치명적인 한계선 침범을 피하기 위해 설계되었다. 한계선에 대한 불충분한 지식과 그것의 역동적 특성 때문에 한계선을 정확한 위치가 아니라 범위로 나타낼 수밖에 없으며, 이를 이용해 한계선을 어디에 두어야 할지에 대한 정보를 얻을 수 있다.

** Rockström et al,(2009b) 참조.

〈표 1〉

지구시스템 과정	통제변인	제시된 경계	현재 실태	산업화 이전의 값
기후변화	(i) 대기 중 이산화탄소 농도(ppm)	350	387	280
	(ii) 복사 강제력 변화(watts/m^2)	1	1.5	0
생물다양성 감소율	멸종률 (백만 개 종당 연간 멸종된 종의 수)	10	>100	0.1~1
질소 순환 (인 순환과 함께 경계를 이룸)	인류 사용으로 인해 대기에서 제거된 질소의 양 (연간 백만 톤 단위)	35	121	0
인 순환 (질소 순환과 함께 경계를 이룸)	바다로 흘러 들어가는 인의 양 (연간 백만 톤 단위)	11	8.5~9.5	-1
성층권 오존 감소	오존 농도(Dobson Unit: DU)	276	283	290
해양 산성화	전 지구적 표층수의 평균 아라고나이트 포화도	2.75	2.90	3.44

지구시스템 과정	통제변인	제시된 경계	현재 실태	산업화 이전의 값
전 지구적 담수 사용	인간의 담수 소비량(km^3/yr)	4000	2600	415
토지 이용의 변화	전체 육지 중 농경지로 전환된 비율	15	11.7	낮음
대기 에어로졸 부하	대기 중 전체 미립자 농도 (지역 기준)	아직 밝혀지지 않음		
화학적 오염	방출되거나 농집되어 남아 있는 잔류성 유기오염물질, 플라스틱, 환경 호르몬, 중금속과 방사성 폐기물로 전 지구 환경에 있거나, 생태계와 지구시스템 기능에 영향을 미치는 것	아직 밝혀지지 않음		

* 진회색 행은 이미 침범 당한 한계선이며, 나머지 회색 행은 제시된 한계선이 침범되는 과정임을 나타냄.

** 지구위험한계선[Rockstrom et al.(2009a)]에서 발췌되었으며, 이 표에 제시된 데이터와 관련한 개별 참고문헌을 포함.

적 접근법을 개념화하기 위한 시도는 지금까지 기후, 생물다양성, 성층권의 오존량 등과 같은 개별적인 하위 시스템이나 과정에 집중했거나, 혹은 단순한 인과관계에 의존하여 신중하게 지구시스템을 조작하기 위한 접근법들, 즉 지구공학이었다. 지구위험한계선 개념은 지구계를 하나의 통합된 복잡한 시스템으로 인식하고, 인류가 계속 발전하고 진화하며 나아갈 수 있는 안정성 영역을 파악함으로써 다음 단계를 수행하고 있다.

인류세 개념의 사회적 함의

지금까지 인류세의 개념은 거의 전적으로 연구 공동체에서만 다루어져 왔다. 이것이 일반적인 대중과 정치, 민간 부문 지도자들에게는 어떻게 인식될 것인가? 인류에 의한 기후변화의 실재에 대한 논쟁으로부터 배울 수 있는 것이 있다면, 인류세는 많은 사람들이 받아들이기에 매우 어려운 개념이 될 것이라는 점이다. 기후회의론의 발흥은 증거와 설명을 다루는 과학적 토론이 아니라, 믿음과 가치 혹은 종종 냉소적 사익으로 왜곡된 규범적 토론에 의한 것으로 점점 더 인식되고 있다(Hamilton, 2010).

기후회의론, 혹은 보다 정확하게 당대의 기후변화나 이것이 인간에 의해 발생했다는 것에 대한 거부는 많은 경우 '인지적 부조화'의 고전적 예이다. 즉, 깊숙이 내재된 본인의 믿음에 이의를 제기하는 사실이 제시될 때 오히려 믿음을 더욱 확고히 고수하며, 믿음에 모순되는 증거가 점점 증가함에도 불구하고 다른 사람들을 본인의 믿음대로 열심히 설득하려고 한다(Festinger, 1957). 인류 '진보'의 개념이나 자연 세계에서 차지하는 인간의 위치가 직접적으로 도전 받게 되는 인류세의 경우 이런 반응은 더욱 두드러진다. 결국 대가속의 주요 원인이 된(Hibbard et al., 2006) 신고전주의 경제적 사고방식을 뒷받침하는 신념 체계와 가정은 인류세 개념에 의해 직접적인 도전을 받고 있다.

인류는 과거에도 과학으로 인해서 신념 체계에 대한 중대한 도전을 받아 왔다. 비교적 근래에 가장 눈에 띄는 예 중 하나는 찰스 다윈에 의해서 처음 상정된 진화론으로 기독교(그리고 다른 많은 종교)의 인간의 기원에 관한 이야기에 직접적으로 도전한 바 있다. 우리가 자연의 '위에' 있는 특별한 창조물이 아니라 '그저' 또 다른 원숭이라는 이후 과학연구를 통해서 강화된 관념은 다윈이 살던 시대의 사회를 뒤흔들었으며, 여전히 전 세계 일부 지역에서 긴장과 충돌을 야기하고 있다.

인류세 개념이 일반 대중에 더 잘 알려지게 되면 다윈이 유발한 것과 비슷한 반응을 불러일으킬 수 있다(Richardson, Strager, and Rosing, 2011). 인간의 활동이 진정으로 지구가 새로운 지질시대로 접어들게 할 만큼 중요한 영향을 미칠 수 있을까? 다윈의 진화론과 인류세라는 두 생각 사이에는 한 가지 큰 차이점이 존재한다. 우리의 기원에 대한 다윈의 통찰력은 격분, 분노와 불신을 불러일으켰으나, 당대 사회의 실질적 생존을 위협하지는 않았다. 반면 인류세의 궁극적 동인이 수그러들지 않고 현 세기 동안 지속된다면 현대 문명의 생존은 물론 나아가 호모 사피엔스의 미래 생존까지 위협할 수 있다.

●●●● 옮긴이 논평

저자 중 한 사람인 파울 크뤼천은 유진 스토머와 함께 2000년에 인류세라는 새로운 지질학적 시대를 제안한 바 있다. 2009년에 설립된 국제층서위원회(ICS) 산하의 인류세 연구집단은 많은 논의를 거친 후 2019년에 인류세를 새로운 지질시대로 지정하기로 결의했다고 국제층서위원회에 보고했다. 그럼에도 불구하고 인류세라는 명칭의 적절성과 지질시대로서의 전 지구적으로 동시대적인 명확한 기준이나 시작 시기 등과 관련된 여러 논쟁이 지속되고 있다.

이 글에서 저자들은 인류세와 관련된 아이디어의 원류를 추적하고, 인류의 역사에서 인간과 환경 사이의 관계를 성찰하고, 인류세의 시작점을 논의하며, 제2차 세계대전 이후의 대가속 시대의 급격한 사회 변화와 지구환경 변화를 추적하며, 주요 해결방안인 지구공학적 접근과 지구위험한계선 접근에 대한 논의와 같은 자연과학과 사회과학 분야를 아우르는 거시적인 통찰을 보여 준다. 이를 통해서 인류세 논쟁에 대한 저자들의 입장을 잘 제시한 것으로 보인다.

공식적인 지질시대로서 인류세의 공인에 대한 다양한 입장에도 불구하고, 크기와 에너지가 유한한 지구에서 인류가 지구계의 항상성을 유지하면서 공존할 수 있는 길을 모색하고 실천해야 함은 피할 수 없는 사실이라는 점을 인식해야 한다는 점에서 이 글의 내용과 방향에 공감한다.

주

1. 생태계가 인간에게 제공하는 모든 혜택을 말한다. 크게 공급, 조절, 문화, 지지로 분류된다. —옮긴이 주
2. 지구시스템의 하위 시스템 중 하나로, 지구상의 생명체 영역을 총괄하는 말이다. 다른 하위 시스템에는 지권, 수권, 기권 등이 있다. —옮긴이 주
3. 1968년 인류 최초로 달궤도를 선회하던 아폴로 8호 우주인 윌리엄 앤더스(William Anders)가 촬영한 지구가 떠오르는 사진이다. —옮긴이 주
4. 환경, 경제, 기술, 사회 분야에 상호 관련된 과학적 연구를 수행하는 기관, 국제응용시스템분석연구소라고도 한다.
5. 국내에 출간된 도서 정보는 다음과 같다. 조지 마시, 『인간과 자연』, 홍금수 옮김(2005, 한길사). —옮긴이 주
6. 선사시대부터 현대까지 지구에서의 인류의 모습.
7. 과거 300년 동안 전 지구적인 생물권에서의 변화.
8. 1530년 프랑수아 1세가 창설한 고등연구교육기관. 이곳의 교수로 선출된다는 것은 곧 프랑스 고등 교육에서 가장 높은 영예를 지닌 자리에 오르는 것을 의미한다. —옮긴이 주
9. 허친슨이 이끈 미국 예일대학교 생태학 연구 학자와 대학원생 집단. —옮긴이 주
10. 원료와 에너지에 노동을 더해 생산품과 쓰레기로 전환시키는 전체의 통합된 물리적 과정의 집합—옮긴이 주
11. 국내에 출간된 도서 정보는 다음과 같다. 앙리 베르그손, 『창조적 진화』, 황수영 옮김(아카넷, 2005). —옮긴이 주
12. 지구를 환경과 생물로 구성된 하나의 유기체로 소개한 이론.
13. 러브록의 저서 중 일부가 번역서로 출간되었다. 제임스 러브록, 『가이아: 살아 있는 생명체로서의 지구』, 홍욱희 옮김(북토피아, 2006); 제임스 러브록, 『가이아 지구의 체온과 맥박을 체크하라』, 김기협 옮김(김영사, 1995). —옮긴이 주
14. 세계에서 가장 오래된 국립지질학회이며, 1만 2천 명 이상의 펠로우가 있는 유럽에서 가장 큰 협회.
15. 태양으로부터 적절한 거리에 위치하여 생명이 살아갈 수 있는 조건을 갖

춘, 평균 온도가 15℃인 지구를 지칭한다. 지구와 인접한 행성인 금성의 평균 표면온도는 467℃, 화성은 영하 80℃이다. ―옮긴이 주

16. 빙하기에 번성한 동물상으로 매머드, 털코뿔소, 메갈로케로스(큰뿔사슴), 스밀로돈(검치호) 등이 있다.

17. 모형은 복잡한 자연현상을 이해하고 예측하기 위해서 개발한 이론적 설명으로 관련된 변인과 관계 등이 수식, 언어적 진술, 상징적 기호, 도표적 방법 등으로 표현된다. 모형기반 분석을 사용하면 모형에 포함된 주요 변인들의 변화에 따라 일어나는 변화를 이해할 수 있다. ―옮긴이 주

18. 인간의 활동으로 증가한 대기 중 이산화탄소의 상당 부분은 해양과 육상 생물권에 의해서 제거된다. 해양은 대기로 배출된 이산화탄소의 약 26%를 흡수하며, 이 중 상당량은 해양 생물의 생장과 침전으로 해양 심층과 해저에 저장된다. 육상 생물권은 광합성에 의한 탄소 흡수가 호흡 등을 통한 배출보다 커서, 대기 중 이산화탄소를 흡수하며 분해되기 전까지는 탄소를 저장한다.

19. 방사성탄소에 의한 측정으로 결정된 연대. 1950년을 현재로 정하고 이때부터 몇 년 이전인지로 표기한다.

20. 현재 국제적으로 가장 널리 쓰이는 달력. 그레고리력이라고도 부른다.

21. 유럽 북해연안의 벨기에, 네덜란드, 룩셈부르크.

22. 1944년 7월 미국의 브레튼우즈에서 체결된 브레튼우즈 협정에 의해 발족한 국제통화체제로서, 고정환율과 금환본위제를 통해 환율 안정, 자유무역과 경제성장의 확대를 추구했다. 이를 기반으로 국제통화기금(IMF)과 국제부흥개발은행(IBRD)이 창설되었다.

23. 정점 예측은 석유회사(BP, Shell, Meling, Total, Exon), 컨설턴트(Energy files, LBST, Peak Oil Consulting), 대학(웁살라대학교), 연구자[콜린 캠벨(Collin Camp bell), 리처드 밀러(Richard Miller)]에 의해서 수행된 것이다.

24. 미국의 지구물리학자 M. 킹 허버트(M. King Hubbert)가 제안한 원유의 생산경향 이론이다. 특정 지역이나 지구 전체로 볼 때 원유 생산량의 변화는 종 모양 곡선을 따른다는 것으로, 초기에는 원유 발견과 시설의 추가로 생산량이 증가하며, 정점을 찍은 후에는 자원 고갈로 생산량이 감소한다.

25. 생물다양성을 생태계, 종, 유전자 수준에서 파악하고 보전하기 위한 국

제조약.

26. 지구온난화에 따른 이상기후 현상을 예방하기 위한 협약.
27. 시스템 모니터링을 통해 불확실성을 줄이는 것을 목적으로 하는 관리법. 학습 통합과 강력한 의사결정에 도움을 준다.
28. 공공 행정과 정치의 통합관리 방법.
29. 자연적, 인위적 재난을 포괄적으로 관측하여 지구환경보호와 지속가능한 발전을 추구하려는 범지구적 협력 사업.
30. 제15차 유엔기후변화협약 당사국 총회로 2020년 온실가스 감축목표 제시 등의 합의문 발표가 이루어졌다.
31. 최근 지구온난화를 막기 위해 인위적으로 기후 시스템 조절과 통제를 목적으로 하는 새로운 과학기술의 한 분야이다. 대표적인 예로 해양 비옥화, 인공 구름, 인공 나무, 우주 거울, 이산화탄소 제거 등이 있다. —옮긴이 주
32. 자연, 기술에 대한 유용한 지식의 개선을 목적으로 영국에서 설립된 자연과학학회.
33. 보건 분야의 국제적인 협력을 위해 설립한 유엔 전문기구.
34. 학계에서 모델명을 원어(Whole Atmosphere Community Climate Model)나 약자(WACCM)로 지칭하고 있다.
35. 필리핀 북쪽 루손 섬에 위치한 활화산.

참고문헌

Allen, M. R., Frame, D. J., Huntingford, C., Jones, C. D., Lowe, J. A., Meinshausen, M., and Meinshausen, N. 2009. "Warming caused by cumulative carbon emissions towards the trillionth tonne." *Nature* 458, 1163~1166. (doi: 10.1038/nature08019)

Alroy, J. 2001. "A multispecies overkill simulation of the end-Pleistocene megafaunal mass extinction." *Science* 292, 1893~1896. (doi:10.1126/science.1059342)

Andersson, K. P. and Ostrom, E. 2008. "Analyzing decentralized resource regimes from a polycentric perspective." *Policy Sci.* 41, 71~93. (doi:10.1007/s11077- 007-9055-6)

Arrhenius, S. 1896. "On the influence of carbonic acid in the air upon the temperature of the ground." *Phil. Mag. J. Sci. Ser.* 41, 237~276.

ASPO(Association of the Study of Peak Oil and Gas). 2010. See www.peakoil.net.

Berger, A. and Loutre, M. F. 2002. "An exceptionally long interglacial ahead?" *Science* 297, 1287~1288. (doi:10.1126/science.1076120)

Bergson, H. 1907. *L'Evolution créatrice.* Paris, France: Librairie Félix Alcan. (H. Bergson. 1911. *Creative evolution.* Arthur Mitchell.(transl.) Henry Holt and Co., New York)

Berkes, F. 2007. "Community-based conservation in a globalized world." *Proc. Natl Acad. Sci. USA* 104, 15188~15193. (doi:10.1073/pnas.0702098104)

Brasseur, G. P. and Roeckner, E. 2005. "Impact of improved air quality on the future evolution of climate." *Geophys. Res. Lett.* 32, L23704. (doi:10.1029/2005 GL023902)

Brimblecombe, P. 1987. *The big smoke: a history of air pollution in London since medieval times.* London, UK: Methuen.

Broecker, W. C. and Stocker, T. F. 2006. "The Holocene CO2 rise: anthropogenic or natural?" *Eos Trans. AGU* 87, 27~29. (doi:10.1029/2

006EO030002)

Bruckner, T. and Schellnhuber, H. J. 1999. "Climate change protection: the tolerable windows approach." *IPTS Rep*. 34, 6~14.

Budyko, M. I. 1977. *Climatic changes*. Washington, DC: American Geophysical Society.

Bunnell, F., Dunsworth, G., Huggard, D., and Kremsater, L. 2003. *Learning to sustain biological diversity on Weyerhauser's coastal tenure*. Vancouver, Canada: Weyerhauser Company.

Butchart, S. H. M. et al. 2010. "Global biodiversity: indicators of recent declines." *Science* 328, 1164~1168. (doi:10.1126/science.1187512)

Callendar, G. S. 1938. "The artificial production of carbon dioxide and its influence on temperature." *Q. J. R. Meteorol. Soc*. 64, 223~240. (doi: 10.1002/ qj.49706427503)

Chapin III, F. S. et al. 2000. "Consequences of changing biotic diversity." *Nature* 405, 234~242. (doi:10.1038/35012241)

Clark, W.(ed.) 1986. *Sustainable development of the biosphere*. Cambridge, UK: Cambridge University Press.

Collen, B., Loh, J., Whitmee, S., Mcrae, L., Amin, R., and Baillie, J. E. M. 2009. "Monitoring change in vertebrate abundance: the Living Planet Index." *Conserv. Biol*. 23, 317~327. (doi:10.1111/j.1523-1739.2008.01117.x)

Cordell, D., Drangert, J.-O., and White, S. 2009. "The story of phosphorus: global food security and food for thought." *Global Environ. Change* 19, 292~305. (doi:10.1016/j.gloenvcha.2008.10.009)

Crutzen, P. J. 2002. "Geology of mankind: the Anthropocene." *Nature* 415, 23. (doi:10.1038/415023a)

_____. 2006. "Albedo enhancement by stratospheric sulfur injections: a contribution to resolve a policy dilemma?" *Clim. Change* 77, 211~219. (doi:10.1007/ s10584-006-9101-y)

Crutzen, P. J. and Stoermer, E. F. 2000. "The Anthropocene." *Global Change Newsl* 41, 17~18.

Eken, G. et al. 2004. "Key biodiversity areas as site conservation targets." *Bioscience* 54, 1110~1118. (doi:10.1641/0006-3568(2004)054[1110:KBAASC]2.0.CO;2)

Ellis, E. C. 2011. "Anthropogenic transformation of the terrestrial biosphere." *Phil. Trans. R. Soc. A* 369, 1010~1035. (doi:10.1098/rsta.2010.0331)

EPICA community members. 2004. "Eight glacial cycles from an Antarctic ice core." *Nature* 429, 623~628. (doi:10.1038/nature02599)

Etheridge, D. M., Steele, L. P., Langefelds, R. L., Francey, R. J., Barnola, J.-M., and Morgan, V. I. 1998. Historical CO_2 records from the Law Dome DE08, DE08-2, and DSS ice cores. In *Trends: a compendium of data on global change.* Oak Ridge, TN: Carbon Dioxide Information Analysis Center, Oak Ridge National Laboratory.

Festinger, L. 1957. *A theory of cognitive dissonance.* Stanford, CA: Stanford University Press.

Fleming, J. R. 2010. *Fixing the sky: the checkered history of weather and climate control.* New York, NY: Columbia University Press.

Food and Agriculture Organization(FAO). 2006. *Global forest resources assessment 2005.* Rome, Italy: FAO.

Gibson, D. G. et al. 2010. "Creation of a bacterial cell controlled by a chemically synthesized genome." *Science* 329, 52~56. (doi:10.1126/science.1190719)

Gillett, N. P., Weaver, A. J., Zwiers, F. W., and Wehner, M. F. 2004. "Detection of volcanic influence on global precipitation. Geophys." *Res. Lett.* 31, L12217. (doi:10.1029/2004GL020044)

Grinevald, J. 1990. "L'effet de serre de la Biosphère: de la révolution thermo-industrielle à l'écologie globale." *Stratégies énergétiques, Biosphère et Societé* 1, 9~34.

_____. 2007. *La Biosphère de l'Anthropocène: climat et pétrole, la double menace. Repères transdisciplinaires(1824-2007).* Geneva, Switzerland: Georg/Editions Médecine & Hygiène.

Gruber, N. and Galloway, J. N. 2008. "An Earth system perspective of the global nitrogen cycle." *Nature* 451, 293~296. (doi:10.1038/nature 06592)

Hamilton, C. 2010. *Requiem for a species. Why we resist the truth about climate change*. Sydney, Australia: Allen & Unwin.

Hansen, M. C. et al. 2008. "Humid tropical forest clearing from 2000 to 2005 quantified by using multitemporal and multiresolution remotely sensed data." *Proc. Natl Acad. Sci. USA* 105, 9439~9444. (doi:10.1073/pnas.0804042105)

Hartwell, R. 1962. "A revolution in the iron and coal industries during the Northern Sung." *J. Asian Stud.* 21, 153~162. (doi:10.2307/2050519)

_____. 1967. "A cycle of economic change in Imperial China: coal and iron in northeast China, 750-1350." *J. Econ. Soc. History Orient* 10, 102~159. (doi:10. 1163/156852067 X00109)

Haynes, R. W., Bormann, B. T., and Martin, J. R.(eds.) 2006. *Northwest forest plan—the first 10 years(1993-2003): synthesis of monitoring and research results*. General Technical Report PNW-GTR-651. Portland, OR: USDA Forest Service, Pacific Northwest Research Station.

Hibbard, K. A., Crutzen, P. J., Lambin, E. F., Liverman, D., Mantua, N. J., McNeill, J. R., Messerli, B., and Steffen, W. 2006. "Decadal interactions of humans and the environment." Costanza, R., Graumlich, L., and Steffen, W. (eds.) *Integrated history and future of people on Earth*. Dahlem Workshop Report 96. Boston, MA: MIT Press, pp.341~375.

Holling, C. S.(ed.) 1978. *Adaptive environmental assessment and management*. International Series on Applied Systems Analysis. Toronto, Canada: John Wiley and Sons.

Hubbert, M. K. 1949. "Energy from fossil fuels." *Science* 109, 103~109. (doi:10. 1126/science. 109.2823.103)

Indermuhle, A. et al. 1999. "Holocene carbon-cycle dynamics based on CO_2 trapped in ice at Taylor Dome, Antarctica." *Nature* 398, 121~126.

(doi:10.1038/ 18158)

Intergovernmental Panel on Climate Change(IPCC). 2001. *Climate change 2001: the scientific basis.* Houghton, J. T. et al.(eds.) Contribution of Working Group I to the Third Assessment Report of the Intergovernmental Panel on Climate Change. Cambridge, UK: Cambridge University Press.

_____. 2007. *Climate change 2007: the physical science basis. Summary for policymakers.* Geneva, Switzerland: IPCC Secretariat, World Meteorological Organization.

Joos, F., Gerber, S., Prentice, I. C., Otto-Bliesner, B. L., and Valdes, P. J. 2004. "Transient simulations of Holocene atmospheric carbon dioxide and terrestrial carbon since the Last Glacial Maximum." *Global Biogeochem. Cycles* 18, GB 2002. (doi:10.1029/2003 GB002156)

Keeling, C. D. 1960. "The concentration and isotopic abundance of CO_2 in the atmosphere." *Tellus* 12, 200~203. (doi:10.1111/j.2153-3490.1960.tb01300.x)

Kutzbach, J. E., Ruddiman, W. F., Vavrus, S. J., and Philippon, G. 2010. "Climate model simulation of anthropogenic influence on greenhouse-induced climate change(early agriculture to modern): the role of ocean feedbacks." *Clim. Change* 99, 351~381. (doi:10.1007/s10584-009-9684-1)

Lambert, F. H., Gillett, N. P., Stone, D. A., and Huntingford, C. 2005. "Attribution studies of observed land precipitation changes with nine coupled models." *Geophys. Res. Lett.* 32, L18704. (doi:10.1029/2005GL023654)

Lambin, E. F. and Geist, H. J.(eds.) 2006. *Land-use and land-cover change: local processes and global impacts.* The IGBP Global Change Series. Berlin, Germany: Springer.

Lander, E. S. et al. 2001. "Initial sequencing and analysis of the human genome." *Nature* 409, 860~921. (doi:10.1038/35057062)

Lauder, B. and Thompson, J. M. T.(eds.) 2008. "Geoscale engineering to avert dangerous climate change." *Phil. Trans. R. Soc. A*(Theme Issue) 366, 3839~ 4056.

Le Quéré, C. et al. 2009. "Trends in the sources and sinks of carbon dioxide." *Nat. Geosci.* 2, 831~836. (doi:10.1038/ngeo689)

Lenton, T. M., Held, H., Kriegler, E., Hall, J. W., Lucht, W., Rahmstorf, S., and Schellnhuber, H. J. 2008. "Tipping elements in the Earth's climate system." *Proc. Natl Acad. Sci. USA* 105, 1786~1793. (doi:10.1073/pnas.0705414105)

Lovell, B. 2010. *Challenged by carbon: the oil industry and climate change.* Cambridge, UK: Cambridge University Press.

Lovelock, J. E. 1979. *Gaia: a new look at life on Earth.* Oxford, UK: Oxford University Press.

_____. 1988. *The ages of Gaia: a biography of our living Earth.* New York, NY: W.W. Norton & Co.

Marsh, G. P. 1864. *Man and nature; or, physical geography as modified by human action.* New York, NY: Charles Scribners.(Reprinted by The Belknap Press of Harvard University Press 1965)

_____. 1874. *The earth as modified by human action: a new edition of 'Man and Nature'.* New York, NY: Scribner, Armstrong & Co.(Reprinted by Arno Press 1970)

Martin, P. S. and Klein, R. G. 1984. *Quaternary extinctions: a prehistoric revolution.* Tucson, AZ: University of Arizona Press.

McNeill, J. R. 2000. *Something new under the sun: an environmental history of the twentieth century world.* London, UK: W.W. Norton.

MEA(Millennium Ecosystem Assessment). 2005. *Ecosystems and human well-being: synthesis.* Washington, DC: Island Press.

Meadows, D. H., Meadows, D. L., Randers, J., and Behrens, W. W. 1972. *The limits to growth.* New York, NY: Universe Books.

Meinshausen, M., Meinshausen, N., Hare, W., Raper, S. C. B., Frieler, K., Knutti, R., Frame, D. J., and Allen, M. R. 2009. "Greenhouse-gas emission targets for limiting global warming to 2℃." *Nature* 458, 1158~

1162. (doi:10.1038/nature08 017)
Miller, S. L. 1953. "The production of amino acids under possible primitive Earth conditions." *Science* 117, 528~529. (doi:10.1126/science.117.3046.528)
Miller, S. L. and Urey, H. C. 1959. "Organic compound synthesis on the primitive Earth." *Science* 130, 245~251. (doi:10.1126/science.130.3370.245)
Mokyr, J.(ed.) 1999. *The British industrial revolution: an economic perspective*. Boulder, CO: Westview Press.
Naredo, J. M. and Gutierrez, L.(eds.) 2005. *La incidencia de la especie humana sobre la faz de la Tierra(1955-2005)*. Granada, Spain: Fundacion César Manrique, Lanzarote, Universidad de Granada.
Nel, A. 2005. "Air pollution-related illness: effects of particles." *Science* 308, 804~ 806. (doi:10.1126/ science.1108752)
Nisbet, E. G. 1991. *Leaving Eden: to protect and manage the Earth*. Cambridge, UK: Cambridge University Press.
NRC(National Research Council). 1981. *Atmosphere-biosphere interactions: toward a better understanding of the ecological consequences of fossil fuel combustion*. Washington, DC: National Academy Press.
Osborn, F. 1948. *Our plundered planet*. Boston, MA: Little, Brown and Co.
Ostrom, E. 2005. *Understanding institutional diversity*. Princeton, NJ: Princeton University Press.
Pennisi, E. 2010. "Synthetic genome brings new life to bacterium." *Science* 328, 958~959. (doi:10.1126/science.328.5981.958)
Pyne, S. 1997. *World fire: the culture of fire on Earth*. Seattle, WA: University of Washington Press.
Rasch, P. J., Crutzen, P. J., and Coleman, D. B. 2008. "Exploring the geoengineering of climate using stratospheric sulfate aerosols: the role of particle size." *Geophys. Res. Lett.* 35, L02809. (doi:10.1029/2007GL032179)

Raupach, M. R., Marland, G., Ciais, P., Le Quéré, C., Canadell, J. G., Klepper, G., and Field, C. B. 2007. "Global and regional drivers of accelerating CO_2 emissions." *Proc. Natl Acad. Sci. USA* 104, 10288~10293. (doi:10.1073/pnas.070 0609104)

Revkin, A. 1992. *Global warming: understanding the forecast*. New York, NY: American Museum of Natural History, Environmental Defense Fund, Abbeville Press.

Richardson, K., Strager, H., and Rosing, M. 2011. "When scientific discoveries threaten human identity." Richardson, K., Steffen, W., and Liverman, D.(eds.) *Climate change: global risks, challenges and decisions*. Cambridge, UK: Cambridge University Press.

Ricketts, T. H. et al. 2005. "Pinpointing and preventing imminent extinctions." *Proc. Natl Acad. Sci. USA* 102, 18497~18501. (doi:10.1073/pnas.0509060102)

Roberts, R. G. et al. 2001. "New ages for the last Australian megafauna: continentwide extinction about 46,000 years ago." *Science* 292, 1888~1892. (doi: 10.1126/science. 1060264)

Rockström, J. et al. 2009a. "A safe operating space for humanity." *Nature* 461, 472~475. (doi:10.1038/461472a)

_____. 2009b. "Planetary boundaries: exploring the safe operating space for humanity." *Ecol. Soc.* 14, 32. See http://www.ecologyandsociety.org/vol14/iss2/art32/

Royal Society. 2005. *Ocean acidification due to increasing atmospheric carbon dioxide*. Policy document 12/05. London, UK: The Royal Society.

Ruddiman, W. F. 2003. "The anthropogenic greenhouse gas era began thousands of years ago." *Clim. Change* 61, 261~293. (doi:10.1023/B:CLIM.0000004577.17 928.fa)

Samson, P. R. and Pitt, D.(eds.) 1999. *The biosphere and the noosphere reader*. London, UK: Routledge.

Schuchert, C. 1918. *The evolution of the Earth*. New Haven, CT: Yale

University Press.
Sherlock, R. L. 1922. *Man as a geological agent*. London, UK: H.F. & G. Witherby.
Sieferle, R.-P. 2001. *Der Europäische Sonderweg: Ursachen und Factoren*. Stuttgart, Germany: Breuninger Stiftung GmbH.
Smil, V. 2008. *Energy in nature and society: general energetics of complex systems*. Cambridge, MA: MIT Press.
Sorrell, S., Speirs, J., Bentley, R., Brandt, A., and Miller, R. 2009. *An assessment of the evidence for a near-term peak in global oil production*. London, UK: Energy Research Centre.
Steffen, W. 2011. *Climate change: a truly complex and diabolical policy problem*. Dryzek, J. S., Norgaard, R. B., and Schlosberg, D.(eds.) Oxford handbook of climate change and society. Oxford, UK: Oxford University Press.
Steffen, W. et al. 2004. *Global change and the earth system: a planet under pressure*. The IGBP Book Series. Berlin, Germany: Springer.
Steffen, W., Crutzen, P. J., and McNeill, J. R. 2007. "The Anthropocene: are humans now overwhelming the great forces of Nature?" *Ambio* 36, 614~621. (doi: 10.1579/0044-7447(2007) 36[614:TAAHNO]2.0.CO;2)
Stocker, B., Strassmann, K., and Joos, F. 2010. "Sensitivity of Holocene atmospheric CO_2 and the modern carbon budget to early human land use: analysis with a process-based model." *Biogeosci. Discuss.* 7, 921~952. (doi:10.5194/bgd -7-921-2010)
Stoppani, A. 1873. *Corso di geologia*, vol.II. Bernardoni,G. and Brigola, G.(eds.) Milan, Italy.
Suess, E. 1875. *Die Entstehung der Alpen*. Wien, Germany: W. Braunmü ller.
TeBrake, W. H. 1975. "Air pollution and fuel crisis in preindustrial London, 1250-1650. Technol." *Culture* 16, 337~359. (doi:10.2307/310 3030)
Thomas, W. L.(ed.) 1956. *Man's role in changing the face of the Earth*.

Chicago, IL: University of Chicago Press.

Tilmes, S., Garcia, R. R., Kinnison, D. E., Gettelman, A., and Rasch, P. J. 2009. "Impact of geoengineered aerosols on the troposphere and stratosphere." *Geophys. Res.* 114, D12305. (doi:10.1029/2008JD011420)

Tobias, P. V. 1976. *The brain in hominid evolution.* In Encyclopaedia Britannica. Macropaedia, vol.8, p.1032. London, UK: Encyclopaedia Britannica.

Trenberth, K. E. and Dai, A. 2007. "Effects of Mt Pinatubo volcanic eruption on the hydrological cycle as an analog of geoengineering. Geophys." *Res. Lett.* 34, L15702. (doi:10.1029/2007GL030524)

Turner II, B. L., Clark, W. C., Kates, R. W., Richards, J. F., Mathews, J. T., and Meyer, W. B.(eds.) 1990. *The Earth as transformed by human action: global and regional changes in the biosphere over the past 300 years.* Cambridge, UK: Cambridge University Press.

Venter, J. C. et al. 2001. "The sequence of the human genome." *Science* 291, 1304~1351. (doi:10.1126/science.1058040)

Vernadsky, V. 1924. *La géochimie.* Paris, France: Librairie Félix Alcan.

_____. 1929. *La biosphere.* Paris, France: Librairie Félix Alcan.

_____. 1945. "The biosphere and the noosphere." *Am. Scient* 33, 1~12.

_____. 2007. *Geochemistry and the biosphere: essays by Vladimir I. Ver nadsky.* (First English translation from the 1967 Russian edition of selected works) Sante Fe, NM: Synergetic Press.

Young, O. and Steffen, W. 2009. "The Earth system: sustaining planetary life support systems." Chapin III, F. S., Kofinas, G. P., and Folke C.(eds.) *Principles of ecosystem stewardship: resilience-based natural resource management in a changing world.* New York, NY: Springer, pp.295~315

Zalasiewicz, J., Williams, M., Steffen, W., and Crutzen, P. 2010. "The new world of the Anthropocene. Environ." *Sci. Technol* 44, 2228~2231.(doi:10.1021/es 903118j)

*기후의 역사에 대한 성찰적 근대성

**파비앙 로셰(Fabien Locher) 지음
***장바티스트 프레쏘(Jean-Baptiste Fressoz) 지음
송성회 옮김

* Fabien Locher and Jean-Baptiste Fressoz, "Modernity's Frail Climate: A Climate History of Environmental Reflexivity," *Critical Inquiry*, Vol.38, No.3 (2012), pp.579~598.

** 프랑스 국립과학연구센터(CNRS)와 사회과학고등연구원(EHESS)에 적을 둔 역사가이며 프랑스 연구혁신협회연구소(IFRIS)의 연구 책임자이기도 하다. 연구 주제는 환경사, 기후와 사회, 20세기 서민층과 환경 등이다. 『학자와 돌풍: 19세기 대기 연구와 일기예보』(2008)를 펴냈다.

*** 런던의 왕립학교인 임페리얼 칼리지에서 과학사, 기술사, 환경사 등을 연구하는 역사가이다. 최근에 『즐거운 계시록: 기술에 수반된 위험의 역사』(2012)를 펴냈다. 2013년 현재 로셰와 함께 18세기 이래 기후의 정치사를 쓰고 있다.

인류세는 18세기 후반에 시작되었다고 볼 수 있는데, 극지방의 얼음에 포집된 공기를 분석한 결과 그 시기에 지구상에서 이산화탄소와 메탄의 농도가 높아지기 시작했음이 밝혀졌기 때문이다. 그런데 이는 제임스 와트가 1784년에 증기기관을 설계한 사실과도 부합한다.

_파울 크뤼천, 「인류의 지질학」

크뤼천은 또 다른 – 세간의 이목을 더 끄는 – 우연의 일치, 즉 1778년에 조르주루이 르클레르 드 뷔퐁(Georges-Louis Leclerc de Buffon)이 『자연의 신기원』을 간행한 사실을 언급했다. 인류가 지질학 세력이 되던 바로 그때 뷔퐁은 "이제는 지구표면 전체가 인간의 힘이 미친 흔적을 지니고 있다"라고 했다. 그런데 인류가 환경을 어설프게 다루면서 "기후에 미치는 자기 자신의 영향을 변화시킴으로써 인류에게 가장 적절한 온도를 설정할" 수 있는 힘을 얻고자 하면서 이 영향력이 기후에도 미치고 있다.[1]

이렇게 인류가 기후를 결정하는 데 힘을 보탰는데, 이 기후가 19세기 초 초미의 정치적 이슈가 되었다. 그때 특히 삼림벌채 문제가 등장하면서 뷔퐁이 취했던 자연신학적 낙관론이 기후 염려증으로 바뀌었다. 1821년 프랑스 내무장관은 내무부 산하의 모든 지방 행정책임자에게 생소한 회람을 발송했다. "지사 여러분, 과거 수년 동안 프랑스가, 부분적으로는 프랑스의 삼림 벌채와 토지 개간 때문이라고 할 수 있는, 현저한 대기 냉각, 갑작스러운 계절 변화, 허리케인 등의 영향을 점점 더 많이 받은 것으로 보입니다. … 그러나 이것들이 교정할 수 없는 문제는 아닙니다."[2] 그 장관은 행정책임자들에게 관할 지역의 기후 변화를 조사하라고 지시했다.

이런 관심이 실제로 널리 확산되었다. 대기 중에 엄청난 양의 화산재를 내뿜었던 1815년 4월의 탐보라 화산 폭발 이후 유럽은 일련의 이상기후와 흉년을 겪었다.[3] 그 결과 프랑스, 영국, 스위스, 네덜란드 등의 학술단체들은 인간을 원인 제공자로 볼 수 있을 것임을 지적하는 기후변화 연구를 지원했다.

기후를 두고 이들이 나타낸 관심들을 고려하면 놀라움을 금할 수가 없는데, 이는 근대 학술단체들의 환경 담론, 즉 환경에 미치는 인간 행위의 결과를 파악하는, 역사적 사실을 토대로 한 – 현대인의 방식과는 아주 다른 – 그들의 복합적인 방식을 우리가 너무 모른다는 사실 때문이다. 기후에 관한 근대인의 염려는 사전 경고도 아니고(당시 염려의 대상이었던 기후변화는 우리 시대의 지구 전체 차원의 기후변화가 아님), 당시 특별히 예외적인 것도 아니었다.

오늘날의 환경위기를 성찰할 때 사용하는 주요 내러티브가 너무 단순하기 때문에, 과거의 환경 담론들을 사료에 의거하여 이해하는 일이 지금의 사회이론과 녹색이론에 꼭 필요하다고 생각한다. 오늘날 포스트모던 사상가들이 대체로 공유하는 전제가 있는데, 그것은 환경과 현대인의 관계가 완전히 달라졌음을 대략 두 세대에 걸쳐 경험했다는 것이다. 3세기에 걸친 질풍노도와 같은 모더니즘을 거친 뒤 우리가 마침내 환경의식의 계몽시대에 들어섰다는 것이다. 기념비적인 사회이론 저술가들은 현대를 명명하고 전적으로 새로운 그 면모를 드러내기 위해 (산업사회 개념의 반대인) 위험사회, 자기 성찰적인 근대화[4], 2차 근대화[5], 하이모더니즘(high modernism)[6] 등의 새로운 명칭들을 만들어

냈고, 철학자들은 최근에 형성된 인간 행위의 성격적 변화를 성찰했다.[7]

과거를 보는 조금은 단순한 견해를 토대로 현대인의 탁월함과 성찰을 강조하는 데는 몇 가지 측면에서 문제가 있다. 이런 태도는 과거 사회의 환경의식을 실제로 부정함으로써 오랜 기간에 걸친 환경 악화의 역사를 탈정치화하며, 이런 태도를 견지하는 내러티브들은 최근의 환경 담론을 현대사회 특유의 것이라고 강조함으로써 생태학적 우려의 역사성을 부정하면서 실제로 그런 우려를 추동한 갈등들을 간과하는 경향을 보인다.

이와 반대로 이 글에서는 현대인이 인류세 시대에 진입한 것이 맹목적인 근대정신의 결과가 아니라 기후에 미친 인간의 영향을 대상으로 한 다면적인 성찰과 심각한 염려가 포화된 상태에서였음을 논증하고자 한다. 요컨대 우리 시대가 새로운 근대성에로 진입하는 전환점이라고 보는 주장들, 즉 ① 인간 활동이 환경에 미친 영향과 그 부메랑 효과를 주제로 한 유례없는 담론을 우리가 보여 주고 있다는 주장, ② 선조들이 진보나 자연의 재생 능력을 신뢰한 나머지 눈이 먼 채, 필요한 배려는 하지 않고 일종의 해피엔딩을 기대하면서 세계를 변화시켰다는 주장 등을 반박하고자 한다.

대부분의 오해는 개념들의 역사적 변천 때문에 생긴다고 본다. 18세기와 19세기 사회의 환경 담론을 이해하기 위해서는, 선천적/후천적, 몸/환경, 살아 있는/죽은, 또는 자연/사회 등의 이분법을 토대로 한 분류 방식을 허물고, 기술, 정치형태, 환경, 그리고 몸 등이 중첩되는 기후이론[8]이라고 알려졌지만 지금은 퇴물로 여겨지는 인식론 영역으로 들어가는 길을 모색할 필요가 있다. 18세기 중엽부터 1870년대에 이르기까지 100여 년간 서구 사회는 인간이 환경과 맺는 관계, 자연의 변화나 생활 방식의 변화에 대한 인간의 책임 등을 생각할 때 기후를 염두에 두었다.

본 저자들은 기후를 환경보호 행위나 정치 행위의 결과물로 보는 기후의 계보학을 제안한다. 우리의 취지는 단순히 근대 초기의 사회가 환경의식을 지녔음을 보여 주는 것이 아니다. 여러 가지 목적으로, 즉 인간의 이익을 위한 자연의 변형을 촉진하기 위해, 공간들을 개선하여 원주민을 이주시키기 위해, 인구를 관리하기 위해, 그리고 때로는 환경의 변화를 고발하기 위해, 기후이론들이 활용되었다. 비록 1800년의 기후 개념과 2000년의 기후 개념이 지니는 의미나 정치적 함의가 서로 다르기는 하지만, 자연에 미치는 인간의 영향을 포괄하는 기후이론이 꾸준히 만들어졌다.

인구정책 관점에서 본 조절 가능한 기후

프톨레마이오스(Ptolemaeos)가 쓴 『지리학』 이래로 기후는 지구상의 위도에 의해 결정된다고 보는 것이 일반적이었다. 기후는 문화, 인종, 그리고 정치 등의 차이를 설명함에 있어 이미 알고 있던 기초적인 요소였다.[9] 17세기에는 기후 개념이 약간의 유연성을 갖게 되었다. 비록 부분적으로는 여전히 지구상의 위치가 기후를 결정하는 것으로 여겨지기는 했지만, – 주로 기상학과 의학 분야의 – 학술 담론들은 지역에 따른 기후의 여러 가지 변수들과 기후를 개선하거나 악화하는 인간 행위의 역할 등에 주목하기 시작했다.

요컨대, 위치에 따라 정해진 것으로 여겨지는 측지학 또는 지리학의 기후 개념이, 강수량, 기압, 바람, 발산물, 지형, 토양, 물, 식생, 일조량, 연기 등, 어느 한 장소의 특성을 결정하는 일련의 동적인 과정들과 같은 것으로 여겨지는 기후 개념으로 바뀐 것이다. 이런 변화가 중요한 것은 인간 행위가 수많은 원인들로 촉발되는 여러 과정들 중 하나로 인지될 수 있었기 때문이다. 작용인자로서의 인간을 포함하는 자연이 그 역사성을 인정받게 된 것은 바로 이 기후 개념 덕택이었다.[10]

이런 변화는 계몽 군주들의 인구정책 프로젝트와 일부 관계가 있었다. 히포크라테스 선서에 따르면 기후가 주민 건강에 결정적인 영향을 미쳤다. 기후는 마음대로 바꿀 수 있는 것이었기에, 정부는 인구수를 늘리고 그 질을 높이기 위해 기후를 이용하려 했다. 1770년에 아베 리샤르(Abbé Richard)는 자신의 『공기와 물의 자연사』가 "사변적인 연구서에 불과한 것이 아니라" "인구를 관리하는 방대한 계획에 유용한" 것이라고 설명했다.[11] 기후와 인구정책의 연계는 프랑스에서 특히 두드러졌다. 1776년 군주국가 프랑스는 기후, 전염병, 그리고 체질 사이의 상관관계를 연구하여 환경의학 정책을 세우기 위해 왕립의학회라는 새로운 학술기관을 만들었다.

게다가 합리적인 기후 개조가 집정시대와 나폴레옹 제정시대의 핫 이슈였다. 다이아맨티노스 코레이(Diamantinos Coray)는 히포크라테스의 논문 「공기, 물, 그리고 환경」에 대한 1800년의 논평에서 이 논문이 "근대 입법자들의 주도면밀한 주목을 받을 만했음"을 강조했다.[12] 의사이자 혁명가요 훗날 공론파[13]로 알려진 그룹과 친했던 민의원, E. 드 살베르트(E. de Salverte)는 기후와 인간을 개조하려는 이 프로젝트를 아주 극단적으로 기술했다. 자신의 저서 『정치와 의학의 관계』(1806)에서 그는 나폴레옹 제국의 의학적 장점들을 나열했다. 통제가 필요한 영토에 기후와 민족이 많기 때문에, 동물과 식물들이 생존하기에 적합한 기후를 찾아서 집단적으로 이동시켰다. 또한 종족 선택을 극대화하려는 목적으로 정부기관인 왕립의학회를 활용해서 이종교배를 실시했다. 그리고 이 정부기관은 "기후의 물리적 조성"과 – 또다시 – 동물과 식물의 물리적 환경을 개선하는 데 필수적인 습지 배수, 삼림녹화, 미경작지 개간 등을 실시했다.[14]

삼림 훼손과 기후변화

그러나 위의 실행 과제들을 토대로 한 자연신학적 낙관론은 본말이 전도될 여지가 있었다. 인공기후는 자연을 다스리려는 시도의 한계를 보여 주는 예였다. 기후는 상호 작용하는 일련의 이질적인 과정들로 조성되기에 기후 조작은 늘 불확실한 일이며, 따라서 겉으로는 유익해 보이는 환경 변화가 무서운 결과를 초래할 위험성이 있었다. 예컨대, 리샤르에 따르면, 네덜란드령 말루쿠 제도의 전염병은 화산에서 나오는 유독성 공기를 정화하는 방향 입자들을 내뿜는 정향나무 숲 파괴가 그 원인이었다.[15] 인간 행위가 기후와 생물 개체군을 개선할 수도 있겠지만, 이렇듯 자연 재앙을 초래할 수도 있다.

이 주장은 18세기 섬 식민지에서 예증되었다. 플랜테이션 경제가 환경에 미친 영향들이 프랑스령 섬 모리셔스와 영국령 섬 세인트헬레나, 그레나다, 바베이도스에서 1760년대부터 나타나기 시작했다.[16] 나무들이 기공을 통해 대기 중에 물을 발산하여 되돌려 줌으로써 강우량에 상당한 영향을 미친다고 주장한 테오프라스토스(Theophrastus of

Eresus, 아리스토텔레스 학파의 수장이자 아리스토텔레스 후계자)의 이론을 토대로, 식민지 통치자들은 토지 개간에 따른 강수량 감소를 우려하기 시작했다. 그리고 이런 우려들이 본국에서 반영되어, 1766년 피에르 푸와브르(Pierre Poivre)가 모리셔스의 병참장교 겸 감독관으로 임명되었을 때, 삼림 보호를 통해 그 섬의 강우량을 복원하는 것이 그의 임무에 포함되었다. 18세기 말 동인도회사는 세인트헬레나를 두고 이와 비슷한 우려를 표명했다.

유럽에서는 오랫동안 삼림 벌채와 농업이 기후에 미친 영향이 유익하다고 보았다. 『자연의 신기원』[17]에서 뷔퐁은 – 수세기 동안 사람이 거주한 덕택에 비교적 온화한 – 유럽 기후와 더 거친 아메리카 기후를 유럽에 유리한 방식으로 비교했다. 북아메리카에서는 이주와 경작을 통해 아메리카의 거친 기후를 유럽의 온화한 기후로 변화시키고자 했다. 미국 대통령 토머스 제퍼슨조차도 기상관측자협회로 하여금 삼림 벌채가 기후에 좋은 영향을 미친다고 선전해 줄 것을 요청했다.[18]

기후변화는 그것이 농업이나 삼림 벌채와 연관되어 있었기에 정치성을 띠는 논제였다. 예컨대 영국에서는 인클로저(Enclosure) 운동의 결과를 검토할 때 기후변화가 활용될 여지가 있었다. 1806년 원예학자 존 윌리엄스(John Williams)에 따르면, 지난 30년간 비가 잦고 추운 여름 날씨가 된 이유는 농촌지역의 토양에서 수분이 대량으로 증발했기 때문이다. 수익성이 더 큰 낙농업에 의한 대체와 이 낙농업을 위해 설치된 산사나무 울타리로 에워싸인 광대한 격자형 목초지가 이런 현상을 초래했다는 것이다.[19]

프랑스에서는 1790년대부터 삼림 벌채가, 프랑스 삼림의 감소에 대한 일반적인 비판과 보조를 맞추어, 기후와 연관된 관심거리가 되기 시작했다. 프랑스 대혁명의 여파로 프랑스의 삼림은 소유와 이용, 두 측면에서 심각한 변화를 겪었다. 성직자와 망명자들의 토지 몰수, 국유재산 염가 매각, 공동 소유지 분할 등으로 나무로 뒤덮인 지역이 소규모로 분할되어 양도됨에 따라 중산계층과 특정 유형의 농장주들이 이익을 얻게 되었다. 절대군주제의 상징이었던 수계와 삼림 관할권이 폐기되었고, 개인소유 삼림의 개발 규제가 철폐되었다.

혁명에 따른 이런 변화 때문에 기후가 정치성이 강한 이슈로 탈바꿈했다. 귀족의 목재를 벌채하여 약탈한 것으로 추정되는 공화정 2년(1793)의 소작농들에게 모든 기상이변의 책임이 전가되었다. 1800년 여름 가뭄기간에는 지구 최후의 날 시나리오를 기술하는 다수의 기사가 일간지 ≪모니퇴르 위니베르셀(Moniteur Universel)≫에 실렸다. 유명한 약사이자 농경제학자 앙투안-알렉시스 카데 드 보(Antoine-Alexis Cadet de Vaux)는 다음과 같이 말했다. "가뭄이 들어 고통은 우리가 겪었는데, 비난받아야 할 것은 자연이 아니라 지표면을 변형시켜 대기의 흐름을 바꾸고 그리하여 계절의 영향을 바꿔 버린 인간이라고 과학자들은 말한다."[20]

강조할 점은 기후에 미친 삼림 벌채의 영향이 전 지구적인 규모로 고려될 가능성이 있었다는 것이다. 이런 관점에서 특별한 의미를 지니는 것은 19세기 1/4분기에 활약한 프랑스의 토목기사 프랑수아-앙투안 로시(François- Antoine Rauch)의 연구였다. 그의 분석은 자신이 '자연의 물 관리'라고 명명한 것, 즉 토양에서 증발하여 구름으로 바뀌고, 그 뒤 비가 되어 대양에 뿌려지거나 나무로 되돌아오는 지구에서의 물의 순환에 중점을 두었다. 로시는 삼림 파괴를 자연과 신의 질서를 파괴하는 비극적인 개입이라고 생각했다. 온대지방의 가뭄, 홍수,

흉년 등으로부터 극지방 빙원의 비정상적인 확대에 이르는 많은 현상들은 인간이 자연을 어설프게 손질한 결과였다는 것이다. 이런 관점은 왕정복고시대 프랑스에서 아주 일반적이었다. 예컨대 로시는 프랑스와 유럽의 삼림 훼손과 이 훼손이 기후에 미친 영향을 고발하기 위해 다수의 기사를 썼고, 책을 발간했으며, 심지어 정기간행물 ≪리 아날스 로고피안(Les Annales Européennes)≫도 창간했다.[21]

왕정복고 시대의 정부들은 나름대로, 삼림을 전통적인 합법적 소유자에게서 빼앗아 귀족의 전유물이었던 장기적인 토지경영 비전을 지닐 수 없었던 중산층의 손에 넘겨준 혁명을 비난했다. 전술한 1821년의 기후 조사는 이런 배경에서 이루어졌다. 끔찍했던 1820~1821년 겨울을 보내고 나서 프랑스 내무장관은 관할 지역의 삼림 훼손과 연계된 "기상체계"의 교란 사태들을 캐물어 해당지역 행정책임자들을 귀찮게 했다.[22]

국민의회에서 삼림 정책이 논의되면서, 극단적인 기상 사태를 겪고 나면 떠들썩하곤 했던 기후 논쟁이 다시 점화되었다. 7월 왕정 기간(1830.7~1848.2)에, 행정부의 토지개간허가제(1803년 삼림 보호를 위해 취해진 조치)를 찬성하는 자들과 반대하는 자들 사이에 소규모 충돌 사태들이 발생했다. 1836년 2월 27일, 한 민의원이 정부의 허가제 폐지를 제안하는 법령(안)을 제출하자, 천문학자 프랑수아 아라고(François Arago)가 대기의 냉각, 우박, 홍수 등을 포함한, 토지 개간의 비극적인 결과를 설명하는 즉석 답변을 내놓았다. "나는 이것이 확실하다고 주장하는 것이 아니고, 그럴 가능성이 있으며 엄중하게 조사할 만한 충분한 이유가 있다는 것입니다"[23]라고 그는 부연했다. 아라고의 권고에 따라 기후변화 연구를 위해 국민의회 내에 위원회가 설치되었다. 그러나 그는 2년 뒤 국민의회에서 과학이 그 문제를 다룰 능력이 없음을 인정해야 했다.

이렇듯, 혁명의 여파로 기후변화가 뜨거운 정치적 이슈가 되기는 했지만, 이 기후변화를 당대의 자연과학에서 유행하던 실험과 이론 프로그램으로는 다룰 수가 없었기 때문에 강단 과학의 학자들은 이 기후변화 문제를 다루기가 아주 어렵다는 것을 알았다. 기후 전문가로 알려진 아라고 같은 과학자들은 분명한 답변을 내놓기를 꺼렸으며 이런 종류의 연구에 내포된 막대한 불확실성을 다음과 같이 암시했다. 우리가 기후변화를 어떻게 정의할 것인가? 우리가 일시적인 현상과 장기적인 추세를 어떻게 구별할 수 있는가? 기상관측 자료를 활용할 수가 없는 시대를 연구하는 것이 어떻게 가능하겠는가? 과학자와 전문가는 객관성의 척도로서 측정과 정확성을 선호했지만, 정부와 여론은 명확하게 분석하기가 어려운 문제를 연구하도록 그들을 압박하고 있었다.

역사기후학 분야 최초의 중대한 진전은 이러한 특수한 맥락에서 이루어졌다. 과학자들과 석학들은 알렉산더 폰 훔볼트(Alexander von Humboldt)[24]와 그의 제자들이 수립한 새로운 과학인 식물지리학을 활용하여 정치적으로 긴요했던 기후변화에 대한 궁금증을 해소하고자 했다.[25] 그들은 식물의 분포를 좌우하는 정량 법칙이 기온의 함수임을 알아내고, 시대별 식생 자료를 재구축하는 연구와 과거 2천 년간의 기후를 추론하는 연구를 했다. 아라고는 이런 연구 방법을 창안한 주요 인물 중 한 사람이었다. 초창기에 기상학자들은 과거의 기후를 재구성하는 데 포도 수확기 자료를 수집하여 사용하기 시작했다. 그 자체가 어떤 과학 분야로 발전하게 될지는 미지수였지만 역사기후학은 삼림 악화와 이것이 기후에 미친 영향에 대한 관심을 모태로 했다.

삼림과 기후의 악화라는 프리즘을 통해서, 인류는 지구의 강자요 지구는 보호받아야 할 약자로 인식되었다. 1822년 샤를 푸리에(Charles Fourier)는 '지구의 물질적 악화'라는 제목의 텍스트 초고를 완성했다.[26] 기후 교란이 토지 개간 때문이라는 전제를 토대로 그는 "지구 건강의 악화"(DM, 404)를 단정했다. 그 문제의 뿌리는 사회에 있으며, 경제적 동기와 팽배한 개인주의가 토지 개간을 초래했다는 것이다. "이상기후는 개인이익과 집단이익 사이의 갈등 때문에 모든 것을 파괴하는 개화된 문명 본연의 해악이다"(DM, 430). 푸리에에 따르면, 당시 개인주의 사회를 개선하려는 노력은, 기존의 실효성 없는 삼림 법령을 토대로 한 것이라면 모두가 실패할 수밖에 없었다. 지구의 병에 대한 유일한 치유책은 혁명이었다. "우리는 문명화에서 벗어날 필요가 있다"(DM, 435).

기후 식민주의와 기후 오리엔탈리즘

전체적인 삼림 문제는 차치하고, 기후가 인간의 산업 활동의 산물이라는 생각을 토대로 서구 사회는 19세기에 발생한 중요한 역사적 사건 두 가지, 즉 산업혁명과 식민지 확장을 분석하는 수단을 확보했다. 산업화와 그에 따른 환경 훼손, 그리고 식민주의 등을 가장 포괄적으로 정당화하는 토대는 일종의 '기후 오리엔탈리즘'이었는데, 산업사회의 기후와 동양의 기후를 비교함으로써 상대적으로 깨끗하고 건강한 산업사회인 유럽과 야만적이고 위험한 바깥 세계라는 이미지가 만들어졌다. 실제로, 식민주의는 토착민들이 자행한 것과 동일한 훼손으로부터 유럽의 자연을 구원해 줄 정화 과정이자 기후갱생 과정으로 입안되고 선전되었다. 유럽인의 인종적 우월성이 기후이론들과 간접적으로 연결되었는데, 자신의 환경과 기후를 효과적으로 관리할 수 있는 능력, 그리고 자신의 자연의 장점들을 보존하거나 심지어 산출해 내기도 하는 능력은 오로지 자기들만이 지니고 있다고 유럽인은 생각했다.

1830년 알제리를 점령한 뒤, 오리엔트의 기후가 식민주의자들에게 잠재적으로 해로운 영향을 미칠 수도 있다는 우려가 폭증했다. 의료지리학을 전공한 위생학자들의 관점에서 볼 때 결정적인 위험은 아프리카나 아시아에 정착한 유럽인이 원주민과 똑같은 생활을 하게 된다는 점이었다. 식민지 주둔 군대의 사망통계 자료들은 그다지 고무적이지 않았다. 위생학자 장크리스티앙 부댕(Jean-Christian Boudin)의 말을 빌리자면, "남아프리카의 호텐토트나 남극의 에스키모"가 아니고는, 사람이 타고난 세계인은 아닌지라 자기 종족이 태어난 장소와는 너무 다른 기후에는 실제로 적응할 수가 없음을 입증하는 데 이 통계자료들이 보탬이 되었다. 그는 "그러나 이것이 기후적응이 수반하는 점이라면 그 대가가 좀 지나치다"라고 덧붙였다.[27]

다행히, 북아프리카 기후의 건강 부적합성이 북아프리카 기후 본연의 것이 아니라, 인류 역사의 산물이자 환경을 관리할 수 있는 능력을 가져본 적이 한 번도 없는 오리엔트의 야만적인 풍습과 이슬람 숙명론의 불행한 유산으로 여겨졌다. '오리엔트 사람'의 문제점은 필경 그 지역 사람들이 자연을 통제하지 못하는 자신들의 무능력 때문에 퇴화[28]를 자초했을 것이라는 점이었다. 말묵왕조(1250~1517)[29] 시대의 이집트인들이 의학 문헌에서 고전적인 본보기로 활용되었다. 1826년 몽펠리에 의과대학 위생학 교수 취임공개강의에서 장바티스트 베라르(Jean-

Baptiste Bérard)는 다음과 같이 설명했다. "과거에 이집트는 가장 깨끗하고 가장 비옥한 고대 인구밀집 지역이었다. 그러나 무식하고 야만적인 이슬람에 정복당함으로써 근대 세계에서 가장 비위생적인 장소들 중의 하나로 전락했다. 게으른 터키인 탓에 나일 강은 나머지 세계 전체를 감염시키거나 위협하는 흑사병의 근원이 되었다."[30] 자신의 농산품을 팔아서든 늪지 배수와 재식림에 의해서든 이들 해로운 기후를 개선할 임무가 식민주의자에게 부여되었다.[31] 이것을 또 다른 위생학자는 "식민화는 위생처리 작업이다"라는 말로 표현했다.[32]

알제리는 이주 식민지였기 때문에 기후 개선 프로젝트가 가장 많이 시행되었다. 1864년 알제리기후학회가 설립되고, 북아프리카 기후가 근본적으로 건강하다는 점과 극히 해로운 다수의 (늪지) 지역은 개선될 수 있다는 점을 알리는 작업이 시작되었다. 이 학회의 회장 에밀 베르테랑(Émile Bertherand)은 모든 평지에 재식림 운동을 시작했고 늪에서 분출되는 독기를 제거하는 데 유칼립투스가 특히 효과가 있음을 높이 평가했다. 그의 권고에 따라 미티자 지역 출신의 한 농부는 "평지에서 올라오는 유독 물질을 막는 데 효과가 있는 방벽을 만들기 위해" 2만 그루의 나무를 밀식했고, 1876년 당시 베르테랑의 추정에 따르면, 꼭 10년 만에 알제리에 200만 그루 이상의 유칼립투스가 식재되었다.[33]

1874년, 이와 유사한 기후공학적 관점에서 군 장교이자 식민주의자 프랑수아 엘리 루데르(François Élie Roudaire)는 지중해까지 운하를 파서 사하라의 염수호에 물을 대는 사업을 제안했다. 농업을 발전시키려는 취지였다. 수에즈 운하 이후에 인지된 기후변화를 더욱더 촉진시킨 루데르는 알제리 전 지역에서 더 온화한 기후와 규칙적인 강수량을 기대했다. 그 프로젝트는 알제리 내해(內海)가 고대에 존재했을 것이라고 보고 수행된 훨씬 더 큰 규모의 식민지 "재건 임무"의 일부였다.[34]

산업현장의 기후

이와 동시에, 인위적인 기후 조작이 산업혁명의 영향을 해석함에 있어 핵심 역할을 하고 있었다. 작업장과 공장의 환경이 초창기 의사들의 관심거리였다. 기계공들은 늘 그들을 에워싸고 있는 증기가, 신체 변형의 원인이라고 할 수 있는 인공 미세기후를 만들어 내기 때문에 기후 의학 패러다임에서 매우 매력적인 연구 대상이었다. 연대를 약간 착각하여 흔히 산업의학의 창립 의사라고 소개되곤 했던 베르나르디노 라마치니(Bernardino Ramazzini)의 보고서 『직업병』(1699)은 작업장을 의학 미세기후로 보려는 시도였다. 예컨대 전염병에 잘 걸리지 않는 특정 기계공들의 (추정된) 내성은 감염현상 분석에 대한 사례 연구 대상이었다. 1776년에 기고자들에게 보낸 질의서에서 왕립의학회는 기계공들의 습관들 중 어느 것이 "지금의 전염병에 모종의 영향을 미쳤는지"[35] 질문했다.

19세기에는 산업 종사자와 도시민의 건강 악화에 대한 의문들이 더 널리 확산되었다. 산업환경이 안고 있는 문제점이 인간의 생산성을 높이기 위해 은폐되었다. 1857년 프랑스의 위생학자 베네딕트 오귀스탱 모렐(Bénédict Augustin Morel)은 굉장한 퇴화이론을 수립했다. 그는 뷔퐁에 근거해서 기후 때문에 인종이 점진적으로 변형된다는 생각을 산업사회가 만든 새로운 기후에 적용했다. "지구 전체가 인간의 영역이 되었다"라고 그는 썼다. 그러면서 그는 "자연요소에 미친 인간의 영향이 역으로 인류를 변형시키지나 않을 것인지" 걱정했다. 자연 본래의 위험을 극복하기 위해 인간은 퇴화를 초래하는 새로운 물질들에 인체를 노출시키는 훨씬 더 위험한 "인공자연"을 만들어 내야 했다.[36]

다른 한편, 기후를 중심에 두고 공장을 관찰해 보면 노동자들의 만성 질병을 일종의 적응 과정이라고 완곡하게 표현할 수 있는 여지도 있었다. 19세기 중엽의 위생학 연구에서 작업장은 대도시 기후 안에 감싸인 하나의 군락지 미세기후로 여겨졌다. 담배공장에 관한 보고서에서 프랑수아 멜리에(François Mêlier)는 "작업장에 처음 들어서는 노동자는 새롭고 낯선 지역으로 이주된 이주민과 몇 가지 점에서 비슷하다. 이주민처럼 이 노동자는 이질적인 요소들과 싸워야 하고 일종의 적응 과정에서 불가피한 모든 도전과 변형을 감수해야 한다"[37]는 점에서 노동자를 식민지 이주민과 유사하다고 보았다. (모든 공장 중 가장 해로운) 인(燐) 공장에 관한 논의에서 위생학자 알퐁스 두파스키에(Alphonse Dupasquier)는, 끔찍했던 첫인상에도 불구하고 "노동자들은 마치 지극히 깨끗한 대기 속에서 일하고 있기라도 한 것처럼 인 공장에 빠르게 익숙해지고 **적응하게** 되며, 과도한 염려는 드러내지 않고 이들 공장에서 나오는 모든 발산물 한가운데서 일을 한다"[38]라고 했다.

위생학자들은 걱정을 완화하는 이런 적응이론들을 제시했을 뿐만 아니라 (심지어 공장 유형의 미세기후까지도 포함한) 상대적으로 온화한 유럽의 기후와 건강에 해로운 아프리카와 동양의 기후 사이의 대조를 강조했다. 대도시 지역과 공장 지역에 대한 인구통계를 만들어서, 동양의 기후와 유럽의 기후와 산업현장의 기후를 동일한 통계 범위에 위치시킴으로써 위생학자들은 유럽의 기후와 산업현장의 기후의 상대적인 유해성을 희석시키는 데 기여했다. 대조에 의한 환경관리 방식에 의거하여 지구를 변형된 동질 구조의 의료 공간으로 보는 관점 덕택에 대도시를 대상으로 한 고무적인 내러티브를 만들어 낼 수 있게 되었다.

그러나 궁극적으로 위생학은 기후 패러다임의 토대를 침식하는 데 기여했다. 유독한 공장들에 대한 (기후기반 의학에 의거한) 중산층의 불만을 잠재우기 위해 위생학자들은 위험 비교[39]를 활용하여 의학병원학(醫學病原學, medical etiologies)을 수정했다. 기후보다는 오히려 사회 여건이 건강을 좌우하는 요소가 된다고 본 것이다. 위생학자의 사회조사가 점차 의학지지(醫學地誌/地形學, medical topographie)를 대신하게 되었다.[40] 이렇게 환경병원학에서 사회병원학으로 이동하게 된 결과 산업화와 건강 측면의 개선이 연계됨으로써, 공장들이 유발하는 불편한 점들에도 불구하고, 공장들이 주민을 부유하고 더 건강하게 만들어 줄 것으로 기대되었다. 이제 주민의 건강과 활력이 건강에 좋은 기후보다는 산업 융성에 좌우되었으며, 인구정책의 토대 역할을 한 기후의 자리를 정치경제학[41]이 점차 대신하게 되었다.

기후 패러다임의 붕괴

기후 패러다임은 19세기 후반에 그 기반을 잃기 시작했다. 유전이론의 근간을 갱신한 파스퇴르 혁명, 기후학 지식의 변화, 그리고 사회과학과 한계주의 경제학[42]의 출현, 이 모두가 인과론이 약화되고 새로운 결정론이 만들어지는 데 기여했다.

첫째, 파스퇴르 혁명으로 기후기반 병원학이 그 효력을 상실했다. 의사들은 이제 질병을 자세히 설명하기 위해 분명하고 미세한 원인을 지적할 수 있었고, 더 이상 일반적인 환경인자들에 기댈 필요가 없었다. 보건사업은 이제 표적 소독, 불임 기술, 그리고 인간과 미생물 사이의 사회적 관계를 면밀히 분석한 결과를 토대로 한 예방 조치 등에 치중했다.[43]

둘째, 유전이론이 완전히 바뀌었다. 라마르크 생물 변이설이나 네오-라마르크 생물 변이설과 꼭 마찬가지로 다윈의 종 이론도 생명체를 환경과 획득형질 유전 등에 의해 끊임없이 변화하는 우주로 보았다. 기후 역시 환경인자로서 그 중요성을 인정받았다. 19세기 진화이론들의 미궁 안에서 생물 정체성 재규정 작업의 방향타로서의 기후에 가장 분명하게 초점을 맞춘 것은 프랑스의 자연사학자 이시도르 조프루아 생틸레르(Isidore Geoffroy Saint-Hilaire)의 명제였는데, 이는 1840년대부터 프랑스 식민주의자들이 장려한 기후순응 운동에 절실히 필요했던 이론적 토대가 되었다.[44] 본래의 환경에서 프랑스 왕국 도처로 동물이나 식물을 옮긴 목적은 식민지의 토양과 기후에 적응하게 될 새로운 생명체를 창조하여 식민지의 잠재성을 개발하는 데 기여하기 위함이었다.

그러나 작물재배학이 미래지향적으로, 소위 건실한 품종이나 순수한 품종의 곡물 목록을 작성하고 생산하는 일에 치중하게 되고, 멘델 유전학이 부상하면서, 1880년대부터는 생물의 정체성이 보다 엄격해졌고 그 상호작용 요소들이 널리 알려졌다. 제2차 세계대전이 끝난 뒤 유기체의 코드 또는 지도로 비유된 DNA 분자를 중심으로 하여 구체화되기 전에, 이 정체성은 세포의 심장부 속으로 물러났다.[45] 이제는 기후가, 자신의 목적을 위해 기후를 이용하고자 했던 식민주의자들의 마음을 그토록 사로잡았던, 생명의 무한한 토대 역할을 하지 못하게 되었다.

기후 패러다임에 대한 세 번째 타격은 지구과학의 발전이라는 형태로 왔다. 19세기 말에서 20세기 초에 이르는 시기에, 고립된 거대한 바윗덩이 – 또는 표석(漂石, erratic blocks)[46] – 가 과학자들을 어리둥절하게 했던 알프스 지역에서 전례가 없을 정도로 많은 과학 탐사가 펼쳐졌다.[47] 1830년대 초, 이그나스 베네츠(Ignace Venetz)라는 스위스의 엔지니어가 먼 과거에 알프스 지역을 뒤덮었던 거대 빙하들의 존재를 통해 이 현상을 설명하려는 시도를 했다.

빙하작용 이론의 출현은 언급할 만한 가치가 있는 사건이다. 역사기후학의 경우처럼 베네츠의 선구적 연구가 가능했던 것은 기후변화 때문이었다.[48] 이미 언급한 바와 같이 1816년과 1817년에 유럽은, 1816년 여름의 심각한 이상기후 현상을 포함하여, 일련의 악천후를 겪었는데, 그 결과 독일, 웨일스, 아일랜드, 스위스 등에서는 생존의 위기를 겪어야 했다. 1816년과 1817년의 기근 때문에 스위스에서는 사상 최대규모의 이민 물결들 가운데 하나가 발생했다. 이런 극단적인 사태를 겪고 난 뒤 스위스자연과학협회는 "스위스의 알프스 산악 지역이 수년 동안 더 거칠어지고 더 추워진 것이 사실인가?"[49]라는 화급한 물음에 대한 논문을 공모했다. 베네츠가 자신의 이론을 공표한 것은 1833년이었지만, 이 논문을 처음 쓴 것은 1821년이었는데, 바로 이 상을 받기 위해 공모에 응한 것이었다.

아주 먼 지질시대에 유럽과 북아메리카를 동토로 바꿔 버린 빙하시대가 지질학자, 물리학자, 천문학자 등의 관심을 끌게 된 19세기 후반에 베네츠의 이 가설이 점차 신임을 받기 시작했다. 그러니까 인류의 새로운 역사는 지질학 연대기와 고생물학 연대기가 재평가되기 시작하면서 출현했다. 극심한 추위의 시련을 겪고 난 뒤, 인간은 빙하기와 빙하기 사이의 해빙기를 최대한 활용하여 논밭을 일궈 내고 도시와 왕국을 건설했다. 그리고 우리는 1885년에 개최된 한 회의에서 전 세계 지질학자들이 홀로세라고 명명한 이 간빙기에서 아직도 살고 있다. 이제 인간은 지질학적 시간의 거대한 순환 주기에 갇혀 있는 것으로 보였고, 인류 환경의 가장 기초가 되는 기후요소를 바꾸려는 그 어떤 시도도 성공할 수가 없을 정도로 기후 메커니즘에 너무 광대하게 얽혀 있는 것으로 여겨졌다.

요컨대 19세기 후반에 그 윤곽과 특질이 확정된, 실제로 변동이 없는 기후 지역에서 기록된 수많은 자료의 산출과 처리를 중심으로 하여 구축된 과학 분야로서의 기술기후학(descriptive climatology)이 확립되었다. 인위적인 기후변화 구상은 그 효력을 상실했고, 그 대신 훨씬 제한된 의미만을 지니게 되었으며, 대기의 평균 변수(온도, 습도 등)로 확실한 규칙성을 기술하는 기후관으로 바뀌었다.[50]

역사학자들과 지리학자들도 이 개념들을 받아들이게 되었고, 그 결과 이제 기후는 인위적인 변화와 자연적인 변화로 구성된 조절 가능한 매트릭스가 아니라 농업이나 해운 또는 주거 등을 위한 조건들을 규정하는 고정된 틀로 받아들여졌다. 그리고 이는 정확히 아날학파의 첫 두 세대[즉, 뤼시앵 페브르(Lucien Febvre)와 마르크 블로크(Marc Bloch) 세대와 그 뒤를 이은 에르네스트 라브루스(Ernest Labrousse)와 페르낭 브로델(Fernand Braudel) 세대]가 기후에 부여한 역할이었다.[51] 환경요소의 역사성을 고려하고자 한 점에서 브로델은 확실히 다르기는 했지만, 그 역시 사회 발전의 한계를 제한된 역사적 가능성 내에 설정하는 이 요소들의 "시대를 거의 초월하는" 성격을 언급하고 있다.[52] 그러나 기후를 바라보는 브로델의 관점[53]은 연대별로 연구되기는 하지만 사실상 측정할 수가 없는 지질학적 진화의 속도로, 어떤 식으로든 영향을 미치는 인간의 행위를 논의하지 않았다.[54]

기후 패러다임이라는 관에 박힌 네 번째 못은 사회학의 탄생과 경제학에서의 한계학파 혁명이었다. 기질, 체질, 성격 등을 중심으로 하는 기후의 이론 틀이 공간과 그 공간에서 살아가는 모든 생물체들의 차이를 고려하지 않은 채로 규정해 버렸다. 이 틀에 의거하여 각 공간의 자연적 양상과 정치적 양상이 동일한 방식으로 분석되었고 사회조직은 식물과 동물의 군집과 같은 선상에 위치하는 것(그러나 더 복잡성을 띠는 것)으로 다루어졌다. 18세기의 철학 문헌과 역사 문헌에서는 자연환경과 조화를 이루고 있는 정치체제와 도덕의 특성들을 밝히는 데 기후가 사용되었다.[55]

19세기 초만 해도 기후 패러다임은 사회통계학의 출현에 큰 영향을 끼쳤다. 아돌프 케틀레(Adolphe Quetelet)는 흥미로운 전환기의 인물이다. 그는 사회통계학(평균인/보통사람, 브뤼셀국제통계학회)의 창시자로 널리 알려져 있는데[56], 실제로 자연계와 사회영역 전체의 자료를 수집하는 데 매진했으며, 기상 자료, 지구자기 자료, 지진 자료 등을 산출하고 수집하는 국제 네트워크의 핵심 배후세력이기도 했다.[57] 그는 인간의 활동과 역사, 그리고 제도 등에서 생기는 "교란요소들"(그는 천문학에서 이 용어를 차용했다) 외에 자연의 요소들 – 특히 기후 – 이 출생률, 사망률, 살인율, 자살률 등에서 결정적인 역할을 했다고 보았다.[58]

이와 반대로 오귀스트 콩트는 기후를 제외하고자 했다. 『실증철학 강의』(1830~1842)에서 그는 '사회학'이라는 용어를 만들어서, 자신이 창안했던 '사회물리학'[59] 그리고 몽테스키외의 기후이론과 구별했다. 또한 그는 사회학을 통해 3단계 법칙[60]이 기후의 영향보다 더 우위임을 강조했다.[61] 50년 뒤에 에밀 뒤르켐은 자살 문제를 이용하여 『사회학적 방법의 제규칙』에 적용할 수 있는 모델을 만들면서 "우주의 영향"을 전적으로 배제함으로써 과거와의 단절을 강조했다.[62] 뒤르켐 역시 케틀레뿐만 아니라, 기후가 개인의 폭력 성향을 발현시키는 데 큰 역할을 한다고 주장한 이탈리아 '범죄인류학파'[체사레 롬브로소(Cesare Lombroso), 엔리코 페르미(Enrico Fermi), 엔리코 모르셀리(Enrico Morseli)]의 견해에 반대했다. 뒤르켐의 논의는 기후결정론을 사회결정론으로 대체하려는 이론적 토대를 예증한다. 그에 따르면 기온이 높을 때 자살 사건이 더 많이 생기는 것은 날씨가 더 좋기 때문이 아니라 낮의 길이가 더 길고 사회적 상호작용이 더 강렬하기 때문이다. 사회학이 기후를 막는 방벽으로 출현했고, 사회과학들은 나름대로 기후 패러다임을 무너뜨리는 데 기여했다.

19세기 말부터 경제학이 이와 비슷한 작용을 했다. 1870년대까지는 경기순환에 대한 연구에 비경제요소와 관련시켜서 상품 가격을 분석하는 것도 포함되어 있었다. 이 경우 경기순환의 주기성이 기상이변과 연계되어 있는 것으로 간주되면서 기후가 핵심 역할을 했고, 기상이변이 지구 전역에서 점점 더 정밀하게 예측되고 분석되었다.[63] 그러나 세 개의 역사적 사건이 경제학을 급변시켜 기후 연계성을 깨뜨려 버렸다.

첫째, 알렉스 프레다(Alex Preda)가 주장한 바와 같이, 자동 가격결정과 가격정보 교환 메커니즘이 재정 정보의 흐름을 가속시켰다(1867년에 증권 전신기가 뉴욕 주식시장에 최초로 등장함). 예전에는 가격결정 메커니즘이 정치적인 대사건이나 수확기, 또는 날씨에 따른 월별 변동을 보여 주었지만, 이제는 가격이 시간 단위로 변했고 앞으로는 분 단위로 변할 가능성이 있었다. 이런 변화의 주된 결과는 일용품과 주식의 가격이 외부의 그 어떤 요소와도 무관하게 자율적으로 변동한다고 밝혀진 시간적 연속체가 되었다는 사실이다.[64]

둘째, 한계이론은 일용품의 가치를 생산환경과 분리시키는 경향이 있었다. 노동, 자본, 토양 생산성 등보다는 각 개인의 효용을 극대화하고자 하는 행위자인 소비자와 생산자 등이 더 큰 비중을 차지하게 되었다. 그 결과 경제주체가 자연 체계와 사회 체계의 생산성을 결정하는 환경에서 격리되어 취급되었다. 1890년대에 미국의 경제학자 어빙 피셔(Irving Fisher)와 웨슬리 미첼(Wesley Mitchell)은 외부요인(날씨, 태양흑점 등)에 따른 가격 변동만이 아니라 상이한 가격들 사이의 균형 관계까지도 분석하고, 그 결과 닫힌 공간으로서의 경제모델을 제시함으로써 이런 변화에 핵심적인 기여를 했다.[65] 이제 외부요소는 단순히 체계의 흐름을 방해하거나 복잡하게 할 뿐이다. 1920년대에 만들어진 경제 계측도구는 한 나라의 경제 상태를 상호 의존하는 경제 변수의 체계로 간주했으며, 경제는 과학적인 도구로 계측할 수 있는 자율적인 단위가 되었다.[66]

마지막 단계는 1930년대의 과잉생산 위기와 케인스주의[67]였다. 케인스 이전에는 성장이란, 예컨대 일용품 생산량 증대나 새로운 자원의 개발이나 새로운 영토의 개척과 같은 물질적인 팽창과 직결되어 있었다. 그러나 과잉생산 위기를 거치면서 성장은 물질 차원의 것으로 여겨지지 않았고 객체로서의 경제 제도를 규정하는 모든 관계의 강화라고 여겨졌다. 1930년대의 금본위제도 폐지(이로써 은행권 화폐가 금과 동등한 가치를 지닌다는 생각이 종말을 고함)와 국민생산량 계산을 위한 국민총생산량(GDP) 개념의 발명 등으로 경제사상의 탈물질화 과정이 완결되었다.

이 세 사건은 경제 유형의 모든 관계를 의미하며, 정치, 자연조건, 기후 등과는 거의 무관한 경제 제도라고 하는 새로운 개념이 만들어지는 데 기여했다. 그 이후 자율적인 이 객체가 자연의 결정요소나 물리적 한계를 벗어나서 무한한 성장 잠재력을 지닌 것으로 이해될 가능성이 생겼다.[68]

빙하시대, 냉전, 그리고 지구온난화

어떤 역사적 사건 때문에 지난 수십 년 사이에 기후가 다시 정치적 이슈로 대두했는가? 물론, 기후가 다시 정치적 이슈로 등장한 것은 – 화석연료의 대량 사용에 의존하고 있는 – 우리의 생활 방식이 대기 속에 온실가스를 대량으로 방출함으로써 세계 기후에 큰 영향을 끼쳤다는 사실을 많은 사람들이 인식했기 때문이다. 이제는 이론의 여지가 없는 이 진단은 19세기 중엽 이래로 축적된 이론과 실제 자료 등에 의해 입증된다.

1850년대부터 제2차 세계대전에 이르기까지, 기후 전문가들은 주로 빙하시대에 전적으로 매달려 있었다. 기초가 되는 명제는 아주 많았지만, 모두가 인간 활동에 영향을 끼치는 외부요소, 즉 간헐적인 태양

광선의 약화, 차가운 성간 지대를 통과하는 지구의 항로, 대규모 지질 융기에 따른 지축의 변화 등을 강조했다. 특히 두 가지 이론이 많이 논의되었는데, 수천 년에 걸친 지구 항로의 변화가 빙하시대에 일어났다고 보는 **천문학 이론**과 지구를 감싸고 있는 가스층의 자연적인 변화와 이 변화가 기온에 미치는 영향을 강조하는 **대기이론** 등이 그것이다.

전 지구적 기후변화에 집중하고 있는 현대 역사가들은 흔히 선구자들, 즉 온실가스 현상과 이산화탄소의 역할을 실증하는 데 보탬이 된 업적을 남긴 19세기 과학자들의 역사를 기록했다. 그러나 아일랜드 지질학자 존 틴들(John Tyndall), 스웨덴 사람으로 처음 노벨상을 받은 화학자 스반테 아레니우스(Svante Arrhenius), 미국의 지질학자 토머스 크라우더 체임벌린(Thomas Chrowder Chamberlin) 등의 목적은 단 하나였는데, 그것은 빙하시대의 대기이론을 실체화하고 예증하는 것이었다. 인용 빈도가 높은 한 논문에서 아레니우스는 이산화탄소 농도가 두 배가 되면 지구의 평균온도는 5℃ 상승하게 된다고 보았다.[69] 그러나 그는 기후에 미치는 인간 활동의 영향에는 관심이 없었다. 오히려 그는 코끼리와 코뿔소가 북극에서 남극까지 돌아다녔던 신생대 제3기의 뜨거운 기후를 이해하고자 했다.[70]

기후변화 이론을 뒷받침하는 기초 지식은 제2차 세계대전이 발발하기 전 수년 동안에 걸쳐 수행된 빙하시대 연구의 틈새들에서 찾아볼 수가 있다. 처음에는 가설로 대두했던 것이 1950년대, 1960년대, 그리고 1970년대에 빙하기 기후이론의 시너지, 대양에서의 이산화탄소 대사 과정에 대한 연구의 진전, 그리고 대기 순환에 관한 초기 디지털 시뮬레이션 등을 통해 점차 인정을 받게 되었다.[71] 이들 연구의 대다수는 미국의 노력에서 유래했는데, 미국은 냉전 한복판에 있었고 전략적 목적으로 지구의 물리적 환경(천체, 대양, 그리고 대기)에 관한 지식을 제고하기로 결정한 상태였다. 탄도미사일과 핵잠수함을 개발하기 위해 지구를 도표화하고, 음파를 통해 탐지하고, 모형화하고, 통제할 필요가 있었으며, 미래의 제3차 세계대전의 무대가 될 북극 빙하에 영향을 끼칠 수 있을 것으로 보고 특히 기후변화를 신중하게 고려했다. 글로벌 핵분규(핵겨울)[72]가 기후에 끼치게 될 영향을 예견하는 임무를 위임받은 과학자들은 대기의 메커니즘에 대한 새로운 지식과 기후에 미치는 인간 활동의 잠재적인 영향에 대한 훨씬 더 좋은 아이디어를 얻었다.[73]

미국 정부가 인지했던 기후변화의 첫 경고사항은 이미 1947년에 발표되었지만[74], 이 문제가 폭넓게 논의된 것은 인간이 유발한 기후변화 요소에 관심을 보인 과학공동체 안에서 점차 합의가 이루어진 1975년 이후에 일어났다.[75] 이 문제가 인류가 직면한 주요 도전 중 하나로서 정치계와 언론계에 진입하게 되었다. 비록 그 형태가 아주 다르긴 했지만, 오랫동안 냉대 받았던 기후가 또다시 환경 담론의 초점이 되었다.

우리와 그들: 환경 담론과 근대

지난 수년에 걸쳐 기후가 또다시 철학 연구의 대상이 되었다. 독일 철학자 페터 슬로터다이크(Peter Sloterdijk)에 의하면 기후변화는, 인간 삶의 조건을 부각시킨다는 점에서, 과거에는 배후에 숨겨져 있었던 것이 전면에 두드러지게 되는 시대를 지칭하는 근대를 상징한다.[76] 기후변화는 자연사와 인류사의 분할로서의 근대의 문화적 태도의 주요 특성을 되짚어 볼 필요성을 부각시킨다.[77] 브뤼노 라투르(Bruno Latour)

에게는, 기후가 정치 무대에 진입한 것은 "비근대인"이 자연과 문화를 전 지구적인 규모로 통합했다는 사실이 인정된 결과이며, 자연과 사회, 또는 과학과 정치의 대분할로 정의된 근대를 소환할 수 있는 기회를 제공한다.[78]

놀랍게도, 위에서 언급한 거대 철학담론은 모두 기후 문제가 최초로 정치계와 문화계에 진입했다는 사실을 당연한 것으로 받아들이는 것 같다. 그러나 18세기와 19세기 내내 기후 문제가 환경 담론의 토대였으며, 사람, 객체, 사건 등을 – 자연/사회 이분법에 내맡기지 않고 – 자연과 인간, 공동의 미래를 중시하는 관점에서 성찰하는 데 활용되었다.

우리가 마음에 새길 필요가 있는 점은, 삼림 벌채는 언제나 나무와 인간사회 사이의 유기적 연결을 파괴하는 것으로 간주되었다는 것, 18세기와 19세기의 역학조사는 사회문제와 환경문제 사이에서 균형을 유지했다는 것, 지구를 살아 있는 것이라고 생각하는 유기체 사상이 19세기까지는 잘 견지되었다는 것 등이다. 이 역사는 정치 질서와 자연 질서가 점점 통합되면서 환경과 문명사회가 근대의 우주론 속에 통합되었음을 보여준다. 이는 지구온난화와 이것이 문명화 과정에 끼친 영향 등에 관한 오늘날의 담론의 바탕에 깔려 있는 근대관을 수정할 필요성을 입증한다.

마지막으로, 근대의 환경 파괴가 자연이 무시되었기 때문에 발생한 것이 아니라 환경을 구성하는 요소와 인간을 구성하는 요소가 동일하다고 본 기후이론이 오래 존속했던 근대 세계에서 발생했다는, 낯설고 불편한 사실을 우리가 받아들일 필요가 있다. 근대인이 자기 행위의 영향을 망각하고 진보에 대한 믿음과 이분법적 세계관 때문에 눈이 멀었다고? 우리 현대인 역시 특유의 신화[79]를 지니고 있다.

지난 수년에 걸쳐 페터 슬로터다이크나 브뤼노 라투르 등의 거대 철학담론은 마치 기후변화 문제가 처음으로 정치와 문화의 담론에 등장했음을 당연한 것으로 보는 것 같은데, 이 기후 문제는 사실 18세기와 19세기에도 서구 학술단체의 환경 담론에서 많이 다루어졌다는 것이 저자들의 견해다. 이를 토대로 파비앙 로셰와 장바티스트 프레쏘는 다음 네 가지를 마음에 새겨야 한다고 본다. ① 삼림 벌채는 언제나 나무와 인간 사이의 유기적 연결을 파괴하는 것으로 여겨졌다. ② 근대의 역학조사는 사회적 사건과 환경적 사건 사이의 균형을 유지했다. ③ 지구가 살아 있다고 본 유기체 사상이 19세기까지는 견지되었다. ④ 근대의 환경 파괴는 자연을 무시한 결과가 아니라 환경을 구성하는 요소와 인간을 구성하는 요소가 동일하다고 본 기후이론이 있었던시대에 발생했다는, 낯설고 불편한 진실을 우리 현대인이 받아들여야 한다.

이 글의 의의는 현대인이 자기 눈의 대들보는 못 보고 근대인의 눈에서 티끌을 찾는 현대인의 잘못을 경계하는 데 있다. 기후변화 문제를 학술적으로 잘 이해하는 것도 중요하다. 그러나 우리가 그 지식을 실천에 옮김으로써 좋은 삶을 영위할 수 있으려면 우리 현대인의 신화, 즉 우리 현대인의 근거 없는 신념을 바로잡아야 한다.

주

1. Georges-Louis Leclerc de Buffon, *Époque de la nature, in Histoire naturelle, générale, et particulière*, 5 vols.(Paris, 1778), vol.5, p.244.
2. Joseph-Jérôme Siméon, memo, Apr. 25, 1821, box 7M953, Archives départementales de l'Hérault, Montpellier.
3. 찰스 R. 해링턴(Charles R. Harrington)이 편집한 『여름이 없는 해? 1816년 세계 기후』를 볼 것.
4. 앤서니 기든스, 울리히 벡, 스콧 래시(Scott Lash) 등 3인의 공동 노력에 의해 등장한 개념이다. 대니얼 벨의 탈산업사회 개념 등을 토대로 하면서도 이 개념에서는 근대화 과정 자체가 주목의 대상이 된다. —옮긴이 주
5. 1차 근대화란 농경사회가 산업사회로 바뀌는 과정과 그 변화를 지칭하며, 2차 근대화란 산업사회가 지식사회로 바뀌는 과정과 그 변화를 지칭한다. —옮긴이 주
6. 사회현실과 자연계의 질서를 재수립하기 위한 수단으로서 과학과 기술을 확고하게 신뢰한다는 점이 특징이다. —옮긴이 주
7. Ulrich Beck, *Risk Society: Towards a New Modernity*, trans. Mark Ritter(London, 1992)[울리히 벡, 『위험사회: 새로운 근대성을 향하여』(홍성태 옮김, 2006), 새물결]; Anthony Giddens, *Modernity and Self Identity: Self and Society in the Late Modern Age* (New York, 1993)[앤소니 기든스, 『현대성과 자아정체성: 후기 현대의 자아와 사회』(권기돈 옮김, 2010), 새물결]; Niklas Luhmann, *Risk: A Sociological Theory*, trans. Rhodes Barrett(New Zork, 1993), Hans Jonas, *The Imperative of Responsibility: In Search of an Ethics for the Technological Age*, trans. Jonas and David Herr(Chicago, 1984)[H. 요나스, 『책임의 원칙: 기술시대의 생태학적 윤리』(이진우 옮김, 1994), 서광사] 등을 볼 것.
8. 샤를 몽테스키외(Charles Montesquieu)의 『법의 정신』에서 '풍토'로 번역된 'climate'란 '햇빛과 햇빛을 받는 땅이 이루는 각도'를 의미한다. 따라서 이 책에서 언급되고 있는 '풍토'이론은 기하학과 하늘의 메커니즘에 따라 어느 한 나라와 그 나라에 사는 사람의 본성이 결정된다는 물리적 결정론의 시초로 여겨지기도 하며 운명론을 야기하는 도덕적으로 위험

한 이론으로 여겨지기도 했다. 사실 몽테스키외는 이 풍토 결정론을 강조하기는커녕 물리적 결정론과 도덕적 결정론의 관계를 상대화하려 했다고 한다. 『법의 정신』은 '풍토에 대한, 혹은 일반적으로 물질적 원인에 대한 도덕의 영원한 승리'를 담고 있다고 스스로 밝힌 바 있다. 또한 이 개념에 지금의 기상학적 의미가 더해진 것은 19세기였다고 하나, 몽테스키외는 '풍토'가 어느 나라를 구성하는 수많은 요소 가운데 하나에 지나지 않는다는 사실을 알고 있었다. 이 'climate' 개념에 기상학적 의미가 덧붙여진 것이 19세기 이후였다는 사실 때문에 그 이전의 문헌에 나오는 이 단어를 '풍토'로 옮길 당위성은 없다고 보고, 이 글에서는 '기후'로 옮긴다. '기후변화' 개념이 인류세 담론에서 차지하는 비중, 이 논문의 필자가 'climate' 개념의 계보를 밝히고 있다는 점, 독한사전, 불한사전, 영한사전 등에서 이 낱말이 '기후'와 '풍토'로 새겨지고 있다는 점, 장기적인 기상의 변화를 지칭할 때는 '기후', 단기적인 기상의 변화를 지칭할 때는 '날씨'나 '일기'를 사용한다는 점 등을 고려하면 '기후'로 통일하는 것이 더 바람직하다고 본다. —옮긴이 주

9. 클래런스 글래컨, 『로도스 섬 해변의 흔적: 고대에서 18세기 말까지 서구사상에 나타난 자연과 문화』, 전 4권, 심승희 외 옮김(2016, 나남).
10. Jan Golinsky, *British Weather and the Climate of Enlightenment* (Chicago, 2010), pp.170~202.
11. Abbé Jérôme Richard, *Histoire naturelle de l'air et des météores*, 10 vols.(Paris, 1770), vol.1, p.2.
12. Diamantinos Coray, *Traité d'Hippocrate, des airs, des eaux, et des lieux* (Paris, 1800), p.xiv.
13. P. 카바니(P. Cabanis), J. 볼니(J. Volney), A. D. 드 트라시(A. D. de Tracy) 등이 멤버인 이 그룹은 유물사상을 토대로 한 일반 과학 아이디어들을 장려했다.
14. Eusèbe de Salverte, *Des rapports de la medicine à la politique* (Paris, 1806), p.11.
15. Richard, *Histoire naturelle de l'air er des météores*, vol.2, p.412.
16. Richard Grove, *Green Imperialism: Colonial Expansion, Tropical Islands, Edens, and the Origins of Environmentalism, 1600-1860* (Cam-

bridge, 1995).
17. 『로도스 섬 해변의 흔적』(제4권, 272쪽 이하)에서 뷔퐁은 지구와 행성의 형성, 지구 내부 암석의 응고, 해양에 의한 대륙 침범, 해양의 후퇴와 화산활동의 시작, 코끼리의 서식지인 북부와 여타 동물이 있는 남부 대륙의 분리, 인간의 힘에 의해 자연이 변형되는 시기 등, 일곱 가지 신기원을 제시하고 있다. ―옮긴이 주
18. Golinsky, *British Weather and the Climate of Enlightenment*, p.197, James Rodger Fleming, *Historical Perspectives on Climate Change* (New York, 1998), pp.21~32.
19. John Williams, *The Climate of Great Britain* (London, 1806), Vadimir Jankovic, *Reading the Skies: A Cultural History of the English Weather 1650-1820* (Chicago, 2000), p.1.
20. Antoine-Alexis Cadet de Vaux, "Observation sur al sécheresse actuelle, ses causes, et les moyens de prévenir la progression de ce fléau," *Moniteur Universel*, Aug. 26, 1800, n.p.
21. François-Antoine Rauch, *Régénération de la nature végétale*, 2 vols. (Paris, 1818), *Annales européennes de physique végétale et d'économie publique*, 3 vols.(Paris, 1821-1822).
22. Siméon, memo.
23. François Arago, "De l'influence du déboisement sur le climat," *Oeuvres complétes*, 12 vols.(Paris, 1859), vol.12, p.432.
24. 훔볼트를 세계사의 지평에서 탐구한 학문적 성과에 대해서는, 이종찬, 『훔볼트 세계사―自然史혁명』(지식과감성, 2020) 참조. ―옮긴이 주
25. Alexandre von Humboldt, *Essai sur la géographie des plantes*(Paris, 1805); *Fragments de géologie et de climatologie asiatiques*, 2 vols.(Paris, 1831).
26. Charles Fourier, "Détérioration matérielle de la planéte," *La Phalange*, 2(1847), pp.401~440, 498~536. 이후 "DM"으로 줄임. 지구를 인간이 위험을 무릅쓰고 죽이는 살아 있는 존재로 보는 견해는, Eugène Huzar, *La Fin du monde par la science* (Paris, 1855).
27. Jean-Christian Boudin, "Recherches sur l'acclimatement des races

humaines sur divers points du globe," *Annales d'hygiène publique et de médecine légale*, 13, ser.2(1860), p.310.

28. 이 개념은 뷔퐁이 만든 것으로, "기후와 식량의 영향에 따른 종의 변이성"을 지칭한다. 클래런스 글래컨, 『로도스 섬 해변의 흔적』, 제4권, 285쪽 참조. —옮긴이 주

29. 중세 이집트에서 노예 기병이 세운 왕조이다. —옮긴이 주

30. Jean-Baptiste Bérard, *Discours sur les améliorations progressives de la santé publique, par l'unfluence de la civilisation* (Paris, 1826), p.24.

31. 이전에 식재된 적이 없던 지역의 식림 사업은 Diana K. Davis, *Resurrecting the Granary of Rome: Environmental History and French Colonial Expansion in North Africa* (Athens, Ohio, 2007).

32. Jean-Noël Perier, "De l'acclimatement en Algérie," *Annales d'hygiène publique et de médecine légale*, 33(1845), pp.40~41.

33. Émile Bertherand, *L'Eucalyptus du point de vue de l'hygiène en Algé rie* (Algiers, 1876), p.17.

34. François Élie Roudaire et al., *commission supérieure pour l'examen de projet de mer intérieure dans le sud de l'Algérie et de al Tunisie* (Paris, 1882), p.418; François Élie Roudaire, "Une Mer intérieure en Algérie," *Revue des Deux Mondes*, 3(May-June 1874), pp.323~350.

35. Session of December 17, 1776, *Journal de Paris*, Oct. 22, 1778에서 인용.

36. Bénédict Augustin Morel, *Traité des dégénérescences physiques, intellectuelles, et morales de l'espèce humaine* (Paris, 1857), p.50.

37. François Mêlier, "De la santé des ouvriers employés dans les manufactures de tabac, rapport lu à l'Académie Royale de Médecine, 22 avril 1845," *Annales d' hygiène publique et de médecine légale*, 34 (1845), p.242.

38. Alphonse Dupasquier, "Mémoire relatif aux effèts des émanations phosphorées sur els ouvriers employés dans les fabriques de phosphore," *Annales d'hygiène publique et de médecine légale*, 36(1846), p.346. 고딕체는 논자 강조.

39. 위험성을 일반인에게 설명하는 방법 중 가장 많이 쓰이는 것으로, 일상

적인 것과 위험을 가져다주는 요소를 비교함으로써 공중의 이해력을 높일 수 있다는 장점이 있는 반면, 내재한 불확실성의 표현, 다른 수치 비교의 고려, 풍부한 질적인 해석 등의 측면에서 보면 지나친 단순화의 위험성을 내포한다. —옮긴이 주

40. Fressoz, "Circonvenir les circumfusa: La Chimie, l'hygiénisme, et la libéralisation des choses environnantes," *Revue d'Histoire Moderne er Contemporaine*, 56, no.4(2009). pp.39~78.
41. 사회나 문화가 아니라 경제가 정치 현상을 궁극적으로 결정하는 요인이라고 보고 중시하는 이론적 입장을 가리킨다. —옮긴이 주
42. 1890년에 영국의 경제학자 앨프리드 마셜이 쓴 『경제학 원리』를 토대로 확립되어 신고전학파 경제학의 모태가 되었다. 1870년대 초 경제 분석의 한 방식으로 한계분석을 도입해, 물건의 가치가 비용 또는 노동에 의해 결정된다는 객관적 가치론에 반하여 물건이 지니는 가치의 원인을 효용 현상에서 찾는 주관적 가치론인 한계효용 이론을 제창하여 근대경제학을 탄생시킨 한계혁명의 산물이다. —옮긴이 주
43. Bruno Latour, *The Pasteurization of France*, trans. Alan Sheridan(Cambridge, Mass., 1988)에서 다루어진 '사회적 관계'의 쓰임새를 볼 것.
44. Michael A. Osborne, "Acclimatizing the World: A History of the Paradigmatic Colonial Science," *Osiris*, 15(2000), pp.135~151.
45. Phillip Thurtle, *The Emergence of Genetic Rationality: Space, Time, and Information in American Biological Science, 1870-1920* (Seattle, 2007); Christophe Bonneuil, "Producing Identity, Industrializing Purity: Elements for a Cultural History of Genetics," ed. Staffan Müller-Wille and Hans Jörg Rheinberger, *Heredity in the Century of the Gene*, vol. 4 of *A Cultural History of Heredity* (Berlin, 2008), pp.81~110.
46. 빙하에 묻혀 이동했다가 빙하가 녹으면서 고립된 바위를 지칭한다. —옮긴이 주
47. John Imbrie and Katherine Palmer Imbrie, *Ice Ages: Solving the Mystery* (Short Hills, N. J., 1979); Martin J. S. Rudwick, *Worlds before Adam: The Reconstruction of Geohistory in the Age of Reform* (Chicago, 2008).

48. Ignace Venetz, "Mémoire sur les variations de la température dans les Alpes de la Suisse," *Mémoire de la Société Helvétique des Schience Naturelles*, 1, no.2(1833), pp.1~38.

49. Jean Picot, *Statistique de la Suisse* (Geneva, 1819), p.51에서 재인용.

50. Locher, *Le Savant et la tempête: Étudier l'atmosphère et prévoir le temps au XIX siècle* (Rennes, 2008).

51. 저자들은 3세대 아날학파에 속하는 엠마뉘엘 르 롸 라뒤리(Emmanuel Le Roy Ladurie)를 언급하지 않았다.

52. Dipesh Chakrabarty, "The Climate of History: Four Theses," *Critical Inquiry*, 35 (Winter, 2009), p.204.

53. 페르낭 브로델(1902~1985)은 아날학파 제2세대이다. 아날학파는 브로델에 의해 역사학 안팎에서 지배적인 위치를 확보한다. 1923년부터 집필을 시작한 브로델은『지중해』(1949)에서 지중해 세계라는 자연환경 속에서 시간이 흘러도 변함없이 지속되는 지리학적인 삶, 그 위에서 완만하게 주기적으로 변하는 사회경제적인 삶, 표면의 거품 같은 정치적인 삶 등을 구조적이며 총체적으로 서술했다. 아날학파 제3세대는 이 브로델의 역사학을 기본으로 하면서도 집단심성 연구를 추가했으며, 최근에는 로제 샤르티에(Roger Chartier)가 사회사를 토대로 문화 현상을 연구하면서 제4세대를 이끌고 있다. 이런 변천을 두고 '진화'를 언급한 것으로 보인다. 국내에서는 주경철 등이 옮긴『지중해』, 전 4권(까치, 2017~2019)으로 출간되었다. —옮긴이 주

54. 브로델은 "우리의 일상적인 설명에서처럼 기후변동에서도 인간과 무관한 의지가 주된 역할을 한다"라고 썼다. Fernand Braudel, *La Méditerranée et le monde méditerranéen à l'époque de Philippe II*, 2 vols. (Paris, 1986), vol.1, p.24.

55. 당연히 우리는 샤를 몽테스키외의『법의 정신』(1748)을 언급할 필요가 있다.

56. 케틀레는 인간 특질을 측정한 값이 보여 주는 정규분포에 나타난 중간값을 기준으로 '보통 사람'의 개념을 나타내는 '평균인' 개념을 도입했으며, 1853년에 브뤼셀에서 최초로 국제통계학회를 조직했다. —옮긴이 주

57. Locher, "The Observatory, the Land-Based Ship, and the Crusades:

Earth Sciences in European Context, 1830-50," *British Journal for the History of Science*, 40(Dec. 2007), pp.491~504.

58. Adolphe Quetelet, *Sur l'homme et le dévelopement de ses facultés, ou Essai de physique sociale*, 2 vols.(Paris, 1835), esp.1, pp.16~21.

59. 케틀레는 원래 콩트가 고안했던 '사회물리학'이라는 용어를 먼저 사용했다. 이로 인해 콩트는 격노했고 부득이하게 '사회학'이라는 용어를 창안했다. ―옮긴이 주

60. 'three estates'를 계급사회에서는 '3계급'으로 옮기는 것이 더 적절하다 하겠으나, 평등사회에서는 '3단계'로 옮기는 것이 더 적절하다고 보기 때문에, 지금은 보통 '3단계'로 옮겨지는 것으로 보인다. 콩트는 인간의 지식이 3단계, 즉 신학적 단계, 형이상학적 단계, 실증적 단계로 진보한다고 주장했다. 지식도 사회의 진보 단계처럼 진화하는데, 콩트에 의하면 사회학은 바로 최고의 진화 단계인 실증적 단계의 정점에 도달한 학문이다. ―옮긴이 주

61. Auguste Comte, *Cours de philosophie positive*, 6 vols.(Paris, 1839), vol.4, pp.252~253.

62. Émile Durkheim, "Le Suicide et les facteurs cosmiques," *Le Suicide* (Paris, 1897).

63. Thomas Tooke, *A History of Price and of the State of the Circulation from 1793 to 1837* (London, 1838).

64. Alex Preda, "Socio-Technical Agency in Financial Markets: The Case of the Stock Ticker," *Social Studies of Science*, 36(Oct. 2006), pp.753~782.

65. 필립 미로프스키(Philip Mirowsky)가 예증한 바와 같이 이렇듯 경제 공간이 닫혔다고 본 것은 경제를 진자 운동을 하는 기계적인 체계로 보는 물리학적 유추를 토대로 한다. Philip Mirowsky, *More Heat Than Light: Economics as Social Physics, Physics as Nature's Economics* (Cambridge, 1989).

66. Daniel Breslau, "Economics Invents the Economy: Mathematics, Statistics, and Models in the Work of Irving Fisher and Wesley Mitchel," *Theory and Society*, 32(June 2003), pp.379~411.

67. 존 메이너드 케인스는 1930년대의 높은 실업률과 디플레이션에 거시적으로 대처하기 위해 정부가 정책적으로 소비를 유도해야 한다고 보았다. 불황기에 정부가 지출을 늘리면 보다 많은 돈이 유통되므로 민간의 소비와 투자가 유도되어 경제가 정상 상태를 회복한다고 주장했다. —옮긴이 주

68. Timothy Mitchell, "Fixing the Economy," *Cultural Studies*, 12, no. 1(1990), pp. 82~101.

69. John Tyndall, "On the Absorption and Radiation of Heat by Gases and Vapours, and on the Physical Connection of Radiation, Absorption, and Conduction," *Philosophical Transactions of the Royal Society of London*, 151(1861), pp.169~194, 273~285; Svante Arrhenius, "On the Influence of Carbonic Acid in the Air upon the Temperature of the Ground," *Philosophical Magazine*, 41(Apr. 1896), pp.237~276; T. C. Chamberlin, "A Group of Hypotheses Bearing on Climatic Changes," *Journal of Geology*, 5(Oct.-Nov. 1897), pp.653~683.

70. Arrhenius, "On the Influence of Carbonic Acid in the Air upon the Temperature of the Ground," pp.268~269. 흔히 제기된 주장과 달리 이 논문에서 아레니우스는 인간이 배출한 이산화탄소의 영향을 다루지 않는다. 그가 인간이 배출한 이산화탄소와 이로 인해 유발될 가능성이 있는 온난화를 언급한 것은 자신의 저서 *Worlds in the Making: The Evolution of the Universe* (New York, 1908), p.63에서이다.

71. Spencer R. Weart, *The Discovery of Global Warming* (Cambridge, Mass, 2003).

72. 미국 천문학자 칼 세이건 박사 등이 1983년에 발표한 논문에 등장한 용어이다. 핵전쟁이 일어나면 지표면의 온도가 대폭 떨어질 것으로 예상되는데 이 현상을 가리켜 '핵겨울'이라고 한다. —옮긴이 주

73. James Rodger Fleming, *Fixing the Sky: The Checkered History of Weather and Climate* (New York, 2010).

74. Ronald E. Doel, "Constituting the Postwar Earth Sciences: The Military's Influence on the Environmental Sciences in the USA after 1945," *Social Studies of Science*, 33(Oct. 2003), pp.635~666.

75. Naomi Oreskes, "Beyond the Ivory Tower: The Scientific Consensus

on Climate Chang," *Science*, 3(Dec. 2004), p.1686, "Erratum", *Science*, 21(Jan. 2005), p.1.

76. Peter Sloterdijk, *Sphären III—Schäume, Plurale Sphärologie* (Frankfurt, 2004).

77. 디페시 차크라바르티, 「역사의 기후: 네 가지 테제」, 조지형·김용우 엮음, 『지구사의 도전』(서해문집, 2010).

78. 브뤼노 라투르, 『우리는 결코 근대인이었던 적이 없다』, 홍철기 옮김(갈무리, 2009); Bruno Latour, "The Recall of Modernity: Anthropological Approaches," *Cultural Studies Review*, 13(2007), pp.11~30.

79. 여기서 신화란 '근거 없는 믿음'을 뜻한다. —옮긴이 주

인류세 개념-논쟁

인류의 지질학? 인류세 서사 비판

_안드레아스 말름·알프 호른보리 지음

기후변화의 정치는 자본주의의 정치를 넘어선다

_디페시 차크라바르티 지음

*인류의 지질학? 인류세 서사 비판

**안드레아스 말름(Andreas Malm) 지음
***알프 호른보리(Alf Hornborg) 지음
김명진 옮김

* Andreas Malm and Alf Hornborg, "The geology of mankind? A critique of the Anthropocene narrative," *The Anthropocene Review*, Volume 1, Issue 1 (2014), pp.62~69.

** 스웨던 룬드대학교 인문지리학과 인간생태학 부교수이다. 현재 기후위기에서 극우의 역할과 기후공학의 정치경제학에 관한 연구를 하고 있다. 저서로 국내에 번역 소개된 『코로나, 기후, 오래된 비상사태』(2020) 외에 『흰 피부, 검은 연료: 기후 파시즘의 위험에 관하여』(공저, 2021), 편저로는 『이 지경까지 왔는가? 임박한 지구공학의 약속과 위험』(2020, 공편)이 있다.

*** 스웨던 룬드대학교 인문지리학과 인간생태학 교수이다. 페루, 노바스코시아, 통가, 브라질 등에서 현장 연구를 했고, 과거와 현재 사회에서 인간-환경 관계에 내포된 문화적·정치적 차원들을 특히 세계체제 분석의 시각에서 살펴보는 데 관심이 있다. 저서로 『전 지구적 생태학과 불평등한 교환: 제로섬 세계에서의 물신주의』(2011), 『전 지구적 마술: 고대 로마에서 월가까지 착취의 기술』(2016), 『인류세에서의 자연, 사회, 정의』(2021) 등이 있다.

노벨상 수상자 파울 크뤼천(Paul Crutzen)이 2002년 ≪네이처≫지에 실은 「인류의 지질학」이라는 짧은 글(Crutzen, 2002)에서 '인류세'를 새로운 지질시대로 제안한 이래, 이 개념은 단기간에 실로 놀라운 성공을 거뒀다. 인류세에 관해 현재 전개되고 있는 담론은 지구시스템 자연과학과 브뤼노 라투르(Bruno Latour) 같은 학자가 대변하는 탈데카르트적[1] 사회과학의 수렴을 나타낸다. 두 분야는 모두 대문자 자연(Nature)과 대문자 사회(Society) 사이의 계몽사조식 구분이 낡은 것임을 시사한다. 이에 따르면 이제 인류는 지질학적 힘으로 인정받고 있고, 우리는 자연과학과 사회과학의 관계뿐 아니라 역사, 근대성, 그리고 인간이라는 관념 그 자체를 다시 개념화해야 한다.[2] 실제로 자연과 인간 사회가 점점 떼려야 뗄 수 없이 뒤섞이고 있다는 데는 이론의 여지가 없고, 기후변화뿐 아니라 다른 종류의 인간에 의한 생태계 변화에서도 그 증거를 찾아볼 수 있다.

이 짧은 비평에서 우리가 답하고자 하는 질문은 이것이 정말 사회과학의 근본적 관심사들 — 문화와 권력의 이론화가 중요한 일부로 포함된다 — 을 포기하도록 촉구하는가 하는 것이다. 우리는 자연과 사회의 물리적 뒤섞임이 그것의 **분석적** 구분을 포기하는 것을 정당화하지 못한다고 주장하고자 한다. 오히려 인간 존재의 조건 그 자체를 변화시키는 힘의 사회관계가 갖는 영향력을 이처럼 점차 인식하게 되면, 사회이론, 문화이론과 좀 더 깊은 관계를 맺는 것이 정당화된다. 사회의 힘이 생물권에 미치는 영향에 대한 인식이 커졌는데, 이를 자연과학에 의해 완전히 지배되는 서사를 빌려 표현해야 한다면 대단히 모순적이고 심란한 상황이 아닐 수 없다. 그뿐만 아니라 인간 존재의 물질적 조건에 대한 접근에서 데카르트 이원론을 포기한 것과 연관해, 인간의 경제와 기술도 생물물리 자원, 문화적 인식, 전 지구적 권력구조를 엮은 유사하게 잡종적인 현상으로 다시 고찰할 이유가 생긴다.

표준적인 인류세 서사에서 산업혁명은 인간이 지구시스템을 대규모로 변형하기 시작한 시점을 나타낸다. 그러한 변형은 일차적으로 홀로세(Holocene)의 변수들에서 가장 현저하고 위태롭게 벗어난 현상인 기후변화의 형태를 띤다. 좀 더 정확한 시점을 짚자면, 크뤼천은 2002년에 쓴 글에서 제임스 와트의 증기기관 발명이 새로운 시대의 개막을 알렸다고 주장했고, 이로써 연대표가 고정되었다. 그 수가 크게 늘어난 인류세 문헌들에서 증기기관은 종종 화석에너지의 잠재력을 드러내어 인류를 전 영역의 지배자로 급부상시킨 바로 그 인공물로 지칭된다(가령 Alberts, 2011: 6; Beerling, 2007: 8; Berners-Lee and Clark, 2013: 8~10; Irwin, 2010: 1; Lynas, 2011: 21; Robin and Steffen, 2007: 1699; Sayre, 2012: 58; Steffen et al., 2011: 844~845).

인류세 이론가들은 증기가 부상한 실제 원인에 대해 별다른 논의를 하지 않지만, 산업혁명 시기 화석연료로의 전환을 이해하기 위한 전반적 인식틀은 제시하고자 한다. 그러한 전환은 논리적 필연성을 이유로 인간의 본성으로부터 연역된다. 만약 전환의 원동력이 좀 더 우연적인 성격을 갖는다면, 하나의 종 전체 – 그리스어로 인간을 나타내는 **안트로포스**(anthropos) – 가 생물권의 패권을 장악하는 서사를 유지하기란 어려울 것이다. '인류의 지질학'은 그 존재의 성질에 뿌리를 두어야 한다. 그렇지 않을 경우 이는 좀 더 작은 실체의 지질학, 아마도 호모 사피엔스의 어떤 하위집합의 지질학이 되어 버릴 것이다. 인류세의 시작을 '초기 인류세' 가설에서처럼 농업문명의 부상이 아니라(가령 Ruddiman, 2003; Smith and Zeder, 2013) 와트의 시대로 보는 경우에도, 종종 그 도화선은 아득한 과거로 거슬러 올라가며 인간 종의 초기 진화에서 불이 붙었다고 본다.

그래서 인류세 서사의 핵심 요소 중 하나는 불을 다루는 능력이다. 화석 경제로 가는 길이 놓인 것은 옛날 옛적 원인(原人) 조상들이 불을 다루는 법을 알게 되었을 때였다. 라우패크와 캐너델의 말을 빌리면, "인류세에 반드시 필요한 진화적 방아쇠"가 바로 여기 있었다. 화석연료의 연소는 "산업시대보다 훨씬 전에 특정한 유인원 종이 암석 속의 탄소에 저장된 에너지 비축물을 이용하는 법을 알아냈다"는 사실의 결과이다(Raupach and Canadell, 2010: 210~211). 아니면 윌 스테픈(Will Steffen), 파울 크뤼천, 존 맥닐(John MacNeil)의 말을 빌릴 수도 있다. "우리 조상이 불을 능숙하게 다루게 되면서 인류는 다른 종들에게는 없는 강력한 독점적 도구를 얻었고, **이것이 우리를 인류세로 가는 기나긴 경로로 확고하게 올려놓았다**"(Steffen et al., 2007: 614, 강조는 인용자; cf. Clark, 2012; Crosby, 2006; Steffen et al., 2011: 846). 이러한 서사 속에서 화석 경제는 바로 인류, 혹은 "불-유인원(fire-ape), 호모 파이로필리스(Homo pyrophilis)" ― 마크 라이너스(Mark Lynas)가 인류세 사고를 대중화한 절묘한 제목의 책 『신 종(The God Species)』(Lynas, 2011)에서 쓴 표현 ― 의 창조물이다.

그러나 19세기 영국에서 일어난 화석연료로의 전환을 면밀하게 검토해 보면(Malm, 2013a) 인간에 의한 기후변화의 역사적 기원은 처음부터 대단히 불공평한 전 지구적 과정에 입각해 있었음이 드러난다(cf. Frank, 1998; Pomeranz, 2000). 당시 증기기술에 투자한 이유는 대체로 인구밀도가 낮은 신대륙, 미국의 흑인 노예제, 영국의 공장과 광산에서의 노동 착취, 값싼 면직물에 대한 전 지구적 수요 등이 합쳐져 생겨난 기회에 맞춰져 있었다. 증기기관은 인간 종의 어떤 천부적 대리인들에 의해 채택된 것이 아니었다. 사물의 사회질서가 갖는 특성상 이는 오직 생산수단의 소유자들에 의해서만 설치될 수 있었다. 심지어 영국에서도 아주 작은 소수파였던 이러한 부류의 사람들은 19세기 초 호모 사피엔스 인구 중 극히 적은 일부분을 이뤘다. 실제로 영국의 백인 남성 패거리는 증기력을 나이저 강 삼각주에서 양쯔 강 삼각주, 레반트(역사적으로 지중해 동부 지역을 일컫는 말로 오늘날에는 시리아, 레바논, 이스라엘이 차지하고 있다—옮긴이)에서 라틴아메리카에 걸친 인류 대부분에 맞서기 위한 – 바다와 육지, 배와 철로 위의 – 무기로 겨누었다 (cf. Headrick, 1981, 2010). 서구 세계의 작은 구석에 있던 자본주의자들은 증기에 투자해 화석 경제의 초석을 놓았다. 인간 종이 행동으로 의사 표시를 하거나 투표를 통해 결정한 적은 단 한 번도 없었고, 기계처럼 일사불란하게 진군한 적도 없었으며, 자신의 운명, 그리고 지구 시스템의 운명을 놓고 모종의 공유된 권한을 행사한 적도 없었다.[3]

물론 불을 다루는 능력은 영국에서 화석연료 연소가 시작되기 위한 필요조건이었다. 도구 사용, 언어, 협동적 노동, 그리고 다른 모든 인간의 능력들 역시 그러했다. 하지만 이는 **대단치 않은** 필요조건들이었고, 관심 결과와의 상관성이 결여되어 있었다. 여기서의 오류는 역사기술 교과서들에 잘 다뤄져 있다. 이런 종류의 엄청나게 동떨어진 원인들을 들먹이는 것은 "일본군 전투기 조종사의 성공을 선행 인류가 두 눈으로 보는 시각과 다른 네 손가락과 마주 볼 수 있는 엄지손가락을 발전시켰다는 사실로 설명하는 것과 마찬가지이다. 우리는 인용하는 원인들이 결과와 좀 더 직접적으로 연결되어 있기를 기대하며" 그렇지 않을 경우 이를 버린다고 존 루이스 개디스(John Lewis Gaddis)는 지적하고 있다(Gaddis, 2002: 96; cf. Bloch, 1992: 158~159). 기후변화의 원인을 인간 종의 본성으로 돌리려는 시도는 이러한 부류의 공허함으로 빠질 수밖에 없는 것으로 보인다. 다시 말해 초역사적인, 특히 종 전체에 걸친 동인을 들먹여 역사에서 질적으로 새로운 질서 – 가령 기계화된 증기력 생산으로 세계 시장에 수출하기 위한 상품을 만들어 내는 것 – 를 설명할 수는 없다.

화석 경제에서 좀 더 후기의 단계들은 어떨까? 증기에 이어 잇따라 나타난 에너지 기술들 – 전기, 내연기관, 석유 복합체(자동차, 유조선, 항공) – 은 모두 투자 결정을 통해 도입되었고, 때로는 특정 정부들이 결정적인 기여를 했지만 민주적 숙의를 거친 경우는 거의 없었다. 다음 번 기술에 착수하는 특권은 상품 생산을 지배하는 계급이 계속 쥐고 있었던 것으로 보인다. 종 내부의 집중을 또 다른 수준에서 생각해 보면, 2008년 시점에서 선진 자본주의 국가들은 전 세계 인구의 18.8%에 불과하지만, 1850년 이후 배출된 이산화탄소의 72.7%에 책임이 있다(국가 내 불평등은 감안하지 않았다). 21세기 초에 인구 중 가장 가난한 45%는 배출량의 7%를 차지하는 반면, 가장 부유한 7%는 50%를 만들어 낸다. 다시 한 번 일국 내부의 계급 분할을 무시한다면, 평균적인 미국 시민 한 사람은 에티오피아, 차드, 아프가니스탄, 말리, 캄보디아 혹은 부룬디의 시민 최대 500명에 맞먹는 이산화탄소를 배출한다(Roberts and Parks, 2007). 이러한 기본적 사실들은 **인류**를 새로운 지질학적 행위자로 보는 견해와 조화롭게 어울릴 수 있는가?

그와는 정반대로, 우리는 불균등한 분포가 근대 화석연료 기술의 **존**

재 그 자체의 조건이라고 주장하고자 한다(Hornborg, 2001, 2011). 첨단기술에 힘입은 근대의 풍요는 도저히 보편화될 수 있는 것이 아니다(다시 말해 인간 종의 자산이 될 수 없다). 바로 인구집단들 간에 존재하는 최악의 가격, 임금 차이에 맞춰 설계된 전 지구적 노동 분업에 입각해 있기 때문이다. 화석연료에 궁극적으로 의존하는 기술의 분포 밀도는 대체로 구매력의 밀도와 일치한다. 이러한 기술들은 자본축적, 특권적 자원 소비, 그리고 노동과 환경 부담 모두의 이전을 나타내는 지표이다. 200년이 넘는 시간이 흘렀지만 우리는 여전히 '기술진보'가 창의력의 마술 지팡이에 다름 아니라고 상상하는 경향이 있다. 그러한 마술 지팡이는 다른 어딘가에 정치적, 도덕적 함의를 수반하지 않으면서 우리의 국지적 지속가능성 문제를 해결해 줄 거라고 생각한다. 그러나 전 지구적 기술 시스템들은 근본적으로 세계 체제 내에 체화된 노동과 토지의 불평등한 교환을 나타낸다. 근대경제학의 세계관 – 이는 영 제국의 중심부에서 산업혁명과 함께 출현했다 – 은 산업화가 의존하는 생물물리 자원의 비대칭적 교환을 체계적으로 흐려놓는다. 교환가치와 물리학 사이의 이러한 괴리는 엔지니어링과 함께 근대 기술의 조건을 이룬다. 야간 조명을 찍은 위성사진에서 엿볼 수 있는 모든 기술 축적물(technomass)의 불균등한 축적은 간단한 알고리즘에 의해 진전된다. 오늘 화석연료와 여타 자원 자본이 더 많이 사라지면 사라질수록, 내일 더 많은 자원이 사라질 수 있다는 것이다. '기술'에 대한 인식은 '대문자 자연'에 대한 인식과 마찬가지로 전 지구적 권력구조에 의해 조건 지어진 문화적 구성물이다. 인류에 대한 화석연료 기술의 약속은 내내 환상에 불과했다. 이러한 파괴적 힘에 대한 우리의 서사가 그러한 환상을 복제해서는 안 된다.

인류세 서사에 대한 가장 좋은 반론은 인구 증가인 것 같다. 만약 화석연료 연소를 부채질한 주된 원인이 인간의 수적 증가임을 보일 수 있다면, 인간 종이 정말 인과적 책임을 져야 할 수 있다. 그래서 대표적 인류세 이론가들은 이를 생물권의 주요 변화 중 하나 혹은 심지어 **가장 중요한** 변화로 전면에 내세우기를 좋아한다(가령 Crutzen, 2002, 2006: 14; Steffen et al., 2007: 618; Zalasiewicz et al., 2008: 4, 2010: 2228~2229). 인구와 이산화탄소 배출 사이에 상관관계가 있는 것은 사실이다. 그러나 1820년에서 2010년까지 후자가 654.8배 증가한 반면(Boden et al., 2013) 전자는 '고작' 6.6배 증가한 것을 보면(Maddison, 2006: 241; United Nations, 2011) 훨씬 더 강력한 또 다른 원동력이 이를 부채질한 것이 분명함을 알 수 있다. 최근 수십 년 동안 이러한 상관관계는 완전한 부(負)의 관계로 드러났다. 데이비드 새터스웨이트(David Satterthwaite)는 1980년에서 2005년까지 사반세기 동안 인구 증가율과 배출증가율을 비교해, 배출이 가장 느리게 증가하는 곳에서 인구가 가장 빨리 늘어나는 경향이 있으며 그 역도 마찬가지임을 알아냈다(Satterthwaite, 2009). 인구 증가와 배출 증가는 서로 분리되어, 하나가 일어날 가능성이 가장 높은 곳에서 다른 하나는 그렇지 않게 되었다. 만약 부의 상관관계가 있다면 인과성은 아예 논외가 된다.

인류의 상당 부분은 전혀 화석 경제의 일원이 아니다. 수억 명의 사람들이 숯, 땔나무, 똥과 같은 유기 폐기물에 의지해 온갖 가사일을 수행하고 있다. 새터스웨이트는 인구의 6분의 1을 "온실가스 배출에 대한 책임 할당에 포함시키지 않는 것이 최선"이라고 결론 내렸다(Satterthwaite, 2009: 547~550). 그들의 기여분은 0에 가깝다. 그뿐만 아니라 인류의 거의 3분의 1에 달하는 20억 명의 사람들은 전기를 쓰지 못하고 있고, 따라서 바츨라프 스밀(Vaclav Smil)의 말을 빌리면, “사헬 지역(사하라 사막 주변에 위치한 대초원 지대—옮긴이)의 자급 목축민과 평균적 캐나다인 사이의 현대적 에너지 소비의 차이는 1,000배를 훌쩍 넘을 것이다”(Smil, 2008: 259). 호모 사피엔스의 표본이 태어난 환경에 따라 대기에 미치는 영향은 1,000배 이상 차이가 날 수 있다(Satterthwaite, 2009: 564). 이처럼 엄청난 시공간적 차이, 현재와 과거의 차이를 감안하면 인류라는 것은 인과성의 부담을 짊어지기에 너무나도 빈약한 추상인 듯 보인다.

그렇다면 인류세의 주창자들은 이렇게 반론을 펼지도 모른다. 다른 모든 생명체들의 입장에서, 그리고 실로 생물권 전체에서 보면, 진정으로 중요한 것은 기후의 교란이 인간 종 **내부에서** 유래했다 — 설사 인간 종 **모두**가 책임이 있는 것은 아니라 하더라도 — 는 점이며, 따라서 새로운 지질시대에 종에 기반한 용어를 붙이는 것은 정당하다고 말이다. 투아레그족(북아프리카의 사하라 사막에 거주하는 이슬람 유목민—옮긴이) 목축민이든, 토론토의 회계 담당자이든, 화석연료를 태우는 것은 결국 **인간**이다. 이는 설득력 있는 주장처럼 보이며, 인류세 개념에 상당히 견실한 정당화 근거를 제공한다. 이는 이 용어의 자연과학적 기원을 시사한다. 지질학자, 기상학자, 생물학자 등이 생태계에 미치는 인간의 압도적 영향을 탐지해 냈고, 이제 그런 영향은 자연선택, 태양복사, 화산활동과 어깨를 나란히 하게 되었다. ‘인류세’는 이러한 통찰의 순간을 나타낸다. 지구의 기후를 형성하는 힘이 자연에서 인간의 영역으로 넘어갔다는 깨달음이다.

그러나 이것이 인식되자마자, 그러한 개념의 모순은 아니더라도 서사의 중요한 모순이 눈에 띄게 된다. 기후변화는 한순간 **탈자연화되지**

만 — 자연적 원인의 영역에서 인간 활동의 영역으로 이전되니까 — 다음 순간, 가령 불을 다루는 능력 같은 인간의 타고난 특성에서 유래한 것이 되면서 **재자연화되고** 만다. 인류세에서는 자연이 인간 본성으로 대체된다. 이는 인간이 자신들의 **역사**를 거치며 지구온난화를 유발했음을 말해 주는, 아마도 우리 시대의 가장 획기적인 과학적 발견이 밝혀낸 어지러운 심연에서 뒤로 물러난다. 이러한 종류의 역사는 다른 어떤 종의 전기에서도 나타나지 않는다. 가령 비버와 보노보는 항상 해온 것처럼 익숙한 세대를 거듭하며 자신들의 미시환경을 계속해서 구축하지만, 특정한 인간 공동체는 만 년 동안 내리 나무를 때다가 다음 세기에 석탄을 땔 수도 있다. 기후변화가 '인간에 의한(anthropogenic)' 것이라는 깨달음은 사실 그것이 **사회에 의한**(sociogenic) 것이라는 인식과 같다.[4] 이는 일시적으로 유동적인 사회관계가 나머지 자연을 통해 실현된 결과로서 일어났다. 그리고 기후변화의 과학에 암시된 이러한 존재론적 통찰이 진정으로 받아들여지면, 이제 인류를 그저 하나의 종으로, 그것의 생물학적 진화에 의해 결정되는 종으로 취급할 수는 없다. 또한 인간들 사이의 분할을 좀 더 큰 그림에서는 중요하지 않은 것으로 무시할 수도 없다. 그러한 분할은 처음부터 화석연료 연소의 필수 불가결한 일부였기 때문이다(Hornborg, 2001, 2011).

자연에서 벗어난 기후과학을 좇으면서 우리는 사회사의 심연을 들여다보는 일에 과감하게 나서야 한다. 또 다른 자연적 필연성이라는 그릇된 확신으로 다시 빠져들지 않으면서 말이다. 여기서 인류세 서사는 애초에 기후변화의 발견을 이루어 낸 자연과학 공동체가 인간사의 영역에 진출하는 비논리적이고 궁극적으로 자멸적인 시도로 볼 수 있다. 지질학자, 기상학자와 그 동료들이 인간들 사이에서(그리고 필연적으로 인간들과 나머지 자연 사이에서) 일어나는 부류의 일들을 연구할 준비가 반드시 잘 되어 있는 것은 아니다. 바위의 조성이나 제트 기류의 패턴은 세계관, 재산, 권력 같은 현상들과 상당히 다르기 때문이다. 이제 지구상의 존재에서 후자의 층위가 전자를 형성하게 되면서, 다소의 인식론적 혼란이 아마 생길 것으로 예상된다. 이러한 배경에 비춰 볼 때, '인류세'는 말하자면 실제 과정과는 반대 방향으로 통행을 유도하는 일방통행 다리를 놓아서 자연적인 것과 사회적인 것 사이의 간극 — 현실에서는 이미 완전히 융합된 — 을 개념적으로 횡단하려는 시도와 흡사하다. 기후변화에서는 사회관계가 자연적 조건을 결정하지만, 인류세 사고에서는 자연과학자들이 자신들의 세계관을 사회로 확장한다.

말할 것도 없이 기후변화의 이러한 재자연화는 사회과학과 인문학에서의 행동 — 즉, 점점 더워지고 있는 세계에 대한 뒤늦은 각성 — 이 (더 많이는 아니라 하더라도) 그에 못지않게 기여한 산물이다. '두 문화' 사이에 배턴이 전달되는 데 실패했고, 지금은 사회과학과 인문학이 서서히 따라잡고 있지만, '인류세'는 이미 단단히 자리 잡은 개념이자 사고방식이 되었다. 유감스럽게도 많은 사회과학자와 인문학자들은 이 개념의 반사회적 경향을 의식하지 못한 채, 인문학적 감수성에 일정하게 호소하는 우주의 중심이자 주인인 안트로포스(그것이 생산적이든 파괴적이든 간에)라는 관념에 이끌려 이를 그대로 꿀꺽 삼켜 버렸다(가령 Alberts, 2011; Palsson et al., 2013; Szerszynski, 2012).

아마도 비판이론에서 인류세 논쟁에 뛰어든 가장 중요한 개입은 디페시 차크라바르티(Dipesh Chakrabarty)의 시도일 것이다. 그는 「역사의 기후: 네 가지 테제」라는 논문에서 종적 사고(species-thinking)가 빠질 수 있는 몇 가지 함정에 관해 숙고했지만, 결국에는 이를 필요한 프로젝트로 지지했다(Chakrabarty, 2009). 인류는 진정으로 '기후변화라는 위험의 순간에 번쩍 하고 나타난' 보편적 종 행위자로 여겨지고 있다. 그러한 위험은 새로운 시대의 상징과도 같은 기상이변들에서 가장 극명하게 나타난다. "자본주의의 위기에서와 달리, 여기에는 부자와 특권층을 위한 구명보트가 없다(오스트레일리아의 가뭄이나 최근 캘리포니아의 부자 동네에서 일어난 산불을 보라)"(Chakrabarty, 2009: 221). 그러나 이러한 논증에는 결함이 있다. 이는 모든 규모의 인간 사회에서 차별적으로 나타나는 취약성의 현실을 노골적으로 무시한다. 허리케인 카트리나가 뉴올리언스의 흑인 동네와 백인 동네에 미친 영향이나 허리케인 샌디가 아이티와 맨해튼에 미친 영향, 혹은 해수면 상승이 방글라데시와 네덜란드에 미친 영향, 그 외 기후변화가 직간접적으로 미친 사실상 모든 영향들을 비교해 보라. 가까운 미래에는 – 실로 지구상에 인간 사회가 존재하는 한 – 부자와 특권층을 위한 구명보트가 **있을** 것이다. 만약 기후변화가 일종의 대재앙을 나타낸다면, 이는 보편적인 것이 아니라 불균등하고 뒤섞여 있다. 인간 종은 그 원천에서뿐 아니라 과정의 결말에서도 하나의 추상에 지나지 않는다(Cf. Malm, 2013b; Malm and Esmailian, 2012).

기후변화의 동인에 관해서는 자연화가 손쉽게 인식 가능한 형태를 띤다. "특정한 사회관계는 **사물의 자연적 성질**로 나타난다"라고 카를 마르크스는 말한 바 있다. 생산은 "역사와 무관한 영원한 자연법칙의 틀에 박힌 것으로 서술되며, 때로는 **부르주아적** 관계들이 사회 일반(혹은 인간 종 일반)의 폐기할 수 없는 자연법칙들로 슬그머니 변조된다"(Marx, 1990: 1005; 1993: 87, 강조는 원문). 그 결과는 변화에 대한 모든 전망을 차단하는 것이다. 만약 지구온난화가 불을 일으키는 법에 관한 지식, 혹은 인간 종이 진화의 오래전 단계에서 획득한 어떤 다른 성질의 산물이라면, 어떻게 우리가 화석 경제의 해체를 상상할 수 있겠는가? '인류세'는 어떤 종이 그들의 서식지를 황폐화했는지 알고 싶은 북극곰이나 양서류나 새들에게 유용한 개념이자 서사일 수 있지만, 애석하게도 그들은 인간의 행동을 상세히 검토하고 이에 맞설 수 있는 능력을 결여하고 있다. 반면 인간계 내에서 기후변화에 대한 종적 사고는 신화화와 정치적 마비를 낳기 쉽다. 이는 평상시와 같은 활동의 기득권에 도전하는 기반으로서의 구실을 할 수 없다.

그러나 마르크스가 공격했던 부르주아 정치경제학자들과 인류세 서사 사이에는 주목할 만한 차이가 있다. 기후변화를 자연화하는 학자들은 평상시와 같은 활동의 기득권을 대변하며 활동하는 사람이 거의 없다는 것이다. 대다수는 그러한 기득권이 사라지는 것을 보고 싶어 할 것이다. '인류세'가 지구온난화의 역사적 기원을 가리고 화석 경제를 불변의 조건으로 고착시키는 한, 이는 일종의 이데올로기이다. 하지만 그러한 의도를 담고 있었다기보다 어쩌다 보니 결과적으로 그렇게 된 것이며, 어떤 악의를 담은 변증론이라기보다 기후변화 분야에서 자연과학의 지배력이 낳은 산물이자 아마도 1989년 이후 세계에서 비판적 예리함이 전반적으로 무뎌지고 정치적 지평이 협소화된 결과일 것이다. 그렇다고 해서 이것이 반드시 덜 해로운 것은 아니다. 이는 분석적 결함이 있을 뿐 아니라 행동에 나서는 것을 어렵게 만드는 여러 이론적 인식틀 중 하나이다.

●●●● 옮긴이 논평

스웨덴의 인간생태학자인 안드레아스 말름과 알프 호른보리는 이 글에서 인류세 서사에 내포된 문제점들을 비판적으로 검토하고 있다. 저자들은 인류세 서사에서 '인류' 혹은 '인간 종' 일반을 문제의 원인으로 지목하는 데 의문을 제기한다. 인류세의 가장 중요한 사건 중 하나인 기후변화를 예로 들어 보면, '인류'를 구성하는 다양한 국가, 지역, 계급에 속한 사람들은 기후변화의 원인인 온실가스 배출에서나 그것의 결과인 기상이변의 영향 모두에서 전혀 동등한 역할을 하고 있지 않다. 따라서 이 문제를 고찰함에 있어 의당 인간 사회의 불평등과 권력관계에 주목해야 함에도 불구하고, 인류세 이론가들은 불을 다루는 능력 같은 인간 종의 '본성'을 서사의 핵심 요소로 끌어들이는 비역사적 시각을 취한다. 이는 오늘날 사회과학과 인문학에 대해 자연과학이 누리고 있는 인식론적 우위가 표출된 결과로서, 필연적으로 문제의 원인을 엉뚱한 곳에서 찾게 함으로써 그것의 해결을 어렵게 만든다고 저자들은 주장한다.

주

1. '탈데카르트적'이라는 표현은 대문자 사회와 대문자 자연, 혹은 주체와 객체 사이의 데카르트적 구분을 포기하는 접근을 의미한다.
2. Programme for the conference 'Thinking the Anthropocene,' Paris, November 13~15, 2013.
3. 오늘날 인류세 서사 그 자체도 민주주의에 이바지하는 것은 아니다. 오히려 그 반대이다(cf. Leach, 2013).
4. '사회에 의한'이라는 표현은 물론 원동력이 종 전체에 걸친 특성이 아니라 특정한 사회구조에서 나온다는 것을 나타내는 의미이다. 마찬가지로, 최근 노르가르드(Norgaard, 2013)는 "20세기 동안 경제 활동이 50배로 증가하고 세계화되었음"을 고려해 '경제세(Econocene)'라는 용어로 사고할 것을 제안했다. 고려할 만한 가치가 있는 두 가지 다른 후보 – 둘 다 사회적 측면과 자연적 측면을 더 잘 통합하기 위해 제안된 것이다 – 로 '기술세(Technocene)'와 '자본세(Capitalocene)'가 있다.

참고문헌

Alberts, P. 2011. "Responsibility towards life in the early Anthropocene." *Angelaki: Journal of the Theoretical Humanities* 16, 5~17.

Beerling, D. 2007. *The Emerald Planet: How Plants Changed Earth's History*. Oxford: Oxford University Press.

Berners-Lee, M. and Clark, D. 2013. *The Burning Question: We Can't Burn Half the World's Oil, Coal and Gas. So How Do We Quit?* London: Profile Books.

Bloch, M. 1992[1954]. *The Historian's Craft*. Manchester: Manchester University Press.

Boden, T. A., Marland, G. and Andres, R. J. 2013. *Global, Regional, and National Fossil-Fuel CO_2 Emissions*. Oak Ridge, CA: Carbon Dioxide Information Analysis Center, Oak Ridge National Laboratory, US Department of Energy.

Chakrabarty, D. 2009. "The climate of history: Four theses." *Critical Inquiry* 35, 197~ 222. (디페시 차크라바르티. 2010. 「역사의 기후: 네 가지 테제」. 김용우 옮김. 『지구사의 도전』. 조지형·김용우 엮음. 서해문집, 348~386쪽)

Clark, N. 2012. "Rock, life, fire: Speculative geophysics and the Anthropocene." *Oxford Literary Review* 34, 259~276.

Crosby, A. W. 2006. *Children of the Sun: A History of Humanity's Unappeasable Appetite for Energy*. New York: WW Norton. (앨프리드 W. 크로스비. 2009. 『태양의 아이들』. 이창희 옮김. 세종서적)

Crutzen, P. J. 2002. "Geology of mankind." *Nature* 415, 23.

Crutzen, P. J. 2006. "The 'Anthropocene'." Ehlers, E. and Kraftt, T.(eds.) *Earth System Science in the Anthropocene: Emerging Issues and Problems*. Berlin: Springer, pp.13~18.

Frank, A. G. 1998. *ReOrient: Global Economy in the Asian Age*. Berkeley, CA: University of California Press.

Gaddis, J. L. 2002. *The Landscape of History: How Historians Map the Past*. Oxford: Oxford University Press. (존 루이스 개디스. 2004. 『역사

의 풍경』. 강규형 옮김. 에코리브르)
Headrick, D. 1981. *The Tools of Empire: Technology and European Imperialism in the Nineteenth Century.* Oxford: Oxford University Press. (대니얼 R. 헤드릭. 2013. 『과학기술과 제국주의』. 김우민 옮김. 모티브북)
Headrick, D. 2010. *Power over Peoples: Technology, Environments, and Western Imperialism, 1400 to the Present.* Princeton, NJ: Princeton University Press.
Hornborg, A. 2001. *The Power of the Machine: Global Inequalities of Economy, Technology, and Environment.* Walnut Creek, CA: AltaMira Press.
_____. 2011. *Global Ecology and Unequal Exchange: Fetishism in a Zero-Sum World.* London: Routledge.
Irwin, R. 2010. "Introduction." Irwin, R.(ed.) *Climate Change and Philosophy: Transformational Possibilities.* London: Continuum, pp.1~17.
Leach, M. 2013. *Democracy in the Anthropocene? Science and Sustainable Development Goals at the UN.* Available at: www.huffingtonpost.co.uk/Melissa-Lea ch/democracy-in-the-anthropocene
Lynas, M. 2011. *The God Species: How the Planet Can Survive the Age of Humans.* London: Fourth Estate.
Maddison, A. 2006. *The World Economy, Vol.1: A Millennial Perspective, and vol.2: Historical Perspectives.* Paris: OECD.
Malm, A. 2013a. "The origins of fossil capital: From water to steam in the British cotton industry." *Historical Materialism* 21, 15~68.
_____. 2013b. "Sea wall politics: Uneven and combined protection of the Nile Delta coastline in the face of sea level rise." *Critical Sociology* 39, 803~832.
Malm, A. and Esmailian, S. 2012. "Ways in and out of vulnerability to climate change: Abandoning the Mubarak Project in the northern Nile Delta, Egypt." *Antipode* 45, 474~492.
Marx, K. 1990[1867]. *Capital,* Vol.1. London: Penguin. (카를 마르크스. 2008. 『자본 I-1~2』. 강신준 옮김. 길)
Marx, K. 1993[1973]. *Grundrisse.* London: Penguin. (카를 마르크스. 2007.

『정치경제학 비판요강 1~3』. 김호균 옮김. 그린비)
Norgaard, R. B. 2013. "The Econocene and the California delta." *San Francisco Estuary & Watershed Science* 11, 1~5.
Palsson, G., Szerszynski, B., and Sörlin, S. et al. 2013. "Reconceptualizing the 'Anthropos' in the Anthropocene: Integrating the social sciences and humanities in global environmental change research." *Environmental Science and Policy* 28, 3~13.
Pomeranz, K. 2000. *The Great Divergence: China, Europe, and the Making of the Modern World Economy*. Princeton, NJ: Princeton University Press. (케네스 포메란츠. 2016. 『대분기—중국과 유럽, 그리고 근대 세계 경제의 형성』. 김규태·이남희·심은경 옮김. 에코리브르)
Raupach, M. and Canadell, J. 2010. "Carbon and the Anthropocene." *Current Opinion in Environmental Sustainability* 2, 210~218.
Robin, L. and Steffen, W. 2007. "History for the Anthropocene." *History Compass* 5, 1694~1719.
Roberts, J. T. and Parks, B. C. 2007. *A Climate of Injustice: Global Inequality, North-South Politics, and Climate Policy*. Cambridge, MA: MIT Press.
Ruddiman, W. F. 2003. "The anthropogenic greenhouse era began thousands of years ago." *Climatic Change* 61, 261~293.
Satterthwaite, D. 2009. "The implications of population growth and urbanization for climate change." *Environment & Urbanization* 21, 545~567.
Sayre, N. F. 2012. "The politics of the Anthropogenic." *Annual Review of Anthropology* 41, 57~70.
Smil, V. 2008. *Energy in Nature and Society: General Energetics of Complex Systems*. Cambridge, MA: MIT Press.
Smith, B. D. and Zeder, M. A. 2013. "The onset of the Anthropocene." *Anthropocene*. available at: http://dx.doi.org/10.1016/j.ancene. 2013.05.001
Steffen, W., Crutzen, P. J., and McNeill, J. R. 2007. "The Anthropocene:

Are humans now overwhelming the great forces of nature?" *Ambio* 36, 614~621.

Steffen, W., Grinevald, J., and Crutzen, P. et al. 2011. "The Anthropocene: Conceptual and historical perspectives." *Philosophical Transactions of the Royal Society A* 369, 842~867.

Szerszynski, B. 2012. "The end of the end of nature: The Anthropocene and the fate of the human." *Oxford Literary Review* 34, 165~184.

United Nations. 2011. *World Population Prospects: The 2012 Revision*. UN Department of Economic and Social Affairs, Population Division, CD-ROM edition.

Zalasiewicz, J., Williams, M., Smith, A. et al. 2008. "Are we now living in the Anthropocene?" *GSA Today* 18, 4~8.

Zalasiewicz, J., Williams, M., Steffen, W. et al. 2010. "The new world of the Anthropocene." *Environmental Science & Technology* 44, 2228~2231.

*기후변화의 정치는 자본주의의 정치를 넘어선다

**디페시 차크라바르티(Dipesh Chakrabarty) 지음
김용우 옮김

* Dipesh Chakrabarty, "The Politics of Climate Change Is More Than the Politics of Capitalism," *Theory, Culture & Society*, Volume 34, Issue 2~3 (2017), pp. 25~37.

** 미국 시카고대학교 역사학, 남아시아 언어·문명 담당 로렌스 킴튼 석좌교수. 대표 저서로는 『유럽을 지방화하기: 포스트식민 사상과 역사적 차이』(2000), 『행성 시대 역사의 기후』(2021) 등이 있다. 그는 지구사 분야의 업적을 인정받아 2014년에 토인비상을, 2019년에는 인도 서벵골 정부가 수여하는 타고르 기념상을 받았다.

우리 가운데 많은 사람은 여전히 (매체, 자본 등의) 전 지구화가 세계의 핵심 이슈였던 시기에 만들어진 무기만을 든 채 지구온난화 문제에 접근한다. 전 지구화와 지구온난화는 분명 연결된 현상으로 이 둘 모두에서 자본주의 자체가 중심적인 역할을 한다. 그러나 이 둘은 같은 문제가 아니다. 이 둘이 제기하는 문제들은 자주 연결되어 있지만 우리가 그것들을 문제로 정의하는 방식은, 똑같이 자주, 매우 다르다. 사회과학자들, 특히 좌파 성향의 동료들은 때로 이러한 방법론적 차이가 아무런 문제가 없다는 듯이 서술한다. 말하자면 결국 과학자들이 연구하고 평가하는 것은 자본주의의 결과들이며 우리는 정치경제학의 방법으로 지구온난화의 궁극적인 원인 모두를 늘 알고 있다는 식이다! 이 짧은 글에서 내가 하고 싶은 것은 자연과학 혹은 생물학의 발견들로 가능해진 일부 논의를 검토하는 일이다. 물론 이 짧은 글에서 기후변화에 대한 논의에서 나타나는, 내가 지적했던 긴장들을 해소하려 하지는 않겠다.

기후변화에 대한 두 가지 접근

기후변화 문제에 대해서는 대체로 두 접근 방식이 있다. 하나는 지배적인 접근 방식으로 기후변화를 단순히 일차원적인 도전으로 본다. 즉, 다가올 몇 십 년 동안 인류는 온실가스 배출을 어떻게 줄일 수 있는가? 기후변화에 관한 정부 간 협의체(IPCC)가 간행한 제5차 종합보고서에서 맨 앞에 내세운 전 지구적 '탄소예산' 방안이 이러한 질문의 중요한 배경이 되었다. 또한 첫 번째 접근법은 지구 표면의 평균온도 상승을 2℃ 이하로 유지하겠다는 발상을 목표로 세운다. 그 이상 지구 온도가 높아질 경우는 '위험'하다고 보기 때문이다. 이 접근법에서 기후 문제는 인간이 추구하는 어느 정도 보편적으로 인정된 경제발전 목표 달성에 필요한 에너지를 얻고 많은 사람이 빈곤에서 벗어나는 문제로 여겨진다. 여기서 제시되는 주된 해결책은 기술과 시장이 허락하는 선에서 최대한 빨리 인류가 재생 가능 에너지로 전환하는 일이다. 그리고 여기에 따르는 정의의 문제는 가난한 나라와 부자 나라, 현세대와 미래 세대 사이의 관계와 관련된다. 현재 탄소예산의 한계를 감안할 때, 재생 가능 에너지로 전환하는 과정에서 온실가스 배출권을 어떻게 국가들 사이에서 공정하게(온실가스는 부족한 자원으로 여겨지기 때문이다) 나눌 수 있을까? 중국이나 인도처럼 덜 발전하고 더 인구가 많은 국가에게는 오염시킬 권한을 더 부여하는 한편, 선진국은 온실가스 배출량을 급격하게 줄이고 개발도상국들의 목적 달성을 돕기 위한 재정 지원에 더 많은 책임을 져야 할까? 아직 태어나지 않은 사람들이 더 나은 삶의 질을 누릴 수 있도록 현세대 사람들이 온실가스 배출 삭감을 위해 얼마나 많은 희생을 해야 하는가 하는 문제는 다루기 힘든 것이며, 태어나지 않은 사람들이 대기라는 공공재에 대해 지금 여기서 자신들의 몫을 요구할 수 없다는 점은 이런 논리의 정치적 힘을 약화시킨다.

개괄적으로 살펴본 첫 번째 접근법 안에는 상당한 의견 충돌이 있다. 많은 사람은 주로 이 문제를 탄소연료 기반 에너지원에서 재생 가능 에너지원으로 전환하는 문제로 생각한다. 또한 많은 사람은 지금과 같은 상품 생산과 소비 방식이 지속한다고 생각한다. 이러한 경향의 분석가들은 미래를 이렇게 상상한다. 세계는 지금보다 기술적으로 더 진전되고 연결될 것이지만 소비주의적 천국이, 모든 사람은 아니라 하더라도, 대다수 사람에게 펼쳐질 수 있다는 점에서 중요한 차이가 있다는 것이다. 좌파 계열의 일부 다른 사람들은 재생 가능 에너지로의 전환이 중요하다고 보면서도 자본주의의 변함 없는 '축적' 충동이야말로 기후위기를 촉발하기 때문에 기후위기 자체가 마르크스의 자본 비판을 부활하고 거기에 새로운 활력을 불어넣을 기회라 주장한다. 이러한 학자들이 전 지구적 자본주의 체제를 대신하리라 상상하는 경제가 어떤 것인지 나도 잘 모르겠다. 그러나 거기에는 전 지구화되고, 과밀하며(90억~100억에 달하는 인구), 사회적으로 정의롭고 기술적으로 연결된 포스트-자본주의 세계가 어떻게든 생겨날 것이며 축적의 충동이라는 함정을 피할 수 있게 된다는 가정이 확실히 존재한다. 또 다른 사람들은 재생 가능한 에너지원으로의 전환뿐만 아니라 세계경제를 실제로 축소하고, 탈성장을 이루며 인간의 생태 발자국을 줄이면서도 평등과 사회정의가 구현되는 세계를 수립할 수 있다고 생각한다. 또 일부에서는 모든 사람이 다소간 같은 생활수준을 누릴 수 있는 경제적 균형 상태에 도달할 수 있다는(이른바 '수렴 시나리오') 주장도 있다. 물론 지속가능한 자본주의적 혹은 시장 기반의 성장이 가장 바람직한 미래라고 생각하는 사람들도 있다.

그러나 이러한 주장과는 다르게 기후변화를 바라보는 방식이 있다. 기후변화는 서로 연관된 복합적인 일련의 문제들의 한 부분이며 이 문제들은 모두 함께, 지구에 남긴 인간의 발자국을 점차 늘어나게 만든다는 더 큰 이슈로 연결된다. 그리고 이러한 인류의 생태적 영향력은 지난 몇 세기에 걸쳐, 그리고 특히 제2차 세계대전의 종전 이래 결정적으로 과도해졌다는 것이다. 물론 이런 과도한 인간의 생태적 영향력은 긴 역사를 가지고 있지만 최근에 와서 더욱 가속화한다. 이스라엘의 역사가 유발 하라리(Yuval Noah Harari)는 『사피엔스』에서 이 문제를 잘 설명한다. "초기 석기의 가장 흔한 용도는 뼈를 쪼개 골수를 빼내는 일이었다. 인간의 원래 생태적 지위가 그것이었다고 믿는 연구자들도 일부 있다." 왜일까? 하라리의 설명은 이러하다. "호모 속이 차지하는 위치는 극히 최근까지도 확고하게 중간"이었기 때문이다. 사자, 하이에나, 여우가 차례로 자기 몫을 차지하고 뼈에 붙은 살을 깨끗이 먹어치운 다음에야 인간은 죽은 동물을 먹을 수 있었던 것이다! "인간이 먹이 사슬의 정점으로 뛰어오른 것은 불과 10만 년 전에" 불과했다.[1] 이는 진화적 변화가 아니었다. 하라리는 이렇게 말한다.

> 피라미드의 꼭대기에 있던 다른 동물, 예컨대 사자나 상어는 수백만 년에 걸쳐 서서히 그 지위에 올랐다. 그래서 생태계는 사자나 상어가 지나친 파괴를 일으키지 않도록 견제와 균형을 발달시킬 수 있었다. 사자의 포식 능력이 커지자 가젤은 더 빨리 달리는 쪽으로 진화했고 하이에나는 협동을 더 잘하도록 진화했으며 코뿔소는 더욱 사나워지도록 진화했다. 이에 비해 인간은 너무나 빨리 정점에 올랐기 때문에, 생태계가 그에 맞춰 적응할 시간이 없었다.[2]

인간의 생태 발자국은 약 1만 년 전 농업의 발명으로 늘어났고 6천 년 전 정도에 바다가 현재의 수면을 유지하면서 고대 도시, 제국 그리고 도시 사회가 발전한 후 다시 증가했다. 다른 사람이 사는 먼 곳으로 유럽인들의 팽창과 식민화, 그리고 뒤이어 산업 문명이 대두했던 지난 500년 동안 인간의 생태 발자국이 다시 늘어났다. 그러나 몇 가지 중요한 단계로 인간 생태 발자국이 증가한 때는 제2차 세계대전 이후로, 화석연료를 널리 활용한 덕분에 사람의 수와 소비가 기하급수적으로 늘어났다. 운송뿐만 아니라 농업과 의료 분야에서 화석연료가 사용되면서 세계의 가난한 사람들조차 (건강하지는 않았다 하더라도) 더 오래 살게 되었다.[3] 온실가스 배출로 인간은 지구 전체의 기후를 조절하는 지구체계 과정에 개입하게 되었다. 데이비드 아처(David Archer), 나오미 오레스케스(Naomi Oreskes)와 같은 일부 과학자의 표현에 따르면 인간이 지구 전체에 영향력을 행사하는 지질적 행위자가 된 것이다.[4] 그러나 인간이 지닌 이런 전 지구적 차원의 지질적 행위성은 인간이 지구에 사는 자연 생명의 분포에 개입하는 방식과 불가분의 관계에 있다.

해양 생물들은 심해 어로기술을 이용해 그 존재 자체를 송두리째 위협하는 인간의 새로운 능력에 적응하기 위한 진화적 시간이 없을 뿐만 아니라 이제는 인간이 배출하는 온실가스가 바다를 산성화하고 해양 생물 다양성을 위협해 인간을 먹여 살리는 바로 그 먹이 사슬을 위협하고 있다. 인류세를 입증하는 작업을 전담하고 있는 국제층서학위원회 산하 인류세실무단의 얀 잘라시에비치(Jan Zalasiewicz)와 그 동료들의 다음과 같은 지적은 전적으로 옳다. 화석이나 해저의 테라포밍(terraforming)과 같은, 다른 형태의 증거로 지구의 암석에 남겨진 인간의 기록이야말로 대기에 과도한 온실가스보다 오히려 더 인류세의 도래를 알리는 장기적 기록이 된다는 것이다. 만약 인간에 의한 다른 종들의 절멸이, 말하자면 몇 세기 이내에 대멸종 사건으로 귀결된다면,

내 친구 지질학자의 말처럼 인류세(世)라는 명칭에 담긴 '세'는 지질학 연대 서열에서 너무 낮게 설정된 것일 수도 있다. 즉, 인류기(紀), 혹은 인류대(代) 등이 더 적절한 명칭일 수도 있는 것이다.[5]

이렇게 볼 때 인류세라는 이념은 점점 기후변화라는 좁게 정의된 문제에 대한 것이라기보다는 인간의 확장된 생태 발자국 전반 – 여기에는 인구문제도 포함되어야 한다. 가난한 사람들이 직접적인 탄소 발자국을 남기지 않았다 하더라도 다른 방식으로 인간의 생태 발자국에 기여했기 때문이다(이는 가난한 사람들에 대한 도덕적 비난이 아니다) – 에 대한 것이 되어 가고 있다. 이러한 의미에서 '인류세'라는 표현은 이제 그것을 발생시킨 인간(혹은 일부 인간)에 대한 도덕적 책임보다는 지구체계 전반에 나타난 (대부분 인간이 촉발한) 변화를 일컫는다. 잘라시에비치가 최근 논문의 결론 부분에서 말했듯이 "인류세 – 공식적이든 비공식적이든 간에 – 는 폭넓은 배경 속에서 인간 기획의 범위와 성격, 그리고 그것이 지구체계의 다른 과정과 어떻게 만나는가('뒤얽히다'가 더 나은 표현일지 모른다)에 대한 안목을 줄 수 있다는 점에서 명백한 가치를 지닌다."[6] 이 말은 결국 다음과 같은 사실을 우리에게 상기시킨다. 기후변화 문제는 인간이 현재 직면하고 있는 생태 문제의 전반적인 복합체와 별개로 연구될 문제가 아니라는 사실이다. 오늘날 생태 문제는 지역에서 전 지구적 차원에 이르는 다양한 범위에서 국가들 사이, 혹은 국가 내에서 새로운 갈등을 만들고 오랜 갈등을 악화시키고 있다. 모든 문제를 한 번에 해결할 묘책은 없다. 지표면 온도 평균 2℃ 상승을 막기 위한 재생 가능 에너지로의 전환을 불러올 주문 같은 것도 존재하지 않는다. 우리가 오늘날 맞이하고 있는 것은 진정 고약한 문제처럼 보인다. 이 문제에 대해 우리가 진단할 수는 있어도 한 번에 완전히 해

결할 방법은 없다.[7]

인류세와 자본주의의 불공평

「역사의 기후: 네 가지 테제」에서 나는 "기후변화가 자본주의의 역사와 깊이 연관되어 있다는 사실을 부정할 수 없다"라고 인정하면서도 기후변화를 자본주의의 역사로 환원할 수 없다고 덧붙였다.[8] 그런 다음 나는 기후변화의 충격이 (**지금 그리고 곧 다가올 미래에**) 가난한 나라들, 그리고 부자 나라의 가난한 사람들에게 더 큰 영향을 줌으로써 기후변화는 전 지구적 자본주의 질서의 불공평함을 두드러지게 할 것이지만 자본의 일반적인 위기와는 다르다는 점을 지적하면서 이렇게 덧붙였다. "자본주의 위기와는 달리 이 위기에는 부자와 특권층을 위한 구조선이 없다."[9]

좌파 계열의 여러 학자들은 기후변화가 인류 전체의 위기라는 생각에 격렬하게 반대하면서 "인류"가 초래한 기후변화라는 표현을 비판한다. 안드레아스 말름(Andreas Malm), 알프 호른보리(Alf Hornborg) 같은 스웨덴의 학자들은 널리 인용되는 논문에서 다음과 같은 질문을 던졌다. 만약 인간의 행위가 집단적으로, 지구와 심지어는 지구의 지질학적 역사에 대한 인간의 지배를 의미하는 지질시대로 들어서게 했다면, 왜 그 지질시대를 모든 사람, 혹은 인간 종을 의미하는 **인류**라는 이름을 붙여야 하는가? 인류 전체가 아니라 부자들, 혹은 자본주의라는 체제, 혹은 전 지구적 경제야말로 우리의 조건에서 벌어진 이러한 변화에 인과적인(따라서 도덕적으로?) 책임을 져야 하지 않겠는가? 이들은 "인류의 대부분은 전혀 화석연료 소비자가 아니었다"라고 지적하면서 이렇게 덧붙인다. "수억에 달하는 사람들은 숯, 장작, 또는 분뇨 같은 유기 폐기물에 의존해 살았다." 또한 이들은 캐나다의 학자 바츨라프 스밀(Vaslav Smil)을 인용하면서 다음과 같이 말한다. "사헬(Sahel)의 생계형 유목민과 평균적인 캐나다인들 사이의 근대 에너지 소비의 차이는 1,000배 이상일 것이며 따라서 (기후변화의) 인과관계의 책임을 지게 하기에는 인류는 너무 설득력이 없는 추상적 개념이다 … 기후변화가 '인간이 초래한 일'임을 자각하는 것은 '**사회가 초래한 일**'임을 진정으로 인정하는 것이다."[10] 이어서 그들은 부자에게도 구조선이 없다는 나의 진술을 비판한다. "그것은 잘못된 주장이다. 그것은 인간 사회의 모든 범위에서 구별되어 적용되는 취약성이라는 현실을 노골적으로 무시한다 … 가까운 미래에 – 지구에 인간 사회가 존재하는 한 – 부자와 특권층을 위한 구조선은 존재할 것이다."[11] 이후 상당수의 다른 학자들도 이 비판을 반복하고 있다.

좌파에 속하는 일부 학자들이 많은 부자들과 비슷한 전제 아래 발언하고 있다는 사실이 나로서는 역설적이다. 부자들이야말로 기후변화를 반드시 부정하지는 않지만 **온난화의 정도가 어떻게 되든**, 그리고 기후 불안정성의 정도가 어떻든 이 문제에서 벗어날 능력이 항상 있다고 믿는 사람들이다! 자본주의는 늘 주기적 위기를 맞이하고 또 그것은 극복되지만 모든 자본주의적 추정을 뒤엎을 정도의 위기는 없는 경제 체제라고 주장하는 경제학 교과서에서 나온 주장이라면 이해가 된다. 이러한 논리 안에서 기후변화는 때때로 부자들이 이겨 내야 할 업계 유형의 도전 가운데 하나 정도라고 생각하기 쉽다. 그렇지만 왜 좌파 학자들이 같은 가정에서 글을 쓰고 있는가? 기후변화는 관례적인 업계 유형의 위기가 아니다. 기후변화는 흔한 위기관리 전략으로 처리할 수 있는 일반적인 "환경위기"도 아니다. 기후 티핑 포인트의 위험은 예측 불가능하지만 현실이다.[12]

그대로 방치할 경우 기후변화는 가난하건 부자건 우리 모두에 영향을 준다. 물론 같은 방식은 아니겠지만 모두 영향을 받는다. 대멸종을 향한 고삐 풀린 지구온난화가 부자들에게 좋은 영향을 주지는 않을 것이다. 기후 혼란으로 촉발된 대규모 인구 소멸은 – 만약 발생한다면 – 분명 부자보다는 가난한 사람들에게 더 크게 작용할 것이다. 그러나 전 지구적 자본주의는 이제껏 기대고 있던 "저렴한" 노동 예비군을 상실하는 것이 아닌가? 변덕스러운 날씨, 더 많은 폭풍, 홍수, 가뭄, 그리고 잦은 기상이변이 발생하는 세계가 지금의 부자들 혹은 훨씬 적대적인 지구에서 살아야 할 부자들의 후손에게 좋을 리는 없다. 미국의 과학자 제임스 핸슨(James Hansen)의 책, 『내 손주에게 불어닥칠 폭풍』은 미국의 미래 세대들이 맞이할 위험을 말하고 있다는 사실을 기억하라.[13] 핸슨의 책은 인도나 중국에 있는 친구들의 손주가 아니라 자신의 손주에 대한 책이다. 레스터대학교에서 발간하는 저널 ≪과학 뉴스≫는 응용수학과 교수 세르게이 페트로프스키(Sergei Petrovskii)가 이끈 연구 결론을 이렇게 보도하고 있다. "세계 바다의 수온이 6℃가량 상승할 경우 – 일부 과학자들은 빠르면 2100년에 그렇게 될 것이라 예측한다 – 광합성 과정이 교란되어 식물성 플랑크톤에 의한 산소 생산이 중단될 것이다."[14] 최고 갑부들에게도 훌륭한 전망은 아니다.

물론 이는 극단적 시나리오이다. 그러나 구조선이라는 비유의 핵심은 다음과 같은 사실을 부정하려는 데 있지 않다. 부자들은 재산의 정도에 따라 가난한 사람들에 비해 재난에 대처할 더 많은 자원이 있으며 재산으로 상대적인 안전을 확보할 가능성이 높다는 사실을 말이다. 구조선이라는 비유가 너무 모호해 보일 수 있다(분명 일부 독자들에게는 효과적이지 못했다). 그러나 요점은 기후변화가 잠재적으로는 인간과 많은 다른 형태의 생명을 유지하는 데 필요한 경계 조건과 관계된다는 사실이다. 과학자들이 지적했듯이 인간들이 생존하기 쉬운 온도대가 존재한다. 지구온난화가 멈추지 않는다면 이론적으로 인간 생존이 불가능한 상태로 지구의 온도가 상승할 수 있다. 예컨대 부자들은 그 많은 재산에도 불구하고 산소 공급이 고갈된 세계에서 살아가는 일이 쉽지는 않다는 사실을 알게 될 것이다. 이들 역시 생물학적 과정에서 예외일 수는 없다! 이 논쟁에 좀 더 머물러 보자. 최고 갑부들조차 재산과 투자에서 나오는 이익을 계속해서 누리려면 시장과 기술 체계들이 잘 작동해야 한다. 지구온난화의 극단적인 시나리오(이렇게 되지 않으리라 기대해야겠지만)에서 최고 부자들의 자손들도 특권 유지가 어렵다는 점을 알게 될 것이다.

같은 맥락에서 다음과 같은 논의도 생각해 볼 필요가 있다. 만약 부자들이 이 위기에서 벗어날 방도를 돈으로 살 수 있고 따라서 오로지 가난한 사람들만 고통 받는다면 세계의 가난한 사람들(그리고 부자 나라의 가난한 사람들)이 강제하지 않는 이상 왜 부유한 국가의 부자들이 지구온난화에 맞서 무엇이라도 하려 하겠는가? 사실 가난한 사람들에게 그와 같은 힘이 있다는 증거는 없다. 그렇다고 부유한 나라에게서 이타심을 기대하기도 어렵다. 내가 보기에 부유한 나라와 계층이 기후변화에 대응하는 더 합당한 이유는 이들의 계몽된 사리사욕에 있다고 생각된다. 충격은 다양하겠지만, 핸슨의 대중적인 책이 잘 보여 주었듯이, 부자들과 그 자손들에게도 위기라는 점을 정확하게 밝힌 지구온난화 과학 덕분인 것이다. 그 외에도 오스트레일리아 같은 부자 나라들은 지리적 위치 때문에 기후변화의 부정적인 충격에 그대로 노출되어 있다. 그래서 요컨대 단지 가난한 자들의 연대보다는 더 넓은 연대의 정치가 필요하다. 물론 이것이 결코 쉬운 일이 아니라는 데 나 역시 동의한다.

앞서 했던 논의들을 모두 고려해 볼 때, 우리는 기후변화 정치의 지침으로 흔히 회자되는, "공동의 그러나 차별적 책임"에서 '공동'이라는 말을 실천에 옮기는 일이 대단히 어렵다는 사실을 알게 된다. 전 지구적 기후변화 문제를 자본주의나 전 지구화 분석에 적용된 시공간적 범위보다 더 큰 틀 속에 놓을 때만이 비로소 우리는 어떤 의미에서 기후변화가 – 공동의 책임은 아닐지라도 – 공동의 곤경인지를 이해할 수 있게 된다. 이하에서는 이러한 논지를 더 포괄적인 방식으로 확장해 보겠다.

인류세 시대의 정치와 인류세의 정치

기후변화를 단순히 온실가스 배출 문제로, 그리고 정해진 시간표와 특정된 탄소예산 내에서 재생 가능 에너지로의 전환 문제로 생각하는 경우 우리는 또한 무엇이 '기후변화의 정치'를 구성하는가에 대해 생각해 볼 수 있다. 예컨대 기후변화의 정치는 선진 혹은 부상하는 경제와 상대적으로 가난하거나 더 직접적인 위협을 받는 국가들 사이에서 어떻게 탄소예산을 정당하게 배분하느냐 하는 문제가 된다. 그러나 생각하기 더 어려운 문제는 기후변화 – 인류의 생태적 과부하의 징후로 간주될 경우 – 를, 정의(正義)에 대한 인간 중심적 사고 자체, 따라서 우리 정치사상의 한계를 어렴풋이 감지할 수 있는 신호로 볼 수 있는지 아닌지이다. 지구온난화는 인간에 의한 많은 다른 종들의 멸종으로 나아가는 전 지구적 추세를 강화한다. 일부 과학자들은 지구가 이미 (인간의 시간대로 볼 때) 긴 대멸종 사건의 시작 단계에 진입했다고 본다.[15] 따라서 인간이 만든 기후변화는 지구상의 자연적 생식활동 분포에 위기를 발생시킨다. 그러나 우리의 정치사상, 정의와 관련된 사상은 대단히 인간 중심적이다. 우리는 여전히 무생물계는 물론이고 인간이 아닌 생명을 향한 정의에 대해 개념적으로 – 정치적으로 혹은 정의론에 따라 – 생각할 줄 모른다. 동물권을 다루는 사상가들은 일부 동물에 정의의 문제를 확장했다. 그러나 이들의 이론은 동물의 감각성의 한계와 관련된 엄격한 요건들의 제약을 받는다. 일부 철학자들 역시 생물학에서 생명과 같은 범주의 실질적인 가치가 무엇이든 간에 '생명 자체'는 엄밀한 철학적 범주가 될 수 없다고 주장한다. 그러나 아무리 정의하기가 어렵다 해도 '생명'이라는 범주를 사용하지 않고 '멸종'을 생각할 수는 없다. 학자들이 인간은 지구의 관리인이라 주장할 때 생기는 정말로 어려운 문제는 개념적으로 박테리아, 바이러스와 우리의 관계를 어떻게 포착할 것인가이다. 이들 가운데 다수는 인간 유형의 생명체에 우호적이지 않다(물론 다수는 우호적이기도 하다). 그렇지만 이 지구상에 존재하는 종들의 삶의 자연사에는 박테리아와 바이러스의 역사와 활동 역시 포함된다는 사실을 부정할 수 없다.

따라서 우리가 알고 있는 정치가 계속되고 가까운 미래까지 계속될 것이며 인류세의 정치 자체는 존재하지 않는다는 데 나는 동의한다(물론 우리가 알다시피 '인류세'라는 용어에 대한 정치는 풍부하다!) 그렇지만 기후위기, 그리고 기후위기의 조짐인 생태적 과부하가 심해지는 상황은 17세기 이래, 그리고 유럽의 팽창 덕분에 오늘날에는 모두의 유산이 된 (유럽) 정치사상의 전통을 재고하게 만든다. 나이절 클락(Nigel Clark)은 약간 다른 관점에서 유사한 지적을 하고 있다.

> 인류세 탐구에 대한 관대하고, 또 시의적절한 반응은 비판적인 사회, 문화, 그리고 철학적 사고에서 전적으로 **비인간적인** 것을 흔쾌히 포용하려는 새로운 의향일 것이다 … 이러한 태도가 의미하는 바는 우리의 사고와 실천적 행동의 문제를, 우리가 생각할 수 있는 인간 현존의 상황을 근본적으로 넘어서는 시간대, 공간대와 지속적으로 접촉할 수 있도록 하는 것이며 … 정치의 영향력에 완강하게 반항하는 … 광범위한 영역과 연결하는 것이다. 이러한 방식으로 인류세는 정치적인 것을, 정치적인 것 자체를 무효화할 수 있는 힘과 사건에 맞닥뜨리게 한다…[16]

종적 사고

우리가 이러한 위기를 숙고할 때, '자본주의'와 같은 역사적 범주와 함께 '종'이라는 생물학적 범주를 통해 인간을 생각해야 할 것인가의 여부 문제도 되돌아가 보자. 말름과 호른보리는 '인류세'가 북극곰의 그럴싸한 관점(북극곰은 '어떤 종이 자기 서식지를 그토록 황폐하게 했는지' 알고 싶어 할 것이기 때문에)을 효과적으로 대변할 수 있을지는 모르지만 "인간 세계에서 … 기후변화에 대한 종적 사고는 신비화와 정치적 무기력으로 연결된다"는 입장을 취한다.[17] 이러한 주장에 내가 반대하는 이유는 다음과 같다. 인간이 발생시키는 생태적 과부하 이야기는 근대화와 그것에 내재하는 불평등의 이야기일 뿐, 호모 사피엔스라는 특정 종이 이제 생존 그 자체가 도전 받을 정도로 생물권을 지배하게 된 이야기는 아니라는 것일까? 하라리의 이야기를 생각해 보자. 오늘날 인간은(그렇다, 부자와 빈자를 막론하고 모든 인간) 소비와 인구수, 기술 등등으로 생물권에 압력을 가하고(부자와 빈자는 다른 방식으로 그리고 다른 이유에서 그렇게 한다) 앞에서 내가 지구상의 생명 분포라고 부른 것을 교란하고 있다. 하라리는 요점을 잘 이야기하고 있다.

> 인간은 너무나 빨리 (먹이 사슬의) 정점에 올랐기 때문에, 생태계가 그에 맞춰 적응할 시간이 없었다. 게다가 인간 자신도 적응에 실패했다. 지구의 최상위 포식자는 대부분 당당한 존재들이다. 수백만 년간 지배해 온 결과 자신감으로 가득해진 것이다. 반면에 사피엔스는 중남미 후진국의 독재자에 가깝다. 인간은 최근까지도 사바나의 패배자로 지냈기 때문에, 자신의 지위에 대한 공포와 걱정으로 가득 차 있고…[18]

하라리는 이렇게 결론을 내린다. "치명적인 전쟁에서 생태계 파괴에 이르기까지 역사적 참사 중 많은 수가 이처럼 너무 빠른 도약에서 유래했다."[19]

진화적 범위에서 이 행성의 생명 성장을 누군가 관찰한다고 상상해 볼 때, 그 누군가는 생명 성장의 역사에서 너무나도 짧은 기간에 호모 사피엔스가 먹이 사슬의 최정상에 오른 일에 대해 할 이야기가 있을 것이다. 전체 이야기에서 부자와 빈자 사이의 차이에 대한 더 복잡한 이야기는 훨씬 더 미세한 해상도로나 관찰 가능할 뿐이다. 내가 다른 글에서 말했듯이, 인류의 생태적 과부하로 우리는 인간들 사이의 부정의와 같은 세부적인 것에 줌-인해야 할 뿐만 아니라(그렇지 않으면 우리는 많은 사람의 고통을 보지 못한다), 줌-아웃해야 한다. 그렇지 않으면 다른 종들의 고통, 그리고 어떤 의미에서는 이 행성의 고통을 보지 못한다.[20] 줌-인, 줌-아웃은 다른 범위, 관점, 그리고 다른 추상 수준 사이를 왕복하는 것과 같다. 한 추상 수준이 다른 추상 수준을 무효화하거나 근거 없는 것으로 만들지 않는다. 그러나 나의 논점은 인간의 이야기는 더 이상 자본주의만의, (기껏해야) 500년의 관점으로 한정될 수 없다는 데 있다.

그 모든 차이점에도 불구하고 인간은 한 종이다. 부자는 늘 구조선을 가지고 있고 따라서 대멸종을 포함해 모든 재앙에서 벗어날 길을 돈으로 살 수 있다는 급진적인 주장들이 옳다고 가정해 보자. 그리고 엄청난 규모의 멸종이 벌어지고 인간 가운데 생존자는 그 무렵 특권을 가진 사람들과 부유한 계층에 속한 사람들뿐이라 상상해 보자. 인간에게 늘 그러한 습성이 있는지 모르지만, 생존자들 스스로가 지배자와 예속민으로 분화된다고 하더라도 이들의 생존 역시 종의 생존이 아니겠는가?

다른 종의 삶을 고려하지 않는다면 인류의 생태적 과부하는 의미가 없다. 그리고 여기서 인간은, 지배적이라 하더라도, 어쨌든 하나의 종이다. 그러나 이것이 자본주의적 억압 이야기를 무효로 만들지 않는다. 동시에 어떤 특정 분과의 학문이 인간의 경험을 가장 잘 포착한다는 주장도 아니다. 생물학, 혹은 인간의 실존적 차원을 누락하는 분야는 사람을 사랑하고 신을 사랑하는 인간의 경험을 결코 시나 종교처럼 포착할 수 없을 것이다. 큰 뇌 덕분에 우리는 정말로 큰 규모의 어떤 것을 인식할 수 있다. 그러나 큰 뇌는 또한 우리 자신을 매우 주관적으로 경험하고 우리 각자의 삶을 의미 있게 경험할 수 있게 해준다. 우리가 모든 지식의 합일을 이루어 낼 수는 없다. 그러나 분명 우리는 우리 자신과 인간의 역사를 다양한 관점에서 동시에 성찰할 수 있다.

불공정한 공론장에서 기후변화를 논의하기

기후변화는 벌어지고 있는 문제이며 이에 대한 인간의 실천적, 지적 대응 모두 우리가 맞이하게 될 실제 미래에 따라 다양할 것이라는 점은 명백하다. 10년 전, 그러니까 IPCC의 제4차 평가보고서가 간행물로나 전자 매체를 통해 널리 알려지기 전에는 기후변화와 관련된 논점들의 전형적인 목록은 오늘날 우리가 골몰하는 기후 문제와 달랐고 또 그렇게 긴박하지 않았던 것 같다. 예컨대 10년 전에 내 모국이자 현재 4대 온실가스 배출국 가운데 하나인 인도의 사회과학자들은 기후변화라는 주제에 별 관심이 없었다. 그 대신 모두 전 지구화 문제에 몰두했다. 미셸 푸코, 조르조 아감벤(Giorgio Agamben), 통치성, 생명 정치, 그리고 경제학자 아마르티아 센(Amartya Sen), 조지프 스티글리츠(Joseph Stiglitz), 자그디시 바과티(Jagdish Bhagwati)가 모두의 입에 오르내렸지, 파울 크뤼천(Paul Crutzen), 유진 스토머(Eugene F. Stoermer), 혹은 인류세 이념은 아니었다.

「역사의 기후: 네 가지 테제」는 기후변화에 대한 나의 첫 번째 논문으로 원래 벵골어로 써서 2008년 콜카타에서 발행되는 저널 ≪바로마스(Baromas)≫에 실렸다. 이 논문을 영어로 번역하고 증보해서 미국 저널 ≪비판적 탐구(Critical Inquiry)≫에 게재하기 전까지 콜카타(혹은 그 외의 곳)의 어느 누구도 관심을 보이지 않았다. 이 경험으로 나는 내가 사는 현 세상의 두 가지 측면을 깨닫게 되었다. 모든 글로벌 이슈가 똑같이 글로벌하지 않았다는 사실이다. 전 지구화 – 다국적 기업, 금융시장, 금융 파생상품과 복잡한 금융상품, 인터넷, 소셜 미디어, 그리고 당연히 글로벌 미디어 등에 대한 문제를 포함해서 – 는 여기저기서 논의되는 진정한 글로벌 토픽이었지만 지구온난화는 아니었던 것이다. 또한 담론의 조건을 규정하는 사람이 누구인지도 분명해졌다. 오염 온실가스를 방출해 지구온난화 문제를 촉발하는 데 역사적 역할을 한 미국, 영국, 오스트레일리아, 혹은 다른 선진국 출신의 과학자들이야말로 두 가지 중요한 역할을 했다. 과학자로서 이들은 인위적 기후변화 현상을 발견하고 정의했으며 공공 지식인으로서는 자신의 지식을 전파하는 데 노력함으로써 이 문제가 공적인 삶에서 정보에 기반한 방식으로 논의될 수 있도록 했다. 내 생각에 핸슨, 윌러스 브로커(Wallace Broecker, '지구온난화'라는 용어를 만듦), 크뤼천, 잘라시에비치, 아처, 윌 스테픈(Will Steffen), 팀 플래너리(Tim Flannery) 등과 같은 학자 혹은 연구자들이 여기에 속한다. 중국이나 인도 같은 개발도상국의 과학자들은 전공 분야에만 집중했다. 내가 아는 한 이들 가운데 누구도 일반 독자들을 위해 지구온난화를 설명하는 책을 쓰지 않았다. 지구온난화는 전 지구적 현상이다. 그러나 토론의 주제로서 그것은 세계적으로 매우 불공정하게 배분된 것처럼 보인다. 부분적으로는 세계의 여러 지역에서 극심한 기후 사건들이 점점 자주 일어나고 맹렬해진 덕분에 지난 10년 동안 상황이 약간 변하고 있지만 크게 바뀌지는 않고 있다.

정보 분배에 나타나는 이러한 격차는 무엇을 함축하는가? 확실히 그것은 한 가지 이상의 방식으로 기후변화에 대한 '지구적' 논의를 왜곡한다. 기후변화에 대한 지구적 합의를 논의하고 협상하기 위해 각 정부가 글로벌 포럼에 모일 때 이들은 자기 나라에서 벌어진 공적 논의에 대한 정보를 똑같이 수용한 채 오지 않는다. 확실히 일부 정부는 관련 지식이 있는 대중을 원하지도 않는다. 더 중요한 점은 이렇다. 그 격차는, 우리가 '서양'의 이기적인 이해관계라고 생각하는 바를 반박하고 있다고 생각하고 있을 때조차도, 우리의 논의가 선진국, 말하자면 서양(당분간 일본은 괄호 안에 넣고서)의 경험과 가치, 욕망에 일차적으로 기반을 두고 있음을 뜻한다.

●●●● 옮긴이 논평

이 글에서 디페시 차크라바르티는 기후변화를 자본주의와 전 지구화의 문제로 보는 견해를 비판하면서, 다음과 같은 중요한 논점들을 제시한다. 먼저 기후변화는 우리가 인류세라 부를 수 있는 총체적 곤경의 한 두드러진 국면에 지나지 않는다. 따라서 무엇보다도 기후변화는 인간의 과도한 생태 발자국으로 생긴 지구 생태계 전반에서 발생하고 있는 위기의 신호로 볼 필요가 있다. 이처럼 인간에 의해 촉발된 기후변화가 인간뿐만 아니라 다른 생명체들의 생존을 위협하고 있다면 정의(正義)는 더 이상 인간들 사이의 관계에 머물 수 없다. 그러므로 기후위기는 인간과 인간이 아닌 생명체 사이의 관계의 문제를 제기한다는 점에서 기존의 인간 중심적인 정치사상에 대한 도전을 의미한다. 같은 맥락에서 인류세 시대 역사학은 전 지구적 자본주의 체제 속에서 발생하는 인간들 사이의 불평등에 관심(줌-인)을 가지는 동시에 이제는 지배적인 종이 된 인간과 다른 종들 사이의 관계를 탐구(줌-아웃)하는 작업을 동시에 진행해야 한다. 말하자면 인류세는 인간을 다양한 규모와 맥락에서 다시 생각하도록 만든다는 주장이다. 마지막으로 인류세에 대한 활발한 논의에도 불구하고 서양의 경험과 개념이 그 담론장을 지배하고 있다고 비판한다. 차크라바르티의 이 글은, 비록 논쟁적이지만(혹은 바로 그렇기 때문에), 인류세가 인문학 전반에 던지는 근본적인 문제를 가장 예리하게 포착하고 또 드러내고 있다는 평가를 받을 만하다.

주

1. 유발 하라리, 『사피엔스』, 조현욱 옮김(김영사, 2015), 30쪽.
2. 같은 책, 31쪽.
3. 물론 지금도 굶어 죽는 사람들이 있지만, 마지막 대기근은 1943년 인도에서 발생했다. 내가 태어나기도 전의 일이었다.
4. David Archer, *The Long Thaw: How Humans Are Changing the Next 100,000 Years of the Earth's Climate* (Princeton: Princeton University Press, 2009), p.6; Naomi Oreskes, "The Scientific Consensus on Climate Change: How Do We Know We Are Not Wrong?" Joseph F. C. DiMento and Pamela Doughman(eds.), *Climate Change: What It Means for Us, Our Children, and Our Grandchildren* (Cambridge: MIT Press, 2007), p.93.
5. "만약 지구온난화와 여섯 번째 멸종이 몇 세기 내에 벌어진다면 세(epoch)는 지질연대의 서열에서 너무 낮은 단계에 해당하는 것일 수도 있다." — 2015년 9월 30일 얀 잘라시에비치 교수와 개인적인 대화에서.
6. Jan Zalasiewicz, "The Geology behind the Anthropocene"(typescript, 2015), p.12.
7. 여기에 대한 자세하고 뛰어난 논의는 Frank P. Incropera, *Climate Change: A Wicked Problem—Complexity and Uncertainty at the Intersection of Science, Economics, Politics, and Human Behavior* (New York: Cambridge University Press, 2016).
8. 디페시 차크라바르티, 「역사의 기후: 네 가지 테제」, 조지형·김용우 엮음, 『지구사의 도전』, 김용우 옮김(서해문집, 2010), 371~372쪽.
9. 같은 글, 385~386쪽.
10. Andreas Malm and Alf Hornborg, "The Geology of Mankind? A Critics of the Anthropocene Narrative," *The Anthropocene Review*, Vol. 1(2014), p.65.
11. *Ibid.*, p.66.
12. 이 점에 대한 좀 더 자세한 논의는 Dipesh Chakrabarty, "Climate and Capital: On Conjoined Histories," *Critical Inquiry*, Vol.41(2014), pp.1~23.

13. James Hansen, *Storms of My Grandchildren. The Truth about the Coming Climate Catasrophe and Our Last Change to Save Humanity* (London: Bloomsbury Press, 2009).
14. University of Leicester Press Office, "Failing Phytoplankton, Failing Oxygen: Global Warming Disaster Could Suffocate Life on Planet Earth," *Science Daily* press releases, December 1, 2015; Yadigar Sekerci and Sergei Petrovskii, "Mathematical Modelling of Plankton-Oxygen Dynamics under the Climate Change," *Bulletin of Mathematical Biology*, Vol.77(2015), pp.2325~2353. 줄리아 아데니 토머스(Julia Adeny Thomas) 덕분에 이 자료들을 참조할 수 있었다.
15. G. Ceballos, P. R. Ehrlich, A. Barnosky, A. García, R. M. Pringle, and T. M. Palmer, "Accelerated Modern Human-Induced Species Losses: Entering the Sixth Mass Extinction," *Science Advances*, Vol.1 (2015), pp.1~5.
16. Nigel Clark, "Geo-politics and the Disaster of the Anthropocene," *Sociological Review*, Vol.62(2014), pp.27~28.
17. Andreas Malm and Alf Hornborg, "The Geology of Mankind? A Critics of the Anthropocene Narrative," p.67.
18. 유발 하라리, 『사피엔스』, 31쪽.
19. 같은 책, 31쪽.
20. Dipesh Chakrabarty, "The Human Significance of the Anthropocene," Bruno Latour(ed.), *Reset Modernity!* (Cambridge, MA: MIT Press, 2016), pp.189~199.

참고문헌

Archer, David. 2009. *The Long Thaw: How Humans Are Changing the Next 100,000 Years of the Earth's Climate*. Princeton: Princeton University Press.

Ceballos, G. et al. 2015. "Accelerated Modern Human-Induced Species Losses: Entering the Sixth Mass Extinction." *Science Advances* 1, 1~5.

Chakrabarty, Dipesh. 2009. "The Climate of History: Four Theses." *Critical Inquiry* 35, 197~222. (디페시 차크라바르티. 2010. 「역사의 기후: 네 가지 테제」. 김용우 옮김. 『지구사의 도전』. 조지형·김용우 엮음. 서해문집, 348~386쪽)

_____. 2014. "Climate and Capital: On Conjoined Histories." *Critical Inquiry* 41, 1~23.

_____. 2016. "The Human Significance of the Anthropocene." Latour, Bruno.(ed.) *Reset Modernity!* Cambridge, MA: MIT Press, pp.189~199.

_____. 2016. "Whose Anthropocene? A Response." Emmett, Robert, Lekan, Thomas. (eds.) *Whose Anthropocene? Revisiting After Nature: Politics and Practice in Dipesh Chakrabarty's Four Theses: Special Issue of RCC Perspectives: Transformations in Environment and Society*. Munich: Rachel Carson Center, pp.103~113.

Clark, Nigel. 2014. "Geo-politics and the Disaster of the Anthropocene." *Sociological Review* 62, 27~28.

Hansen, James. 2009. *Storms of My Grandchildren. The Truth about the Coming Climate Catasrophe and Our Last Change to Save Humanity*. London: Bloomsbury Press.

Harari, Yuval Noah. 2015. *Sapiens: A Brief History of Humankind*. New York: Harper Collins. (유발 하라리. 2015. 『사피엔스』. 조현욱 옮김. 김영사)

Incropera, Frank P. 2016. *Climate Change: A Wicked Problem-Complexity and Uncertainty at the Intersection of Science, Economics, Politics, and Human Behavior*. New York: Cambridge University Press.

Malm, Andreas and Hornborg, Alf. 2014. "The Geology of Mankind? A Critics of the Anthropocene Narrative." *The Anthropocene Review* 1, 62~69.

Oreskes, Naomi. 2007."The Scientific Consensus on Climate Change: How Do We Know We Are Not Wrong?" DiMento, Joseph F. C. and Doughman, Pamela.(eds.) *Climate Change: What It Means for Us, Our Children, and Our Grandchildren*. Cambridge: MIT Press.

Sekerci, Yadigar and Petrovskii, Sergei. 2015. "Mathematical Modelling of Plankton-Oxygen Dynamics under the Climate Change." *Bulletin of Mathematical Biology* 77, 2325~2353.

University of Leicester Press Office. 2015. "Failing Phytoplankton, Failing Oxygen: Global Warming Disaster Could Suffocate Life on Planet Earth." *Science Daily* press releases, 1 December, 2015.

Zalasiewicz, Jan. 2015. "The Geology behind the Anthropocene." typescript.

Part 2. 내가 사는 지역과 지구는 하나다

*아시아를 인류세에 자리매김하기

**마크 J. 허드슨(Mark J. Hudson) 지음
이영현 옮김

* Mark J. Hudson, "Placing Asia in the Anthropocene: Histories, Vulnerabilities, Responses," *The Journal of Asian Studies*, Volume 73, Issue 4 (2014), pp.941~962.

** 일본의 다문화성에 관심을 가지고, 일본의 조몬 시대와 야요이 시대를 연구한 영국인 인류학자이다. 2016년까지 니시큐슈대학교에서 인류학과 교수를 역임했으며, 같은 대학의 지속가능한 환경과 문화 연구소에서 디렉터로 재직했다. 2016~2018년에는 시즈오카 현 후지산 세계유산센터에서도 가르쳤다.

19세기 동남아시아의 메콩 강과 레드 강, 그리고 짜오프라야 강 삼각지대는 농민이 정착하고 토목공사를 하면서 대대적으로 확대되었다(Dao and Molle, 2000). 일상적인 곤충과 조류 페스트는 말할 것도 없고 악어와 야생 코끼리 떼를 상대로 한 자리 싸움을 이겨내고(Terwiel, 1989), 정착민들은 이 삼각지대를 쌀과 기타 농작물을 풍부하게 생산해 내는 곡창지대로 만들었다. 최근까지 소위 '인간의 자연 정복'이라고 당당하게 받아들여지던, 이런 투쟁은 영문 대문자 P로 표기될 만큼 진보(Progress)를 대변하는 것으로 간주되곤 했다. 인간이 자연에서 생계를 유지하는 데 수반되는 피할 수 없는 투쟁에 이의를 제기하는 일은 역사적으로 거의 없었다. 1877년 한 강연에서 윌리엄 모리스(William Morris)는 "인류라는 종은 열심히 일하지 않으면 도태당한다. 자연은 우리에게 생계 수단을 무상으로 제공하지 않는다. 노역 없이 생계를 꾸려 나갈 수는 없다"라고 말했다(Morris, 2008: 1). 인간의 진화는 이처럼 자연과 투쟁을 통해 이루어졌으며, 인간 자신의 지능, 고안 능력, 기술을 이용하여 점진적으로 자연을 정복하는 과정으로 요약될 수 있었다(Sigerist, 1936: 597). 고든 차일드(Gordon Childe)[1]는 1936년에 고고학 분야에서 영향력 있는 저서 『인간은 스스로를 만든다』를 출판했는데, 그 책 제목을 빌려 표현하자면, 진보란 '인간이 스스로 만들어 가는' 과정이었다. 19세기까지 모리스와 같은 사회주의자들이 관심을 둔 문제는 "자연을 대상으로 인간이 애써 쟁취한 승리의 열매를 강탈 당했다"라는 사회정의 차원이었지(Morris, 2008: 10), 인간이 자연을 "정복해야 한다"라는 기본적인 필요성을 둘러싼 논란은 존재하지 않았다.

19세기 말엽에 인류가 "자연을 대상으로 벌이는 투쟁이 거의 끝나가고 있었으며, 이 싸움에서 인류의 승리가 거의 완성되었다"라는 모리스의 평가에 산업사회에 살고 있는 사람들이 대체로 동의했으리라는 점은 의문의 여지가 없다(Morris, 2008: 9~10). 20세기에 들어서, 제2차 세계대전 이후의 "대가속" (Steffen, Crutzen, and McNeill, 2007)은 이러한 승리를 인간의 행복한 삶을 위해 더 많은 영역으로 확산시키는 것처럼 보였다. 그러나 오늘날 '인간의 자연 정복'은 이와는 상당히 다른 그리고 훨씬 더 불안감을 주는 반향을 불러일으키고 있다. 한편으로는, 지구과학과 생화학, 컴퓨터 분야에서 이룬 최근의 발전은 차치한다 하더라도, 조지 마시(George P. Marsh)[2]와 같이 선견지명이 있는 관찰자가 보기에도 사실 인간은 믿기 어려울 정도로 자연에 군림해 왔다는 점이 명백해졌다(Ehrlich and Ehrlich, 2008; Goudie, 2006). 동시에, 인간이 환경에 끼친 악영향으로 말미암아 과학자들이 말하는 소위 "인류를 위한 안전 작동 한계선"을 넘어섰고(Rockström et al., 2009), 이는 인간과 여타의 많은 종을 위한 기본적인 생명유지 체계를 위태롭게 무너뜨리는 변화를 초래했다. 티모시 모튼(Timothy Morton, 2013: 115)이 주장하듯, "인간을 존재의 중심에 두던 근래의 200년"이 지난 현시점에서 "[전통적으로 '자연'이라 불린] 사물들이 이제 복수를 하고 있다. 수적으로 엄청나게 많고, 오랜 역사를 지니며, 수명이 길고 위협적일 만큼 미세한 이 사물들이 우리 몸의 세포 하나하나를 모조리 공격하고 있는 것이다. 이런 변화로 인해서 자연의 종말과 관련된 집단적 고통과 정신적 외상으로 경험되는 사례가 증가하고 있다"(McKibben, 1989). 실제 이용 가능한 한계를 넘어서 지구 행성을 사용해 온 인류가 얼마 전부터는 자신들이 빌린 지구 위에서 살고 있다는 사실을 깨닫고 있었음을 고려한다면 이런 정신적 외상은 대단히 역설적이다.[3] 이러한 역설을 무릅쓰고, 아니 아마도 이러한 역설 때문에, 우리는 지금 자연이 실제로 얼마나 비자연적이며 심지어 기묘하다고 할 정도로 뒤죽박죽 상태인지를 깨닫기 시작했다. 동시에 우리가 얼마나 이 행성을 엉망으로 만들어 왔는지를 문득 알게 된 역사상 대단히 낯설고 전례 없는 순간에 서 있다(Morton, 2010). 현재의 이 역사적 순간을 대단히 이례적으로 받아들이는 과학자들은 이 시기가 지구 생태계를 지배해 온 인간 활동이 지질학적 과정으로 축적된 새로운 시기, 소위 "인류세"라고 제안해 왔다(Crutzen, 2002; Steffen et al., 2007, 2011; Zalasiewicz et al., 2008).

인류세는 자연과 인간을 바라보는 새로운 방식을 요구하며, 인문학과 사회과학은 홀로세 기간과는 다른 방식으로 인류세 연구에 활발하고 발 빠른 관심을 보이고 있다. 어떤 의미에서 이러한 관심은 홀로세에 대단히 실례가 된다. 홀로세 동안 융성한 농업과 문명도 사실 그 기간 동안의 안정적인 기후 덕분인데 인문학의 어느 분야도 이를 인정하지 않기 때문이다. 예를 들어, 위스콘신대학교 '21세기 연구소'가 '인류세의 페미니즘'이라는 제목을 2014년 학술대회의 주제로 사용했던 예에서 보듯, "인류세의 페미니즘"이라는 표현은 존재한다(Center for 21st Century Studies, 2014 참고). 하지만 페미니즘과 관련된 많은 연구가 홀로세에 농업과 국가의 성장과 함께 발전한 가부장제와 그 외의 변화를 다루면서도, 내가 아는 한 '홀로세의 페미니즘'이라고 명시된 적이 없었음은 분명하다. 세계화의 개념과 마찬가지로, 지질학적 틀에서부터 주로 사회적, 문화적 관점에 이르기까지 인류세에 접근하는 수많은 방식이 있다. 인문학은 인류세라는 용어에 담긴 정치성이 배제된 보편주의를 비판하기 시작했다. 인문학은 '인류', 즉 단일한 주제처럼 보이지만 그 안에 숨은 성차별이나 그 밖의 다른 차이와 같은 층위들을 드러냈다(Rowan, 2014). 어떤 면에서는 인류세를 아시아와 아시아 연구의 관점에서 고려하는 이 글이 이러한 차별성을 발견해 지적하는 연구의 선상에 있다고 볼 수도 있지만, 이 글에서 강조하고 싶은 점은 우리가 인류세에 어떤 문화적 해석을 덧붙이든 간에 인류세가 지속가능성의 측면에서 진정한 위기의 징표라는 사실에는 의문의 여지가 없다는 사실이다. 여기서 지속가능성의 위기란 사회생태학적 체계의 복원력, 인간의 삶과 안전에 대한 심각한 위협을 포함한다(Chapin, Kofinas, and Folke, 2009; Ehrlich and Ehrlich, 2013).

인류세에서 아시아의 위치는 어디인가?

인류세에 아시아를 자리매김하기 위해서는 적어도 다음 세 가지 주제를 고려해야 한다. 즉, 인류세의 진행 속에서 아시아가 미친 영향, 오늘날 인류세에서 아시아가 초래하고 경험한 사회적-생태학적 취약점, 그리고 인류세를 대비하는 대응책을 세우는 데 있어서 아시아의 경험이 어떻게 활용될 수 있을까 하는 문제가 바로 고려할 주제이다. 이 글에서 필자의 전문 영역인 동북아시아의 예가 자주 인용되기는 하지만, 이 글의 기본 초점은 아시아 전체에 있다. 이런 점에서 위에 언급한 주제들을 좀 더 자세히 탐구하기 전에, 인류세라는 개념이 아시아와 아시아 연구라는 지역적이고 제한된 개념과 잘 맞지 않는다는 주장이 제기될 수도 있음을 주목할 필요가 있다. 지역학의 최대 강점 중 하나는 그 지역의 특수한 상황을 근거로 삼는다는 점이다. 그러나 적어도 지난 200년에 걸쳐서 전 지구적인 인간 활동이 축적된 결과, 지구 전체의 근본적인 생물학적, 화학적, 기후적 변화를 초래했으며 마침내 전 인류가 그 영향권 내에 있다. 정의하자면 인류세는 지구시스템 전체가 겪고 있는 거대한 변화이며, 기후 관련 활동가이자 작가인 빌 매키븐(Bill McKibben)[4]의 표현을 빌리면 인류세는 "지금까지 인류가 초래한 변화 중 가장 엄청난 것"이다(Ireland, 2013). 봉건주의나 근대화와 같이 아시아 연구에서 많이 논의된 주제였던 다른 '대(大)변화'와 달리, 인류세를 구성하는 과정은 틀림없이 전 지구적이며 다른 어느 지역 못지않게 아시아에도 적용된다는 사실에 의문의 여지가 없다. 그러나 인류세가 지구를 무대로 삼으면서도, 인류세라는 무대에서 활동하는 인간은 각자 지역 세계에 뿌리를 두며, 인류세의 다중적이고 상호 연결된 규모는 아시아에서도 여느 지역과 마찬가지로 사람들이 매일같이 일상적으로 겪는 차원에서 경험되고 있다.

지역학의 하위 범주로서 아시아 연구는 인류세와 전혀 무관하게 발전하고 성장해 왔다. 물론 이것은 다른 학문 분야와 마찬가지이다. 그러나 전 지구적 차원의 환경 변화를 다룬 최근 연구는 새롭고, 학제적일 뿐만 아니라 개별 학문분야를 넘어서는 접근이 필요함을 강조해 왔다(Chapin et al., 2011; Hudson et al., 2012; Nisbet et al., 2010; Palsson et al., 2013).[5] 이처럼 학문 분야의 체계를 새롭게 하는 일은 그 분야 내에 자리 잡아온 기존 체계와 종종 마찰을 빚기도 하기 때문에 결코 쉽지 않다(Hudson, 2013). 지역학은 그 자체가 매우 학제적인 시도로 간주되기는 하지만 지역학 내의 전통적인 '지역들'은 지역적인 환경 변화와는 반대로 아직 인류세 혹은 전 지구적 환경 변화를 다루는 별개의 연구 단위로 발전하지 못했다. 그중에서 극지방은 예외적인데, 이곳에서는 극지방의 환경 변화를 논의한 토론과 연구 덕분에 주요한 '거대 지역'[6]으로서 그 지역의 정체성이 새롭게 강화되어 왔다. 주류 인류사에서 고립되고 오랫동안 변방으로 인식되어 온 북극이 이제는 인류세와 연관된 수많은 변화의 최전선이 되었다. 전통적으로 북극 원주민이 보여 온 높은 생존 대응력 덕분에 이들은 학계와 공식 토론에서 중요한 발언권을 부여받아 왔으며(Krupnik and Jolly, 2002; Nuttall, 1998) 북극에서 인류세는 일상생활에 미치는 큰 영향력(해수와 대기 온도 상승, 영구동토층의 해빙, 폭풍과 해안침식 증가, 잔류성 유기오염물질[7] 확산)과 새로운 도전을 향한 원주민들의 열정적인 문화적 대응에 의해 정의된다. 전 지구적 환경 변화와 북극을 연구한 방대한 문헌은 1,000페이지가 넘는 『북극기후 영향평가』(2005)[8]에 요약되어 있다. 북극에서는 도시화나 농업 활동이 초래한 변화와 같은 층위 변화가 지구상의 다른 여러 지역에 비해 공식적으로 보고되는 경우가 훨씬 적은 데도, 북극은 인류세에 연구대상 지역으로서 그 중요성이 급부상해 왔다.

아시아 내에서 현재 환경 변화를 다룬 연구는 많지만 특별히 아시아와 인류세에 초점을 둔 연구는 거의 없다. 구글 스칼라에서 검색창에 '아시아'와 '인류세'를 넣자 두 자료가 검색되었을 뿐이다. 둘 중에서 「유럽 되기: 인류세의 동남아시아」라는 논문은 "여러 면에서 동남아시아가 유럽이 거쳐 온 경제, 환경 변화의 발달 단계를 반복해 왔으며, 유럽에서 수백 년 걸린 과정을 동남아시아는 수십 년에 끝냈다"라고 결론짓는다(Corlett, 2013). 이 주장대로라면 인류세는 아시아가 오히려 '서구'와 같은 상태가 되는 또 다른 과정일 뿐이라는 의미인가? 이 문제는 이어지는 절에서 좀 더 논의되겠지만, 관찰자들 대부분은 인류세를 아마도 이런 유럽 중심적 관점에서 바라본다고 결론짓는 게 맞다. 그들의 입장에서 볼 때, 인류세를 바라보는 아시아 연구자들의 사유가 지체된 데는 다양한 이유가 존재한다. 세계가 아시아를 더욱 폭넓은 관점과 맥락에서 연구하기 시작한 건 비교적 근래에 들어와서임을 우리는 기억해야 한다. 얼마 전만 하더라도 K. N. 차우두리(K. N. Chaudhuri, 1990: 11)[9]는 아시아를 전공하는 역사학자들이 각자 자신의 좁은 연대기와 분야를 연구하느라 종종 경제, 사회적 삶의 구조적인 전체 모습을 파악하지 못하기도 하고, 자신이 겪은 지역적 경험을 독특하고 특별한 일인 듯 취급하는 경향이 있다고 한탄했다. 또 다른 이유는 아시아의 많은 지역에서 인간 활동으로 변화한 경관 – 차우두리는 자신의 저서 『유럽 이전의 아시아』(1990)에서 이러한 경관을 아름답게 묘사했다 – 의 특성이 너무 두드러져서 굳이 언급할 필요가 없다고 여겨진다는 것이다. 인간 활동과 경관 변화의 관계가 덜 두드러진 아마조니아(Amazonia) 같은 지역은 언뜻 보기에는 자연 그대로의 야생지처럼 보이지만 실제로는 인간 활동이 경관에 심대한 영향을 미친 지역으로서 이를 이해하기 위한 연구가 행해져 왔다(Erickson, 2008; Roosevelt, 2013). 또 다른 요인은 역사적 궤도를 탐구하는 비교 연구가 근대성에 목적론적으로 집착하면서 단순화하는 경향을 보여 왔다는 점이다. 역사적인 변화 면에서 아시아는 유럽과 북미를 돋보이게 하는 지역으로 간주되고는 했다. 상당히 오랜 기간 동안 아시아는 유럽보다 더 발전된 지역이었지만 근대에 이르러 '승자'에서 '패자'의 위치로 전락했다는 주장이 일부에서 제기되고 있다. 케네스 포머랜즈(Kenneth Pomeranz, 2010)[10]는 장기적 관점에서 바라볼 때 이런 단순한 해석이 의문시된다며 재러드 다이아몬드(Jared Diamond, 2005)[11]의 견해에 반대 의견을 표명하고 이런 식으로 중국에 접근하는 방식을 비판해 왔다. 유럽이나 서구가 나머지 지역보다 "우월한지" 아닌지를 두고 논란이 오랫동안 학계를 지배해 왔다. 그러나 인류세 개념은 이 논의의 목표점을 바꾸어 버린다. 예를 들어 "서구가 지배한다 – 당분간은 그렇다"라는 이언 모리스(Ian Morris, 2010)[12]의 주장은 무엇을 의미하는가? 그의 주장은 인류에게 안전한 작동 범위 안에 머물며, 인류세의 부정적 충격을 줄여 나갈 수 있는 단계까지 서구가 발전했다는 의미인가? 물론 아니다. 서구의 "지배"는 실질 비용을 거의 혹은 전혀 고려하지 않고 이루어졌다. 모리스의 표현대로라면 우리는 모두 인류세라는 족쇄에 묶여 있다. 그러나 근대라는 레코드의 B면이 인류세라는 매우 긴 연주곡이라는 사실은 전혀 중요한 것 같지 않았다. 디페시 차크라바르티(Dipesh Chakrabarty, 2009)[13]는 계몽주의 시대 이래로 크나큰 희생을 대가로 얻어진 인간의 갖가지 자유가 화석연료로 지불되었으며, 그 결과 수많은 인간의 기본적인 안전이 이미 훼손되었거나 적어도 가까운 미래에 훼손되리라고 전망했다.

일반적으로 말해서, 아시아 연구는 인류세와 관련된 사고를 진전시키는 데 필요한 자연의 이해와 새로운 방안을 편입하는 과정이 더디다는 주장이 제기될 수 있다. 최근까지 아시아 연구 내에서 "자연"에 접근하는 방식은 대체로 그 지역의 다양한 국가적, 종교적 전통 안에서 자연계를 지각하는 방식을 통해서였다(예: Bruun and Kalland, 1995; Callicott and Ames, 1989). 서구의 인간/자연 이분법에 반하는 공통의 종교적, 문화적 – 특히 불교와 도교, 정령신앙에서 유래된 – 유산은 많은 저자들에게 아시아가 자연에 접근하는 방식에 있어서 유사한 특징을 제시하라고 권해 왔다. 아시아의 문화가 어쨌든 자연과 더 밀접하다는 가정은 수많은 반증에도 불구하고 놀라울 만큼 지속적임이 판명되었다. 특정 문화적 전통이 자연을 인식하는 방식은 생존 대응력을 키우고 지속가능성으로 향하는 경로를 탐색할 때 중요하다(Berkes, 2008). 모든 인간 사회에는 자연환경과 관계를 맺는 각각의 문화적 전통이 있다. 자연 속의 인간을 바라보는 세계관은 극히 오래 지속될 수 있으며 넓은 지역에 걸쳐 공통적인 요소를 소유한다는 사실을 우리는 극지 주변지역의 민족지학을 통해 알고 있다(Zvelebil, 2008). 이러한 세계관은 자연 안에서 균형과 조화를 이루어야 할 필요성을 강조할지는 몰라도, 그 세계관이 실제로 지속가능한 경제로 이어지도록 보장하는 일은 거의 없다(Krupnik, 1993). 더 나아가 이러한 세계관이 지속가능성과 환경주의라는 현대적 개념과 직접 동일시될 수는 없다(Harkin and Lewis, 2007).

"아시아의 자연관"이 실제로 지속가능성을 구축하는 데 기여할 수 있을지에 대한 의문은 잠시 접어 두고, 최근에 자연환경을 어떻게 분류할지를 이해하는 방식이 근본적으로 변화했다는 사실에 주목할 필요가 있다. 얼마 전까지만 해도 그 모든 것은 훨씬 쉬웠다. 예를 들어 일본에서 "자연"은 벚꽃과 계절의 변화, 연못으로 뛰어드는 개구리를 의미했다. 일본이나 다른 아시아 국가들에서 발견되는 이런 이상화한 자연관은 늘 애매모호했다(Thornber, 2012). 일본의 자연 분류와 자연을 바라보는 미적 관념 사이의 관련성을 비난하는 작가들이 있어 왔다(Kada et al., 2006; Martinez, 2005). 그러나 자연을 관찰하고 측정하는 인간의 과학적 능력이 발달하면서, 자연환경을 분류하는 것이 우리가 일찍이 상상했던 것보다 훨씬 더 복잡하고 불가사의한 일임을 보여 주었다(Morton, 2010, 2013). 생태적 연계성을 인식하면 할수록 아시아의 자연/문화가 아시아 지역에 국한된 것이 아니라 편재함이 드러나고 있다. 2011년 3월 일본에서 참사가 있은 후 미국 서부는 부착생물이 붙은 쓰나미 잔해 수천 톤과 후쿠시마에서 흘러온 방사성동위원소의 영향을 받아 왔다(Gewin, 2013). 후쿠시마에서 흘러온 세슘 동위원소는 태평양의 참다랑어가 불과 한 달 이내에 일본과 캘리포니아 사이를 이동한다는 사실을 보여 주는 예가 되었다(Madigan, Baumann, and Fisher, 2012). "생태적 연계성"을 이해하는 수준이 이제 막 걸음마 단계라는 사실은 인간의 배꼽에 사는 박테리아를 연구하는 노스캐롤라이나의 한 최근 연구 과제가 일깨워 주었다. 그 연구는 박테리아 2,368종을 발견했으며, 그중에 1,458종은 새로운 과학 발견일지도 모른다. 그 연구에 참가한 한 연구자가 보유한 박테리아는 예전에는 일본의 흙에서만 발견된 종이었지만, 그는 일본을 방문한 적이 없었다(Fischer, 2012). 아시아 연구 학자들은 이런 새로운 자연관이 무엇을 암시하는지 이제 막 탐구하기 시작했을 뿐이다(Miller, Thomas, and Walker, 2013; Walker, 2009 참고).

아시아와 인류세의 역사

유럽과 북미가 19세기에 점차 산업화하면서, 아시아는 경제가 낙후한 지역이라고 받아들여졌다. 이와 반대로, 이전 관측자들은 아시아 – 특히 중국 – 가 경제 생산의 여러 면에서 우세하다고 여겨 왔다. 1776년 애덤 스미스는 중국이 세계에서 "가장 계발되고, 가장 근면하며, 가장 인구가 조밀한 나라" 가운데 하나라는 사실에 주목했다(Morris, 2010: 40 인용). 윌리엄 고드윈(William Godwin)[14]이 1820년에 쓴 에세이 『인구론』은 도달 가능한 최고도로 문화가 발달하고 인구밀도가 높은 나라의 대표적인 예로 중국을 꼽았다. 스미스와 고드윈 그리고 "인류세 이전"의 다른 작가들은 만약에 그들에게 인류세라는 개념이 있었다면 틀림없이 중국을 인류세의 기원으로 여겼을 것이다. 그러나 현대 과학은 그 역할을 중국이 아닌 유럽에 부여한다. 단편영화 〈인류세에 온 것을 환영한다〉가 2012년에 개최된 유엔 지속가능발전 정상회의(Rio+20) 개회식에서 상영되었는데, 이 영화는 새로운 시대가 유럽에서 시작한다는 가정을 도표로 분명히 보여 준다(Edgeworth, 2014). 이 유럽적 기원을 아마도 대다수 학자들이 받아들였겠지만, 인류세의 기원과 관련하여 몇몇 대체 이론들은 아시아에 중요한 역할을 맡긴다. 인류세의 긴 역사를 두고 볼 때, 그것이 1800년경 영국에서 시작된 후, 뒤이은 200년간 아시아로 확대되었든 아니든 그다지 중요하지 않을 수도 있다. 모튼(2013)이 "하이퍼오브젝트"[15]라고 부르는 것, 즉 시공간에 대대적으로 분포된 인류세의 산물을 기준으로 보면 200년은 눈 깜짝할 사이이다.[16] 그러나 이 논란이 중요한 이유는 우리가 어떻게 해서 현재와 같은 엉망인 상태에 처하게 되었는지, 즉 인류세는 정말로 1800년 영국에서 시작되었는지, 아니면 인류사의 좀 더 광범위한 범주에서 기원하는지를 이해하는 데 도움을 주기 때문이다. 인류세를 1800년 이전의 아시아에 자리매김하려는 시도가 흥미로운 이유는 아시아가 서구가 근대화해 주기만을 기다리는 침체되고 낙후한 지역이 결코 아니며, 줄곧 아시아는 인간이 생태계를 지배하는, 기본적으로 전 지구적인 이 과정의 일부가 되어 왔음을 이러한 시도가 분명히 보여 주기 때문이다.

파울 크뤼천(Paul Crutzen, 2002)이 시사한 대로, 산업혁명을 가져온 증기기관이 인류세에 그렇게 중요하다면, 아시아는 영국보다 단지 몇십 년 늦게 인류세에 진입했다고 말할 수 있다. 19세기에는 중동과 인도, 그리고 그 너머 지역까지 철로가 연장되었다. 일본에서 규슈 지방의 사가 현은 1855년경 이미 전형적인 증기기관차를 만들 수 있었으며 메이지 유신 초기에는 석탄을 태워서 움직이는 증기기관차의 철도망이 점차 확대되었는데, 석탄은 이미 일본의 주요 수출품목 중 하나였다(Ericson, 2014). 철로와 이후의 자동차용 도로는 둘 다 아시아 전역에서 전통적인 경관을 바꿔 놓았다. 태국에서는 도로와 철로가 목재 소비와 삼림 벌채를 증가시킴으로써, 예전에는 오지였으나 농업과 산업용으로 속속 개발된 지역들에 쉽게 접근할 수 있었다(Sponsel, 1998). 증기기관차와 증기선 덕분에 아시아 연구 학자들이 그 지역에 접근하기가 혁신적으로 쉬워졌다. 미국 동물학자 에드워드 모스(Edward Morse)[17]의 유명한 일화는 이를 상징적으로 보여 주는 예이다. 그가 1877년 요코하마에서 도쿄로 가는 첫 여행길에 열차 창밖으로 보이는 선사시대의 오모리 패총을 발견하면서 일본에서 체계적인 고고학이 시작되었다.

경제사가인 카오루 스기하라(Kaoru Sugihara)[18]에 따르면, 동아시아의 초기 산업화는 노동 집약적이었으며 화석연료 의존도가 처음부터 높지는 않았다(Austin and Sugihara, 2013). 그러나 중국에서 석탄 사용은 일찍이 신석기 시대까지 거슬러 올라가는 장구한 역사를 지닌다(Watts, 2010: 180). 당왕조 시기까지, 석탄은 제철업과 기타 산업에 중요한 연료였다. "당대에는 중국 북부의 삼림을 벌채해 썼는데, 당대

말엽과 송대 초기에 석탄을 사용하면서 혁명적인 선철 생산이 가능했다"(Elvin, 1973: 85). 석탄은 조리와 난방에도 쓰였다(Elvin, 1973: 183). 이와 유사하게 석탄은 근대영국 초기에 산업용과 난방용으로 광범위하게 쓰였다(Thomas, 1983: 244~245). 중국과 영국 양국에서 이 화석연료 사용이 이산화탄소 양의 증가에 어떤 주목할 만한 영향을 미쳤는지는 불확실하다. 그러나 이것은 앞으로 아시아와 인류세 관련 연구를 위한 중요한 주제를 구성하게 될 것이다.

시간을 거슬러, 인류세(혹은 적어도 전 지구적 규모로 이루어진 인위적 생태계 변화 대부분)가 언제 시작했는가에 관한 대안적 견해는 중국, 혹은 좀 더 정확히는 중국과의 교역을 바라는 유럽의 욕구에 중심적 역할을 부여한다. 중동의 이슬람 제국을 피해 중국으로 향하는 서쪽 항로를 찾고 있던 콜럼버스가 우연히 아메리카에 다다랐다. 이 조우는 곧바로 원주민의 인구를 90%나 감소시킨 일련의 종말적인 전염병을 확산시키는 결과를 초래했다. 이 정도로 인구가 급감하자 토착 생태계와 경관이 변모했다. 예전에 북미 대륙의 동부에서는 삼림지대에 인위적으로 불을 내어 공원 초지를 조성했다면, 인구가 대규모로 급감한 후에는 인구의 감소분만큼 대대적으로 숲이 되살아났다. 윌리엄 루디먼(William Ruddiman, 2005)[19]의 주장에 의하면, 이렇게 새로 성장한 숲에서 방출된 이산화탄소는 전 지구의 기후를 변화시키고 지구를 소빙하기로 몰아넣기에 충분했다.

화석연료 사용과 그 외에 인류세를 초래한 책임이 지구의 전 인류에게 균등하게 있지는 않지만, 인류세를 초래한 사회경제적 과정이 인류 역사상 비교적 최근에 전개된 전 지구적 패권과 수렴 현상에서 유래했음은 의심의 여지가 없다. 신조어 "호모게노세(Homogenocene)"는

M. J. 샘웨이즈(M. J. Sam ways, 1999)가 만들고 찰스 만(Charles C. Mann, 2011)이 유행시켰다. 인류는 늘 이주하면서 자신의 생활환경을 확대하고 그 과정에서 동식물을 장거리 이동시키기도 했는데 때로는 뜻하지 않게 벌어진 일이었다. 홀로세에는 아시아의 농부들이 농업을 통한 확장 과정을 시작했으며, 이는 농부들이 유라시아를 건너 태평양으로 향하고 그린란드에서 하와이에까지 광범위한 영역으로 뻗어 나가는 계기가 되었다(Bellwood, 2004). 이러한 확대 과정을 말 그대로 전 지구적 과정으로 만든 이가 바로 크리스토퍼 콜럼버스이다. 이제 세계는 인류 역사상 최초로 상호 연결될 뿐만 아니라, 사람과 식물과 동물의 "콜럼버스의 교환"이 생태계를 점차 균질화했다. 균질화 못지않게 새로운 연계는 경제적 확장을 전례 없는 규모로 자극했다. 즉, 슬로베니아의 이드리아(Idrija)와 스페인의 알마덴(Almadén) 수은 광산에서 캐낸 수은은 볼리비아의 포토시(Potosí) 광산에서 은 생산과정에 사용되었으며, 그렇게 만들어진 은은 중국으로 수송되어 명나라 경제를 떠받쳤다(Crosby, 2004; Mann, 2011). 1500년에서 1800년에 이르는 유럽의 식민지 확장 기간은 비버나 해달, 고래, 대구 등 많은 생물자원을 상업화하고, 소와 밀, 사탕수수같이 새로운 종을 들여온 시기였다. 그 결과 피해를 입은 생태계에서는 생물다양성이 대규모로 손실되었다. 환경사학자 존 리처드(John Richards, 2003)[20]의 연구를 이용하여, 라이트풋과 몇몇 학자들(Lightfoot et al., 2003)은 근대화 초기의 이러한 식민화 과정은 보편적인 지지를 받는 학설이 제시하는 시기보다 인류세가 더 일찍 시작했음을 보여 준다고 주장한다.

몇몇 고고학자들은 인간에 의한 경관의 변화를 근거로 할 때, 인류세가 훨씬 더 일찍 시작되었다고 주장해 왔다. 특히 주요 경관의 변화는 약 5만 년 전에 일어난 거대 동물의 광범위한 멸종과 뒤이은 다른 동물들의 멸종에 기인한다. 이 과정에서 인간이 정확히 어떤 역할을 했는지는 여전히 논란의 대상이지만(Norton et al., 2010) 브라제와 얼랜드슨(Braje and Erlandson, 2013)은 생태계에 미친 장기적인 영향력이라는 관점에서 볼 때, 이 "여섯 번째 대규모 멸종 사건"이 상당히 중요하기 때문에 인류세를 어떤 식으로 정의하든, 그 정의[21]에 이 사건을 포함해야 할지는 추가적인 연구가 필요하다고 주장한다. 불 지르기나 잡초 뽑기, 가지치기 외에 기타 토지관리법을 이용하여, 인간은 거주지를 생활에 더 적합하게 만들기 위해 늘 자신이 사는 장소를 변화시켜 왔다. 맥닐리와 소차체브스키(McNeely and Sochaczewski, 1995)가 동남아시아에 제안한 중요한 생태문화적 혁신 네 가지는 아시아의 다른 여러 지역에도 적용 가능하다. 즉, 불의 활용, 동물 사육과 식물 활용, 관개농업 그리고 세계시장의 부상이 그것이다. 정착 생활을 하는 인구가 증가하면 할수록, 그들의 환경 변화는 더 커진다(Nishida, 1986). 많은 비인간 동물과 식물들이 자신의 생활환경을 부양하기 위해 인위적인 경관 변화를 이용했다는 주장이 제기되기도 하듯이, 인간의 정착 생활은 이들 비인간 동물과 식물들에게 이롭게 작용하기도 한다(Bleed and Matsui, 2010 참고). 뒤를 이어 신석기 시대의 농업화와 도시화는 추가적인 사회-생태계의 대규모 변화를 그 특징으로 한다. 동아시아에서 무논을 이용한 농사는 유라시아 서부에서 보편적인 밀과 양과 염소의 조합보다 더 지속가능하다는 주장이 제기되고는 하지만(Yasuda, 2001), 무논 농법은 산업화 이전 시기에 대기 중 메탄이 증가하는 주요인이라는 주장이 제기되어 왔으며, 메탄은 이산화탄소보다 더 강력한 온실가스이다(Fuller et al., 2011; Mitchell et al., 2013).

인간 활동으로 변화를 겪어 온 경관이 아시아의 여러 지역에서 매우 길고 실질적인 역사를 가지고 있다는 사실에 의문의 여지는 없다(Aikens and Lee, 2013). 인류세는 일반적으로 인간 활동으로 변화한 지층의 형성으로 설명되지만(Zalasieqicz et al., 2011), 동남아시아를 관찰해 온 카를 요제프 펠저[22](Karl Josef Pelzer, 1968)는 삼림 벌채와 농업 활동으로 인한 침식이 초래한 홀로세 표토 상실의 역할을 강조한다. 아시아에서 인간 활동으로 변화한 경관의 역사와 이것을 초래한 사회 체계는 인류세 시대에 변화가 얼마나 신속한지를 이해하는 데 대단히 중요하다. 그러나 인류세를 인간 활동이 야기한 전 지구적 기후 변화 과정으로 이해한다면 이 과정이 지난 수세기에 걸쳐 대규모로 확대되었다는 작금의 연구는 의문의 여지를 거의 남기지 않는다. 내가 1982년에 처음으로 아시아(중동)를 방문했을 때, 대기 중 이산화탄소양은 약 341ppm이었는데, 현재는 400ppm에 이르렀다. 중세 몽골제국이 환경에 미친 영향을 최근에 재구성한 것을 보면 이 증가분이 실제로 얼마나 큰 변화인지가 드러난다. 몽골인들이 식민지를 정복하는 과정에서 약 3만 명이 생명을 빼앗겼는데 그 결과 버려진 농토에서 삼림이 재성장한 지역이 상당했지만, 폰그라츠 등(Pongratz et al., 2011)의 계산에 의하면 이로 인한 대기 중 이산화탄소의 감소분은 단지 0.183ppm에 그쳤다. 산업화 이전에 아시아의 많은 지역은 수천 명의 목숨을 앗아 간 안사의 난[23]과 몽골 식민지의 확대 그리고 명조의 몰락 등 전쟁과 불안한 시기를 거치면서도 높은 인구밀도를 유지했다. 이러한 조밀한 인구는 인류세 혹은 폴리 등(Foley et al., 2013)이 "고인류세(Paleoanthropocene)"라고 명명한 시기의 서막을 형성했음이 분명하지만, 19세기 말엽과 20세기에 화석연료 경제가 부상할 때까지 전 지구적인 기후변화를 초래할 정도로 충분한 요인은 아니었다.

아시아와 인류세의 새로운 취약점

인류세의 변화하는 경관에 있어서 인간을 어디에 위치시켜야 할지를 파악하기가 쉽지 않듯이 인류세의 역사와 지리에서 아시아를 자리매김하기는 쉽지 않다. 인류세는 아시아에 어떤 실질적인 영향을 미치는가 아니면 아시아가 인류세에 영향을 미치는가? 인류세는 아시아인들의 취약점과 복원력에 어떠한 영향을 미칠 것인가? 이들 문제를 살펴보기 위해, 먼저 "영향"이 무엇을 의미하는지부터 생각해 보자. 인류세는 인간 활동으로 전 지구의 기후가 변화한 과정이자, 도시와 도로, 댐, 그 외의 기반 시설에서 산업 지층이 지역적으로 쌓여 형성되는 현상이다. 잘라시에비치 등(Zalasiewicz et al., 2010: 2229) 은 "캄보디아 앙코르와 같은 '사라진' 도시의 운명이 보여 주듯이, 어떤 이유에서건 건설이 멈추거나 둔화하면 자연의 지형학적 과정이 급속히 재건되기" 때문에, 두 번째 요인이 첫 번째 요인보다 덜 중요하다고 주장한다. 그러나 인간복지 차원에서 이들 요인을 분리해서 생각하기는 어렵다. 장기적인 관점에서, 아무리 불가피하더라도 산업 생산과 건설을 장기간 중단하는 일을 인간은 몰락으로 간주할 게 확실하다. 더구나 인류세를 인간복지 차원에서 고려한다면, 초기에는 현대 과학의 영향으로 기대 수명이 늘어날 수는 있지만, 기후변화와 산업화 둘 다 인간의 건강에 위험을 증가시키는 방향으로 작용한다(McMichael, 2014). 인류세의 영향은 이처럼 성장과 평등 그리고 복지 간의 복합적인 비교를 통해 연구할 필요가 있다.

아시아는 거대하고 다양한 지역이기 때문에 인류세에 아시아의 취약성과 복원력을 한마디로 설명할 수는 없다. 농업 지역에서 인류세의 궤적은 소작농 사회가 대개 도심지에 위치한 산업생산 지역으로 이주하면서 점차 근대화하는 과정으로 설명될 수 있다. 제2차 세계대전 이후, 이 궤적은 특히 1960년대에 녹색혁명이 일어나고 1990년대 이후 유럽과 북미 산업 생산지를 아시아와 남미로 이전하면서 큰 자극을 받았다. 이러한 역사과정 전체는 전통적인 생태 지식의 다양성과 복원력을 감소시키면서 사회·경제 체제가 점차 표준화하고 균일화하는 과정이었다. 그러나 지역의 많은 활동가들이 국가와 기업의 세계화 기획에 저항하고 사회와 생태계의 다양성을 유지하기 위해 노력해 왔음을 잊어서는 안 된다(Alcorn et al., 2003; Hudson, 2004; Lansing, 2006; Scott, 1998; Xu and Melick, 2007 참고).

지속가능성을 탐구하는 학문 분야의 최근 연구는 연계된 혹은 "짝지어진" 사회적, 생태적 체계를 단일 단위로 분석하는 일 – 흔히 "사회생태 체계"(Berkes and Folke, 1998)라는 용어를 사용함 – 의 중요성을 강조해 왔다. 사회생태 체계는 다층적으로 관리되는 열린 체계이다(Chapin et al., 2009). 일반적으로 아시아와 같은 거대 지역이 사회생태 체계 내에서 중요한 거버넌스 차원으로 간주되지는 않지만, 외부와의 연결에 영향을 미치고 내적 유산과 경로 의존성[24]을 재생산하는 경우에는 중요하다. 세계화는 사회생태 체계의 거버넌스에서 점점 더 중요한 요인이 되고 있다. 이 체계 내에서 장거리 연결이 새로운 일이 아님을 기억해야 하기는 하지만 근래의 세계화는 환경에 미치는 영향의 규모를 증가시켰다. 그 결과 인류세는 점차 아시아 전역에 걸쳐 생태계 서비스를 손상시키는 복원력의 쇠퇴로 경험되는 일은 증가하면서도 인간 복지가 공정하게 개선되는 일은 수반되지 않고 있다. 이런 현상이 아시아 전역에서 일어나고 있지만, 중국이 최근 우려되는 인류세적 현상의 온상임은 의심할 여지가 없다. 중국의 환경 악화가 현재와 미래에 미칠 영향은 더 과장하기가 쉽지 않을 정도이며, 환경이 악화하면서 배출된 공해 속에서 생활하는 수백만 중국인들이 일상적으로 받는 영향은 특히 심각하다(Watts, 2010). 통제가 제대로 되지 않는 상황에서 산업 생산에 우선권만 주어지면서, 강과 농토가 훼손되어 왔다. 2013년에 중국 정부는 경작지 중 333만 헥타르는 오염 정도가 얼마나 심각한지 안전한 식품을 길러 낼 수 없을 정도라고 보고했다(Larson, 2014). 이 면적이 비록 중국의 경작 가능한 토지의 2.5% 정도밖에 되지 않는다 해도 이는 일본 경작지의 거의 4분의 3에 해당하는 광대한 넓이이다. 중국에서 농업은 또한 대기오염의 영향을 받아 왔는데, 그 오염 정도가 심각해서 농작물 성장에 미치는 영향이 핵겨울[25]에 비교될 정도이다(Kaiman, 2014). 중국 영토의 대부분과 아시아 전체의 탄소 발자국이 실제로 북미와 유럽의 평균을 훨씬 밑돌기는 하지만, 중국은 인구밀도가 높고 통제가 제대로 이루어지지 않는 자본주의 시장이자, 시민들의 자발적인 정치적 행동에 제약이 있고, 전통적으로 자연자원의 활용을 강조하는 문화라는 요인이 한꺼번에 겹쳐 더할 나위 없이 악화된 상황에 처한 거대 국가이다(비교: Elvin, 2004; Watts, 2010).

최근 인류세가 보이는 특징 중 하나는 아시아의 환경과 환경 정책이 미치는 영향이 전 지구적으로 확산되는 현상이다. 중국과 동남아시아에 있는 거대도시와 여타 도시에서 재벌 기업들의 성장같이 역내 개발을 하면서 초래된 "부작용"이 그 예이다(Basi, Shi, and Liu, 2014). 역사상 늘 그래 왔듯이 삼림 벌채는 거의 아시아 전역에서 계속해서 주요 문제가 되어 왔다(Chew, 2001). 다른 영향은 아시아 국가들이 아시아 밖에서 행하는 자원 채굴에 기인한다. 어업은 후자의 좋은 예이다. 중국과 일본은 둘 다 원양어업 국가이며, 그보다는 덜하지만 한국도 주요 원양어업 국가이다. 중국은 지난 10년간 원양어업을 하기 위한 특수한 기술을 개발하여 포획량을 심각할 정도로 확대해 왔으며 그 결과 현재 아프리카에서 중국 선단은 어류 대부분을 포획하고 있는 실정이다(Pauly et al., 2014). 중국뿐만 아니라 다른 어선단도 엄청난 양의 연료를 필요로 한다. 2005년 한 통계에 따르면 어업은 전 세계 석유 생산량 중 약 1.2%를 소모했으며 이 양은 포획된 어류의 식용 단백질에 포함된 에너지 양보다 12.5배는 더 많은 양을 태워야 얻을 수 있는 양이다(Tyedmers, Watson, and Pauly, 2005).

전 세계 식량 안보에 대한 염려가 점증하면서, 해외농지 취득이 증가하는 추세이다. 사우디아라비아와 다른 페르시아만 연안 국가들이 주축이 되기는 하지만, 중국과 인도, 한국 역시 적극적인 태세이다. 최근에 행해진 토지 수탈 중 3분의 1은 아시아에서 벌어졌지만, 몇몇 아시아 국가들은 토지 수탈을 직접 자행하기도 했다(Rulli, Saviori, and D'Odorico, 2013). 이 "토지 수탈"을 둘러싼 논란은 2008년 한국의 대우기업이 기획한 한 사례가 전형적인 예이다. 대우는 한국이 필요로 하는 옥수수 양의 절반에 해당하는 양을 생산하기 위해 마다가스카르 농지 320만 에이커를 임대하려고 했다. 이 기획에 따르면 한국은 마다가스카르에서 경작 가능한 농지의 반을 지배하기로 되어 있었다. 그 결과 대중이 격렬하게 항의하면서 마다가스카르 대통령이 사임하고 거래를 취소해야 했다(Klare, 2012: 190).[26] 물론 이런 거래의 명목상 목적은 식량 안보지만, 실제 식량 안보는 식량 생산뿐만 아니라 저장과 분배, 소비를 포함한 지속적인 거버넌스를 필요로 한다(Fazzino, 2004). "토지 수탈"은 아시아뿐만 아니라 그 밖의 지역에까지 심대한 영향을 미치고 있지만, 이는 실질적인 식량 안보 못지않게 기업의 단기 이익이나 정치적 부패와도 관련이 있다.

아시아 전역뿐만 아니라 아시아를 벗어난 지역에서까지 자원 이용은 현재 점증하고 있을 뿐 아니라 빠르게 미친 듯이 서둘러 "남은 것을 차지하려는 경쟁"이 되어 가고 있는데(Klare, 2012), 희소가치가 있는 물질을 두고는 군사적 충돌이 발생할 위험마저 있다(Chalecki, 2013; Welzer, 2012). 동아시아 국가들은 철에서 구리, 희토류[27]에 이르는 광물자원들을 대규모 소비하고 있다. 특히 중국은 철, 구리, 알루미늄광, 석탄의 세계 최고 소비국이며 석유는 제2의 소비국이다(Klare, 2012: 17). 중국의 알루미늄 기업인 치날코(Chinalco)와 같이 국가와 긴밀한 관계를 유지하는 대기업들은 아프리카와 그 외 지역에서 벌어지는 채광 작업에서 주된 역할을 담당한다. 현재 중국은 희토류가 포함된 광물 중 95% 이상을 생산하는 국가인데, 이러한 시장점유율을 얻을 수 있는 이유는 생산 비용을 낮추려고 환경에 미칠 위험성은 대체로 간과하기 때문이다(Klare, 2012: 157~158).

복원력을 키우기 위해서는 사회-생태적 체계 내에서 거버넌스를 각 단계별로 구분할 필요성이 있지만, 인류세는 "인간을 대기와 바다, 흙, DNA와 구분 없이 함께 묶는 특징"을 보인다(Dibley, 2012: 139). 그렇기 때문에 "아시아"를 나머지 다른 지역과 구분 짓기가 점점 더 어려워진다. 순전히 경제적인 측면에서 볼 때, 중국이 저지른 환경 파괴에 대한 책임 가운데 일부는 1990년대에 중국으로 수출 시설을 옮긴 미국과 그 외 후기 산업국가들에게 있음을 잊어서는 안 된다. 곧 간행될 윌리엄 켈리(William Kelly)와 칩 제이콥스(Chip Jacobs)의 저서에 따르면, 현재 중국이 배출하는 이산화탄소 양의 3분의 1 정도는 대미 그리고 대유럽 수출품 생산에 그 원인이 있다. 린 등(Lin et al., 2014)은 미국 서부지역에서 감지된 황산염 오염의 4분의 1은 수출과 관련된 중국의 대기오염에 기인한다고 추산했다. 인류세의 영향은 복합적이지만 이는 아시아인들을 역사상 그 어느 때보다 더 취약하게 만들 것으로 보인다. 이와 동시에 아시아의 사회-생태적 취약점들이 아시아에 국한된 문제가 아님을 아는 사람이라면 누구에게나 자명한 사실을 인류세라는 개념이 마침내 우리에게 드러내 왔다.

아시아와 인류세 대응책

200년 이상 인류는 인류세 안에서 살아왔지만 이 신세기에 깊이 들어와 있음을 다소 갑작스레 깨닫는 시점에서 인류세의 영향이 누적되면서 생태적이며 사회적인 취약점이 점증하고 있다. 인류는 어떻게 인류세 문제를 비판적으로 고찰해 나갈 것인가? 이 신세기의 취약점과 전 지구적 변화를 줄여 가기 위해 인류는 무엇을 할 수 있을까? 특히 마지막 질문은 아시아 연구의 일반 범주를 넘어선 것으로 보이지만 어떤 식으로든 인류세 안에서 아시아를 자리매김하는 문제는 제시된 해결책이나 환경위기에 대처하면서 이 지역이 오랫동안 해온 역할을 주목할 필요가 있다.

전술한 대로, 중국이 자연환경에 끼친 심대한 영향에 관한 스미스와 그 외 계몽주의 사상가들의 지식은 직관으로 얻어진 것이었다.[28] 그러나 20세기 후반까지 아시아는 점점 더 인간이 자연과 일종의 신비한 조화 속에서 사는 지역으로 간주되어 갔다. 이런 맥락에서 "아시아"는 남아시아와 동남아시아 그리고 동아시아의 불교와 도교 그리고 정령신앙 문화를 주로 의미해 왔다. 그러나 여기서 중요한 것은 생태적 조화라는 실체보다는 그 개념인 경우가 대부분이었기 때문에, 필자는 잠정적으로 이번 절에서는 일반적인 아시아와 아시아 국가들에 대해 언급하고자 한다.

물론 아시아는 서구의 환경 저서에서 목가적이고 종말론적인 비유로 등장해 왔다. 아시아의 많은 종말론적 자연관은 전후 초기 일본(Huddle and Reich, 1975)에서부터 오늘날의 중국(Watts, 2010)에 이르기까지 근대화의 궤적을 보여 준다. 그러나 인구과잉인 인도를 반이상향적으로 묘사한 폴 에를리히(Paul Ehrlich, 1968)와 같은 해석은 소작농 집단을 만들어 내는 온상으로 아시아를 간주하는 초기 오리엔탈리즘의 관점으로 기운다. 이에 못지않게 영향력이 큰 목가적 아시아관은 F. H. 킹(F. H. King)의 『4천 세가 된 농민(Farmers of Forty Centuries)』(1911)에서 올리버 스톤(Oliver Stone)의 『하늘과 땅』(1993)에 이르기까지 전통적으로 오랜 역사를 지닌 인간과 토지의 관련성 – 지리학자 해럴드 브룩필드(Harold Brookfield, 1984)는 여기서 토지를 "토지 자본재"라고 부름 – 과 함께 자연보호에서 불교와 같은 종교의 역할을 전통적으로 강조해 왔다(예: Sponsel, 1998).

미국에서는 헨리 데이비드 소로우, 게리 스나이더(Gary Snyder), 킴 스탠리 로빈슨(Kim Stanley Robinson)[29] 등 일련의 작가들이 글로 표현한 아시아가 환경 상상력에서 특히 중요한 위치를 차지한다. 아시아의 자연을 바라보는 북미의 관점에서 커다란 변화는 1950년대 미국 서부 해안에서 시작되었다. 동양과 가깝다는 인식으로 인해 예전에 캘리포니아는 질병과 전염병의 근원이라는 부정적 인식이 있었지만(Nash, 2006), 케네스 렉스로스(Kenneth Rexroth), 앨런 와츠(Alan Watts)와 같은 저술가와 학자들이 주도한 아시아의 영적, 생태적 가르침에 관심이 점증하면서 그러한 인식에 변화가 생겼다. 이처럼 새로이 아시아의 종교와 세계관에 주목한 현상 – 윌리엄 톰슨(William Thompson)이 "태평양으로의 이동"이라고 명명한 현상 – 은 물질주의 비판에 기반을 두며, 물질적이고 산업적인 "서구"와 영적이고 생태적인 "동양" 사이의 구조적 대립을 포함해 왔다고 말할 수 있다. 서구가 동양의 자연을 받아들이는 추세가 점증하는 현상은 서구 문명과, 특히 기독교가 역사적으로 어떻게 환경을 파괴하는 방향으로 작용해 왔는지를 논한 린 화이트(Lynn White, 1967)와 여타의 비평가들의 비판적 논평에 의해 더한층 자극을 받았다. 이러한 견해가 오늘날에도 영향력이 남아 있다는 사실은 모튼의 저술에 나타난 불교의 역할을 보면 분명해진다. 모튼이 인문학 분야에서 인류세를 연구하는 가장 영향력 있는 학자들 중 한 사람임은 의심의 여지가 없다.

생태학과 지속가능학 분야에서의 최신 연구 덕분에 복원력 생성에 필요한 사회-생태적 체계 관리의 여러 목표를 분명히 이해하게 되었다(Chapin et al., 2009). 더욱이 어려운 문제는 사회적, 문화적 변화가 필요한데 이를 어떻게 도출하느냐 하는 것이다. 소위 아시아의 "생태영성"[30]이 전 지구적 환경 변화를 바라보는 서구의 반응에서 중요한 위치를 차지한다는 사실은 이러한 논의에 있어서 아시아 연구가 중요함을 드러낸다. 물론 "생태영성"의 많은 특징이 아시아 밖의 정령신앙 전통에서도 발견된다. 아시아가 이런 면에서 특권을 부여 받았다는 사실은 아마도 동양[31]에 대한 오리엔탈리즘적 상상의 오랜 역사를 반영한다. 그렇다면 이러한 사실은 아시아의 자연과 영성을 향한 서구의 관심이 단지 도피주의적 환상이었음을 의미할까? 환경주의와 정체성과 정치 사이의 관계는 언제나 복잡하다(Yeh, 2013). 그러나 미국의 "야생자연"처럼 "아시아의 자연"도 다양성과 논의를 위한 "열린 공간"(Williams, 2004)을 제공할 수 있다. 불교와 일본의 신도 사상(Shinto), 그 외에 아시아의 자연관이 독자적으로 환경위기를 해결할 수 있는 준비된 답변을 제공할 수는 없다. 1970년대에 이미 자연과의 "조화"를 바라보는 아시아식 관념 전체가 비난을 받았다. 가장 큰 이유는 현실성과 관련이 있다. 즉, 아시아의 종교와 세계관이 이론상 아무리 "자연 친화적"이라 한들, 서구가 실제로 아시아의 환경 개념을 더 광범위하게 채택할 수는 있어도, 그 개념이 현실에서 대규모 환경 파괴를 예방하기에 충분하지는 않았다. 다른 비평가들은 아시아의 자연 이용에 끼친 서구 식민주의와 자본주의의 영향에 초점을 두어 왔다(Hargrove, 1989; Shiva, 1991). 이 모든 것이 의미하는 것은 불교이건 다른 형식의 아시아의 생태적 영성이건 간에 인류세를 치료할 즉효 약은 없다는 사실이다. 그 대신 우리에게 필요한 것은 사회적 기억과 거버넌스라는 지역 고유의 체계를 활용하여 복원력을 구축하고 불확실성과 취약성을 줄여 나가는 데 기여할 다양한 개념과 구조와 실천사항들이다(Berkes, 2007; Chapin et al., 2009, 2011; McIntoch, Tainter, and McIntoch, 2000; Walker and Salt, 2006). 여기서 질문은 아시아의 세계관이 이 과정에서 도움이 되느냐 하는 것이다.

아시아의 종교나 세계관이 환경 변화라는 **전 지구적** 체계에 대응하는 데 이용될 수 있다는 생각 자체가 용어상 모순으로 받아들여질 수도 있다. 그러나 가장 긴급한 환경문제 중 하나는 어떻게 전 지구적 자연관을 지역적 자연관과 결합하느냐인데, 우르줄라 하이제(Ursula Heise, 2008)는 이 문제를 "장소 의식"과 "행성 의식"의 결합이라고 명명한다. 이런 의미에서 아시아가 인류세의 환경 상상력에서 담당할 역할이 있음이 분명하다(Buell, 1995). 이 절 마지막 부분에서, 필자는 야스다 요시노리(Yasuda Yoshinori)와 스나이더, 매우 다른 이 두 저술가를 간략하게 비교하고자 하는데, 이들은 둘 다 "아시아의 자연"을 더 광범위한 지리학적/문화적 틀 안에 자리매김하려는 시도를 해왔다. 이러한 틀이 더 지속가능한 미래를 부양할 수 있다는 것이 이들의 주장이다.

야스다(1946년생)는 다수의 저서와 논문에서 명시적으로 환경적 관점을 전개하기 위해 자신이 전공하는 연구 분야의 토대를 지리학과 고고학에 두어 온 일본 학자이다. 그의 초기 저서들은 일본 군도에서 조몬시대와 여타 토착사회의 물활론적 숲 문화와 일본에 초점을 두었다(Yasuda, 2001). 야스다의 작품은 국수주의적이라는 이유로 1990년대에 전반적으로 비난을 받았지만 지난 10년간 일본을 넘어 환태평양 지역 주변의 더 넓은 지역으로 전망을 확대하려는 시도를 해왔다. 환태평양 지대 주변의 채식주의자와 우유를 마시지 않는 문명의 생태적 유토피아는 유럽에서 이주해 온 미국인들과 한대의 중국인들이 공격적이고 육식을 하고 우유를 마시는 문명과 대비된다(Flenley and Yasuda, 2008; Yashda, 2002). 야스다의 저서는 잃어버린 일본/범태평양의 자연을 향한 비가(悲歌)지만, 이는 그가 상상하는 이원론적 형태로는 존재한 적이 없는 자연이다. 이런 면에서 야스다는 일본에 존재하는 근대성과 자연을 향한 다양한 접근법을 무시한 채, 원초주의적이며 자연 본질적인 접근법을 취한다는 점에서 과거 일본의 대중적인 지식인의 뒤를 잇는다. 이처럼 그의 저서는 식민지나 그 밖의 접촉에서 유래된 일본 문화의 혼종성과, 그 혼종성을 바라보는 일본식 반응에 흔히 나타나는 본질론적인 순수성의 추구 사이에 존재하는 긴장을 반영한다고 볼 수 있다.

미국 시인인 스나이더(1930년생)는 주로 역사적으로 접근하는 야스다의 방식과는 매우 다른 저술 작업을 해왔다. 그러나 스나이더 또한 자신의 작품을 환태평양 지역에 공통적인 문화라는 개념 안에 위치시켜 왔다(Gary, 2006). 야스다처럼 스나이더의 작품은 아시아-태평양 지역의 역사와 전통에 뿌리를 둔 진정한 생태적 정체성을 추구한다고 볼 수 있다. 그러나 스나이더가 문화적 차이에 더 개방적이라는 점에서 야스다와 대비된다. 그의 시와 번역은 적어도 환태평양 지역 전역에 걸쳐 공유되는 공통적 전망을 목표로 하지만 야스다의 저술은 자신의 일본식/물활론적 대안의 성격을 진지하게 고민하지 않으면서, 유대교와 기독교적 서구와 한대의 중국에는 대체로 비판적이다. 야스다는 실제 장소나 대지와의 실질적 연계에는 그다지 관심이 없다. 그는 오히려 문화가 대지를 바라보는 견해에 관심을 둔다. 만약 현재 우리가 당면한 문제가 "환경주의 목록에 포함된 어떤 내러티브나 개념이 환경지향적 사고를 미래로 이끌며, 어떤 내러티브 혹은 개념이 환경주의를 구식 형판에 족쇄를 거는가"라면(Heise and Carruth, 2010), 야스다의 내러티브는 여전히 우리를 과거에 머물게 하는 듯하다.

이러한 차이가 있기는 하지만, 야스다와 스나이더는 둘 다 각자의 세계에서 인기 있고 영향력 있는 작가들이다. 둘 다 논의와 변화를 자극하며 전통에 반대하는 책략가 코요테 같은 인물이자 전령 같은 면을 보이기도 한다. 두 작가는 전 지구적/자본주의적 자연과는 다른 것으로 인식되는 환경주의적 상상력의 공간을 창조해 내고 전 지구적/자본주의적 자연에 비평을 가하면서 인기를 얻었다. 두 작가의 저술은 참조할 만한 명시적 틀로서 인류세가 도래한 시기보다 앞서지만, 아시아의 생태적 영성이 인류세의 새로운 담론에 어떠한 반향을 불러일으키는지는 여전히 두고 볼 일이다. 그러나 인류세 담론에서 아시아적 세계관의 역사적 중요성을 고려할 때, 종교와 지속가능성 사이의 연계 그리고 아시아의 생태적 영성에 대한 개념들이 어떻게 아시아와 서구인들에게 영향을 미쳐 왔는지에 관하여 아시아 연구는 새로운 연구를 전개할 필요가 있다.

결론: 아시아에서, 그리고 아시아로부터 복원력 쌓아 가기

인류세라는 개념 전체가 만물을 정복하는 인간 종의 승리주의적 변호처럼 여겨질 수도 있지만, 그것은 또한 전 지구적 문명이 붕괴할 실질적 가능성을 전경화하기도 한다. 폴 에를리히와 앤 에를리히(Paul Ehrlich and Anne Ehrlich, 2013)는 잠재적 시나리오의 윤곽을 보여 주며 심지어 핵전쟁이 "소규모"로 일어난다 해도(예: 인도와 파키스탄 사이의 전쟁), 그 생태적 영향은 "가장 신속하며 가장 확실하게 파멸로 향하는 길"임을 우리에게 상기시킨다(Ehrlich et al., 1983 참고). 자연과의 조화라는 아시아의 이미지가 강력하기는 하나, 현실적으로 아시아는 인간이 생태계를 변화시킨 오랜 역사를 가진다. 농업(특히 논농사), 삼림 벌채, 도시화, 경제적 생산과 교류의 발전된 구조, 근대 이전 중국의 석탄 사용이 모두 환경에 주된 영향을 미쳤다. 이 글이 1780년경에 시작된 화석연료의 보급과 증기기관차의 발명과 확산이 갖는 중요성을 강조하기는 하지만, 환경을 파괴해 온 인류세의 깊은 뿌리는 아시아에 있다는 데 매우 진정한 의의가 있다. 아시아에서 환경에 미친 인위적 영향력의 오랜 역사는 무엇이 인류세에서 진정으로 중요한 발단이 되었는지를 분석할 특별한 기회를 제공한다.

아시아에서 인류세의 오랜 역사성은 환경 변화에 대처할 방안을 마련하는 데 있어서 성공적이었다고 할 수는 없지만 매우 영향력 있는 아시아의 환경철학 전통과 뚜렷한 대비를 이루는 듯하다. 인간 사회는 변화에 대하여 복원력을 강화하기 위해 지역의 사회-생태적 조건에 대응하고 지역에 관한 지식과 통제 체계를 구축하는 적응학습 과정을 개발한다(Chapin et al., 2009). 당연히 이 과정은 특정 사회-생태적 맥락 안에서 일어나므로 다른 지역에 즉각적인 양도가 가능하지는 않다. 아시아 지역에서 개발되어 온 적응학습 체계가 아시아적 환경과 조건에서 얼마나 성공적이었든 간에 다른 지역에 직접 적용하기는 쉽지 않을 것이다. 더 나아가 복원력을 만들어 가기 위한 진정한 도전은 불확실성과 예측 불가능성에 대응할 수 있는 체계를 조성하는 것이다(Folke, Colding, and Berkes, 2003). 이러한 이유에서 보듯 불교나 아시아의 다른 자연철학이 인류세 문제를 해결할 직접적인 답을 제공할 수는 없다. 그러나 아시아 연구와 다른 지역학의 목표가 "유럽과 미국 너머에 있는 사회와 국가들을 형성하는 생활양식과 내적 논리, 독특한 사회·문화적 가치의 이론적 함의, 표현, 구조와 역동성을 기록하는 것"이라면(Szanton, 2004: 2), 아시아 연구는 적응학습 체계의 지역적 맥락화에 대한 우리의 이해에 도움을 줄 뿐 아니라, 인류세의 사회-생태적 체계 내에서 다양성과 기억과 위기 대응을 지속하기 위한 장기적 전략의 사례 연구를 우리에게 제공하는 일에 있어서 확실한 기여를 할 수 있다.

이 글에서 마크 J. 허드슨은 우리가 인류세에 어떤 문화적 해석을 덧붙이든 간에 인류세가 지속가능성의 측면에서 진정한 위기의 징표라는 사실을 강조한다. 여기서 지속가능성의 위기란 사회생태학적 체계의 복원력, 인간의 삶과 안전에 대한 심각한 위협을 포함한다. 그는 인류세에 아시아를 자리매김하기 위해 고려해야 할 세 가지 주제를 제시한다. 즉, 인류세의 진행 속에서 아시아가 미친 영향, 오늘날 인류세에 아시아가 초래하고 경험한 사회적-생태학적 취약점, 그리고 인류세를 대비하는 대응책을 세우는 데 있어서 아시아의 경험이 어떻게 활용될 수 있을까 하는 문제가 바로 그것이다.

이 주제를 탐구하기 위해서는 허드슨이 제시하는 다음 네 가지, 즉 '인류세에서 아시아의 위치는 어디'인지에 대한 탐구를 시작으로, 인류세를 1800년 이전의 아시아에 자리매김하려는 시도가 흥미로운 이유, 아시아를 나머지 다른 지역과 구분 짓기가 점점 더 어려워진 이유, 마지막으로 제시된 해결책이나 환경위기에 대처하면서 이 지역이 오랫동안 해온 역할이 의미심장한 이유에 주목할 필요가 있다.

주

1. 영국 에든버러대학교와 고고학연구소에서 평생 연구한 호주 인류학자이자 철학자이다.
2. 『인간과 자연』(1864)의 저자인 그는 미국의 환경론자이자 지속가능성 개념의 선구자로 간주되는 외교관이자 인문학자이다. 버몬트 주의 '마시 빌링스 록펠러 국립역사공원'은 명칭의 앞부분을 그의 이름에서 따왔다.
3. '생태 발자국' 개념이 1990년대 초기까지 공식적으로 발표되지는 않았지만 폴 에를리히(Paul Ehrlich)는 1970년대에 잘 알려진 자신의 "IPAT 공식[충격(Impact)=인구수(Population)×부유함의 정도(Affluence)×기술(Technology)]"을 발전시키기 시작했다(Chertow, 2001 참고). 더욱이 20세기 말엽 이래로 대지와 그 자원의 생산능력을 가리키기 위하여 "(환경) 수용력"이라는 기본 개념이 사용되어 왔다(Sayre, 2008).
4. 지구온난화의 충격을 주제로 광범위한 저작을 남긴 미국의 환경학자이자 작가이며 저널리스트로서, 대(對)탄소 운동 단체 '350.org'를 이끌었다.
5. 이런 면에서 지역학의 냉전 확산은 새로운 유형의 지식이 필요함을 인지함으로써 새롭고 다학제적인 학문 분야가 만들어지는 것과 비슷한 현상을 나타낸다.
6. 전통적으로 또는 정치적으로 정의된 몇몇 지역을 아우르는 지정학적 구획을 일컫는다.
7. POP는 잔류성 유기오염물질(persistent organic pollutants)의 약자이다. 독성이 강해 자연 상태에서 분해되지 않고 생태계의 먹이 사슬을 통해 동식물 체내에 축적되어 면역체계 교란, 중추신경계 손상 등을 초래하는 물질을 말한다. 대부분 산업생산 공정과 폐기물 저온소각 과정에서 발생하며, 주요 물질로는 DDT·알드린 등 농약류와 PCB·헥사클로로벤젠 등 산업용 화학물질, 다이옥신·퓨란 등이 있다. POPs는 특히 생태계에 오랫동안 남아 지구촌 전체를 위협하므로 이에 대한 심각성이 대두되었고, 이후 이에 대한 문제를 해결하기 위해 2001년 5월 22일 스톡홀름에서 POPs 제조와 사용을 규제하기 위한 협약(잔류성 유기오염물질 관리에 관한 스톡홀름 협약)이 채택, 2004년 발효되었다.
8. 기후 변동성과 기후변화, 자외선 증가와 그 결과에 관한 지식을 평가하

고 종합하기 위한 주요 국제 프로젝트의 과학 보고서이다.

9. 인도의 역사가이자 작가, 그래픽 아티스트, 영화 제작자이다. 현재 영국 아카데미와 유럽아카데미 회원이다. 이슬람의 발흥기부터 1750년까지 인도양의 경제와 문명을 포괄하는 『유럽 이전의 아시아』는 한국어로도 번역 출간되었다.
10. 시카고대학교 역사학과 교수로 재직 중이며, 2006년에는 미국 예술-과학 아카데미 회원으로 선출되었다. 2000년 프린스턴대학교출판사에서 출간된 *The Great Divergence: China, Europe, and the Making of the Modern World Economy*는 『대분기: 중국과 유럽, 그리고 근대 세계경제의 형성』으로 번역 출간되었다.
11. 미국 과학자이자 저술가로서 현재 UCLA 의과대학 생리학/지리학 교수로 재직 중이다. 퓰리처 상을 수상한 『총, 균, 쇠』와 『컬처 쇼크』 등이 한국어로 번역 출간되었다.
12. 영국 역사가이자 인류학자로서 스탠퍼드대학교 교수로 재직 중이다. ≪이코노미스트≫는 그의 저서 『서구가 군림하는 이유』(2010)를 중요한 서적이라고 평가했다. 그는 이 책에서 과거 1만 5천 년 동안의 동양과 서양을 비교하면서, 서양이 세계를 지배한 데는 문화나 종교, 정치, 유전학 혹은 위인보다는 물리적 지리에 그 이유가 있다고 주장한다.
13. 탈식민지론과 서발턴 연구에 기여한 인도 역사가이다. 2014년에는 인류를 위해 중요한 학술적, 대중적 공헌을 한 사회과학자에게 수여되는 토인비상을 받았다. 『유럽을 지방화하기』는 한국어로도 번역 출간되었다.
14. 영국 저널리스트이자 정치철학자, 소설가이며 최초의 무정부주의자로 불리기도 한다. 저서로는 『정치적 정의와 그것이 일반인의 미덕과 행복에 미치는 영향 연구』(1793)가 있다.
15. 미세먼지나 지구온난화와 같이 지구상 모든 존재의 세포 단위로부터 대기에 이르기까지 편재하는 사물을 일컫는다.
16. 모튼의 저서에서 하이퍼오브젝트가 주로 인류세와 관련이 있다고 하더라도, 그는 어떤 특정 역사단계와 연결될 수 없는 플로리다의 에버글레이즈(Florida Everglades)나 오스트레일리아 원주민의 드림타임(Aboriginal Dreamtime) 같은 예도 포함시킨다(허드슨의 근간과 비교).
17. 일본의 진화생물학과 고고학, 인류세 발전에서 중심적 역할을 한 인물이

다. 1878년 오모리 패총에 관한 모스의 보고서는 일본 대학이 출판한 최초의 학술 논문이었다(Oguma, 2002: 3).

18. 현재 국립정책연구대학원대학(National Graduate Institute for Policy Studies) 소속이며 경제사 전공 학자이다.
19. 고기후학자이자, 버지니아대학교 명예교수이다. 『지구의 기후변화: 과거와 미래』가 한국어로 번역 출간되었다.
20. 듀크대학교 역사학 교수를 역임했으며, 남아시아, 특히 무굴제국을 전문적으로 연구한 역사가이다.
21. 한 아시아적 관점에서, 홍적세 말기와 홀로세 초기에 있었던 포유류의 멸종이 다른 지역에 비해 인도 아대륙에서는 훨씬 덜 일반적이었다는 추측에 주목하는 것은 흥미롭다(Roberts et al., 2014).
22. 독일 태생으로 U.C. 버클리대학교와 존스홉킨스대학교, 예일대학교 교수로 재직했다. 열대지역, 특히 동남아시아의 인구통계학과 토지활용 분야에서 권위자이다.
23. 중국 당나라 중기에 안녹산(安祿山)과 사사명(史思明) 등이 일으킨 반란(755~763)을 말한다.
24. 사회심리학에서 등장하는 개념이다. 미국 스탠퍼드대학교의 폴 데이비드(Paul David) 교수와 브라이언 아서(Brian Arthur) 교수가 주창한 개념으로, 한 번 일정한 경로에 의존하기 시작하면 나중에 그 경로가 비효율적이라는 사실을 알고도 여전히 그 경로를 벗어나지 못하는 경향성을 뜻한다.
25. 핵전쟁 후에 나타나게 될 것으로 여겨지는 추위 현상.
26. 2008년 11월 마다가스카르 정부가 한국 기업인 대우로지스틱스에 마다가스카르 전체 농지의 절반에 해당하는 178만 ha를 99년 동안 무상으로 빌려주는 협정 체결을 취재한 ≪매일경제≫(https://www.mk.co.kr/news/business/view/2008/11/70 1019/)는 해당 기사에서 "신재생에너지 수요가 늘어나면서 1차 산업인 농업에 대한 재조명이 이뤄지고 있는 가운데 국내 기업이 이룬 쾌거"라며 이 토지에서 "연간 400만 t의 옥수수, 50만 t의 팜오일을 생산할 수 있을 것으로 기대한다"라고 보도했다. 대우기업이 독점적 토지사용권을 확보한 광활한 토지에서 단일 작물을 재배함으로써 야기할 대규모 생태 파괴나 토지 수탈에 대한 언급은 찾아볼

수 없었다.

27. 원자번호 57에서 71에 배열되는 일련의 금속들. 란탄, 세륨, 디스프로슘 등의 원소를 일컫는 말로, 희귀 광물의 한 종류이다. 화학적으로 안정되면서도 열을 잘 전달하는 성질이 있어 삼파장 전구, LCD 연마 광택제, 가전제품 모터 자석, 광학 렌즈, 전기차 배터리 합금 등의 제품을 생산할 때 쓰인다.
28. 이 작가들 중 대부분은 실제로 중국을 방문한 적이 없다. 예를 들어 애덤 스미스는 스위스보다 동쪽에 있는 지역을 여행한 적이 없다.
29. 아시아 주제는 전 지구적 기후변화가 미국과 특히 수도 워싱턴에 미친 영향을 다룬 로빈슨의 3부작 '수도에서의 과학'에서 대단히 중요하다 (Robinson, 2004, 2005, 2007).
30. 생태영성은 생태학과 영성을 연결함으로써 종교와 환경운동을 결합한다. 밸러리 링컨(Valerie Lincoln)은 「생태영성: 연결하는 패턴」에서 생태영성이 인간과 환경이 영적으로 연결됨을 표현한 것이라고 정의한다.
31. 1960년대에는 북미 원주민의 세계관에 대한 관심이 점증했으며, 이는 또한 북미에서의 환경 논의에 대단히 큰 영향을 미쳤다. 그러나 1977년 인터뷰에서 시인 스나이더가 한 발언은 왜 수많은 미국인들이 아시아의 영성을 더 가깝게 느꼈는지를 암시한다. "미국 인디언의 영적인 관습은 어떤 의미에서는 바로 가까이에 있지만, 그 사회 안에서 태어나지 않는 한, 너무 멀어서 접근하기가 지극히 어렵다. 그 관습의 의도가 보편적이지 않다. 아마 그 내용은 보편적일지 몰라도, 호피(Hopi) 식을 따르려면 호피여야 한다"(Snyder, 1999: 93). 역설적으로, 물론 생태계와 영성에 대한 아시아의 관점과 북미의 관점을 융합하는 데 가장 가까이 다가간 사람은 스나이더이다.

참고문헌

Aikens, C. Melvin and Lee, Gyoung-Ah. 2013. "Postglacial Inception and Growth of Anthropogenic Landscapes in China, Korea, Japan, and the Russian Far East." *Anthropocene* 4, 46~56.

Alcorn, Janis B., Bamba, John, Masiun, Stefanus, Natalia, Ita, and Royo, Antoi nette G. 2003. "Keeping Ecological Resilience Afloat in Cross-Scale Turbulence: An Indigenous Social Movement Navigates Change in Indonesia." Berkes, Fikret, Colding, Johan, and Folke, Carl.(eds.) *Navigating Social-Ecological Systems: Building Resilience for Complexity and Change*. Cambridge: Cambridge University Press, pp.299~327.

Arctic Climate Impact Assessment. 2005. Cambridge: Cambridge University Press.

Austin, Gareth and Sugihara, Kaoru. 2013. *Labour-intensive Industrialization in Global History*. Abingdon: Routledge.

Bai, Xuemei, Shi, Peijun, and Liu, Yansui. 2014. "Realizing Chinas Urban Dream." *Nature* 509(7499), 158~160.

Bellwood, Peter. 2004. *First Farmers: The Origins of Agricultural Societies*. Oxford: Blackwell.

Berkes, Fikret. 2007. "Understanding Uncertainty and Reducing Vulnerability: Lessons from Resilience Thinking." *Natural Hazards* 41(2), 283~295.

______. 2008. *Sacred Ecology: Traditional Ecological Knowledge and Resource Management*. 2nd ed. New York: Routledge.

Berkes, Fikret and Folke, Carl.(eds.) 1998. *Linking Social and Ecological Systems: Management Practices and Social Mechanisms and for Building Resilience*. Cambridge: Cambridge University Press.

Bleed, Peter and Matsui, Akira. 2010. "Why Didn't Agriculture Develop in Japan? A Consideration of Jomon Ecological Style, Niche Construction, and the Origins of Domestication." *Journal of Archaeological Method and Theory* 17(4), 356~370.

Braje, Todd J. and Erlandson, Jon M. 2013. "Human Acceleration of Animal and Plant Extinctions: A Late Pleistocene, Holocene and Anthropocene Continuum." *Anthropocene* 4, 14~23.

Brookfield, Harold C. 1984. "Intensification Revisited." *Pacific Viewpoint* 25(1), 15~ 44.

Bruun, Ole and Kalland, Arne.(eds.) 1995. *Asian Perceptions of Nature: A Critica I Approach*. London: Routledge Curzon.

Buell, Lawrence. 1995. *The Environmental Imagination: Thoreau, Nature Writing, and the Formation of American Culture*. Cambridge, Mass.: Belknap Press.

Callicott, J. Baird and Ames, Roger T.(eds.) 1989. *Nature in Asian Traditions of Thought: Essays in Environmental Philosophy*. Albany: State University of New York Press.

Center for 21st Century Studies. 2014. "Anthropocene Feminism." http://c21uwm. com/anthropocene/(accessed August 21, 2014)

Chakrabarty, Dipesh. 2009. "The Climate of History: Four Theses." *Critical Inquiry* 35(2), 197~222.

Chalecki, Elizabeth. 2013. *Environmental Security: A Guide to the Issues*. Santa Barbara, Calif.: Praeger.

Chapín, F. Stuart III, Kofinas, Gary P., and Folke, Carl.(eds.) 2009. *Principles of Ecosystem Stewardship: Resilience-Based Natural Resource Management in a Changing World*. New York: Springer.

Chapín, F. Stuart III, Pickett, Steward T. A., Power, Mary E., Jackson, Robert B., Carter, David M., and Duke, Clifford. 2011. "Earth Stewardship: A Strategy for Social-Ecological Transformation to Reverse Planetary Degradation." *Journal of Environmental Studies and Sciences* 1(1), 44~53.

Chaudhuri, K. N. 1990. *Asia before Europe: Economy and Civilisation of the Indian Ocean from the Rise of Islam to 1750*. Cambridge: Cambridge University Press.

Chertow, Marian R. 2001. "The IPAT Equation and Its Variants: Changing Views of Technology and Environmental Impact." *Journal of Industrial Ecology* 4(4), 13~29.

Chew, Sing C. 2001. *World Ecological Degradation: Accumulation, Urbanization, and Deforestation 3000 BC-AD 2000*. Walnut Creek, Calif.: Alta Mira.

Childe, V. Gordon. 1936. *Man Makes Himself*. London: Watts & Co.

Corlett, Richard T. 2013. "Becoming Europe: Southeast Asia in the Anthropocene." *Elementa: Science of the Anthropocene* 1. (doi:10.12952/journal.elemen ta.000016)

Crosby, Alfred W. 2004. *Ecological Imperialism: The Biological Expansion of Europe, 900-1900*. 2nd ed. Cambridge: Cambridge University Press.

Crutzen, Paul J. 2002. "Geology of Mankind." *Nature* 415(6867), 23.

Dao, Thê Tuân and Molle, François. 2000. "The Chao Phraya Delta in Perspective: A Comparison with the Red River and Mekong Deltas, Vietnam." In Proceedings of the International Conference "The Chao Phraya Delta: Historical Development, Dynamics and Challenges of Thailands Rice Bowl." http://std. cpc.ku.ac.th/delta/conf/Acrobat/Papers_Eng/Volume%202/DaoTheTuan.pdf (accessed August 7, 2014)

Diamond, Jared. 2005. *Collapse: How Sodeties Choose to Fail or Succeed*. New York: Viking.

Dibley, Ben. 2012. "'The Shape of Things to Come': Seven Theses on the Anthropocene and Attachment." *Australian Humanities Review* 52, 139~158.

Edgeworth, Matt. 2014. "Introduction." Forum on Archaeology of the Anthropocene. *Journal of Contemporary Archaeology* 1(1), 73~77.

Ehrlich, Paul R. 1968. *The Population Bomb*. New York: Ballantine Books.

Ehrlich, Paul R., Harte, John, Harwell, Mark A., Raven, Peter H., Sagan, Carl, Woodwell, George M., and Berry, Joseph et al. 1983. "Long-term Biological Consequences of Nuclear War." *Science* 222(4630), 1293~1300.

Ehrlich, Paul R. and Ehrlich, Anne H. 2008. *The Dominant Animal: Human Evolution and the Environment*. Washington, D.C.: Island Press.

_____. 2013. "Can a Collapse of Global Civilization Be Avoided?" *Proceedings of the Royal Society* B 280(1754). https://doi.org/10.1098/rspb.2012.2845

Elvin, Mark. 1973. *The Pattern of the Chinese Past: A Social and Economic Interpretation*. Stanford, Calif.: Stanford University Press.

_____. 2004. *The Retreat of the Elephants: An Environmental History of China*. New Haven, Conn.: Yale University Press.

Ericson, Steven J. 2014. "The 'Matsukata Deflation' Reconsidered: Financial Stabilization and Japanese Exports in a Global Depression, 1881-85." *Journal of Japanese Studies* 40(1), 1~28.

Erickson, Clark L. 2008. "Amazonia: The Historical Ecology of a Domesticated Landscape." Silverman, Helaine and Isbell, William H.(eds.) *Handbook of South American Archaeology*. New York: Springer, pp.157~183.

Fazzino, David. 2004. "The Meaning and Relevance of Food Security in the Context of Current Globalization Trends." *Journal of Land Use* 19(2), 435~450.

Fischer, Shannon. 2012. "What Lives in Your Belly Button? Study Finds 'Rain Forest' of Species." *National Geographic Daily News*, November 13, 2012. http://news.national geographic.com/news/2012/11/121114-belly-button-bacteria-sci ence-health-dunn/(accessed November 28, 2012)

Flenley, John and Yasuda, Yoshinori. 2008. "Environmental Variability and Human Adaptation in the Pacific Rim and the Sustainability of Islands." *Quaternary International* 184(1), 1~3.

Foley, Stephen F., Gronenborn, Detlef, Andreae, Meinrat O., Kadereit, Joachim W., Esper, Jan, Scholz, Denis, and Pöschl, Ulrich et al. 2013. "The Palaeoanthropocene—The Beginnings of Anthropogenic Environmental Change." *Anthropocene* 3, 83~88.

Folke, Carl, Colding, Johan, and Berkes, Fikret. 2003. "Synthesis: Building Resilience and Adaptive Capacity in Social-Ecological Systems." Berkes, Fikret, Colding, Johan, and Folke, Carl.(eds.) *Navigating Soci-*

al-Ecological Systems: Building Resilience for Complexity and Change. Cambridge: Cambridge University Press, pp.352~387.

Fuller, Dorian Q., Etten, Jacob Van, Manning, Katie, Castillo, Cristina, Kingwell-Banham, Eleanor, Weisskopf, Alison, Qin, Ling, Sato, Yo-Ichiro, and Hijmans, Robert J. 2011. "The Contribution of Rice Agriculture and Livestock Pastoralism to Prehistoric Methane Levels: An Archaeological Assessment." *Holocene* 21(5), 743~759.

Gewin, Virginia. 2013. "Tsunami Triggers Invasion Concerns." *Nature* 495(7439), 13~14.

Godwin, William. 1820. *Of Population: An Enquiry Concerning the Power of Increase in the Numbers of Mankind*. London: Longman, Hurst, Rees, Orme & Brown.

Goudie, Andrew. 2006. *The Human Impact on the Natural Environment: Past, Present, and Future*. 6th ed. Oxford: Blackwell.

Gray, Timothy. 2006. *Gary Snyder and the Pacific Rim: Creating Counter-Cultural Community*. Iowa City: University of Iowa Press.

Hargrove, Eugene C. 1989. "Foreword." Callicott, J. Baird and Ames, Roger T. (eds.) *Nature in Asian Traditions of Thought: Essays in Environmental Philosophy*. Albany: State University of New York Press, pp.xiii~xxi.

Harkin, Michael E. and Lewis, David R. 2007. "Introduction." Harkin, Michael E. and Lewis, David R.(eds.) *Native Americans and the Environment: Perspectives on the Ecological Indian*. Lincoln: University of Nebraska Press, pp.ix~xxxiv.

Heise, Ursula K. 2008. *Sense of Place, Sense of Planet: The Environmental Imagination of the Global*. Oxford: Oxford University Press.

Heise, Ursula K. and Carruth, Allison. 2010. "Introduction to Focus: Environmental Humanities." *American Book Review* 32(1), 3.

Huddle, Norie and Reich, Michael. 1975. *Island of Dreams: Environmental Crisis in Japan*. New York: Autumn Press.

Hudson, Mark J. 2004. "The Perverse Realities of Change: World System

Incorporation and the Okhotsk Culture of Hokkaido." *Journal of Anthropological Archaeology* 23(3), 290~308.

_____. 2013. "Navigating Disciplinary Challenges to Global Sustainability Science: An Archaeological Model." *Documenta Praehistorica* 40, 219~226.

_____. 2014. "Dark Artifacts: Hyperobjects and the Archaeology of the Anthropocene." Forum on Archaeology of the Anthropocene. *Journal of Contemporary Archaeology* 1, 82~86.

Hudson, Mark J., Aoyama, Mami, Hoover, Kara C., and Uchiyama, Junzö. 2012. "Prospects and Challenges for an Archaeology of Global Climate Change." *Wiley Interdisciplinary Reviews—Climate Change* 3 (4), 267~274.

Ireland, Corydon. 2013. "Big Problems, Small Solutions." *Harvard Gazette* September 18. http://news.harvard.edu/gazette/stoty/2013/09/big-problems-small- solutions/(accessed September 1, 2014)

Kada, Yukiko, Tanaka, Shigeru, Aoyagi-Usui, Midori, Arakaki, Tazusa, Watanabe, Shinichi, and Hoffman, Steven. 2006. "From Kogai to Kankyo Mondai: Nature, Development, and Social Conflict in Japan." Bauer, Joanne.(ed.) *Forging Environmentalism: Justice , Livelihood , and Contested Environments*. Armonk, N.Y.: M.E. Sharpe, pp.109~182.

Kaiman, Jonathan. 2014. "Chinas Toxic Air Pollution Resembles Nuclear Winter, Say Scientists." *Guardian* February 25. http://www.theguardian.com/world/2014/feb/25/china-toxic-air-pollution-nuclear-winter-scientists(accessed August 21, 2014)

Kelly, William J. and Jacobs, Chip. Forthcoming. *The Peoples Republic of Chemicals*. Los Angeles: Rare Bird Books.

King, F. H. 1911. *Farmers of Forty Centuries*. Emmaus, Pa.: Rodale Press.

Klare, Michael T. 2012. *The Race for What's Left: The Global Scramble for the Worlds Last Resources*. New York: Metropolitan Books.

Krupnik, Igor. 1993. *Arctic Adaptations: Native Whalers and Reindeer Herders of Northern Eurasia*. Hanover, N.H.: University Press of New England.

Krupnik, Igor and Jolly, D.(eds.) 2002. *The Earth is Faster Now: Indigenous Observations of Arctic Environmental Change.* Fairbanks, Alaska: Arctic Research Consortium of the United States.

Lansing, J. Stephen. 2006. *Perfect Order: Recognizing Complexity in Bali.* Princeton, N.J.: Princeton University Press.

Larson, Christina. 2014. "China Gets Serious about Its Pollutant-Laden Soil." *Science* 343(6178), 1415~1416.

Lightfoot, Kent G., Panich, Lee M., Schneider, Tsim D., and Gonzalez, Sara L. 2013. "European Colonialism and the Anthropocene: A View from the Pacific Coast of North America." *Anthropocene* 4, 101~115.

Lin, Jintai, Pan, Da, Davis, Steven J., Zhang, Qiang, He, Kebin, Wang, Can, Streets, David G., Wuebbles, Donald J., and Guan, Dabo. 2014. "Chinas International Trade and Air Pollution in the United States." *PNAS* 111(5), 1736~1741.

Madigan, Daniel J., Baumann, Zofia, and Fisher, Nicholas S. 2012. "Pacific Bluefin Tuna Transport Fukushima-de rived Radionuclides from Japan to California." *PNAS* 109(24), 9483~9486.

Mann, Charles C. 2011. *1493: Uncovering the New World Columbus Created.* New York: Vintage.

Marsh, George P. 1864. *Man and Nature; or Physical Geography as Modified by Human Action.* New York: Charles Scribner.

Martinez, Dolores. 2005. "On the 'Nature' of Japanese Culture, or, Is There a Japanese Sense of Nature?" Robertson, Jennifer(ed.) *A Companion to the Anthropology of Japan.* Oxford: Blackwell, pp.185~200.

McIntosh, Roderick J., Tainter, Joseph A., and McIntosh, Susan Keech.(eds.) 2000. *The Way the Wind Blows: Climate, History, and Human Action.* New York: Columbia University Press.

McKibben, Bill. 1989. *The End of Nature.* New York: Random House.

McMichael, Anthony J. 2014. "Population Health in the Anthropocene: Gains, Losses and Emerging Trends." *Anthropocene Review* 1(1), 44~56.

McNeely, Jeffrey A. and Sochaczewski, Paul S. 1995. *Soul of the Tiger: Searching for Natures Answers in Exotic Southeast Asia*. 2nd ed. Honolulu: University of Hawai'i Press.

Miller, Ian Jared, Thomas, Julia Adeney, and Walker, Brett L.(eds.) 2013. *Japan at Natures Edge: The Environmental Context of a Global Power*. Honolulu: University of Hawai'i Press.

Mitchell, Logan, Brook, Ed, Lee, James E., Buizert, Christo, and Sowers, Todd. 2013. "Constraints on the Late Holocene Anthropogenic Contribution to the Atmospheric Methane Budget." *Science* 342(6161), 964~966.

Morris, Ian. 2010. *Why the West Rules—For Now: The Patterns of History, and What They Reveal About the Future*. New York: Picador.

Morris, William. 2008. *Useful Work v. Useless Toil*. London: Penguin.

Morton, Timothy. 2010. "Queer Ecology." *PMLA* 125(2), 273~282.

_____. 2013. *Hyperobjects: Philosophy and Ecology after the End of the World*. Minneapolis: University of Minnesota Press.

Nash, Linda. 2006. *Inescapable Ecologies: A History of Environment, Disease, and Knowledge*. Berkeley: University of California Press.

Nisbet, Matthew C., Hixon, Mark A., Moore, Kathleen D., and Nelson, Michael. 2010. "Four Cultures: New Synergies for Engaging Society on Climate Change." *Frontiers in Ecology and the Environment* 8, 329~331.

Nishida, Masaki. 1986. *Teijū kakumei: Yūdō to teijū no jinruishi* [The sedentary revolution: A human history of nomadism and sedentism]. Tokyo: Shinyōsha.

Norton, Christopher J., Kondo, Youichi, Ono, Akira, Zhang, Yingqi, and Diab, Mark C. 2010. "The Nature of Megafaunal Extinctions During the MIS 3-2 Transition in Japan." *Quaternary International* 211, 113~122.

Nuttall, Mark. 1998. *Protecting the Arctic: Indigenous Peoples and Cultural Survival*. Amsterdam: Harwood Academic Publishers.

Oguma, Eiji. 2002. *A Genealogy of Japanese' Self-images*. Melbourne: Trans

Pacific Press.

Palsson, Gisli, Szerszynski, Bronisław, Sörlin, Sverker, Marks, John, Avril, Bernard, Crumley, Carole, and Hackmann, Heide et al. 2013. "Reconceptualizing the 'Anthropos' in the Anthropocene: Integrating the Social Sciences and Humanities in Global Environmental Change Research." *Environmental Science and Policy* 28, 3~13.

Pauly, Daniel, Belhabib, Dyhia, Blomeyer, Roland, Cheung, William W. W. L., Cisneros-Montemayor, Andrés M., Copeland, Duncan, and Harper, Sarah et al. 2014. "Chinas Distant-Water Fisheries in the 21st Century." *Fish and Fisheries* 15 (3), 474~488.

Pelzer, Karl J. 1968. "Mans Role in Changing the Landscape of Southeast Asia." *Journal of Asian Studies* 27(2), 269~279.

Pomeranz, Kenneth. 2010. "Calamities Without Collapse: Environment, Economy, and Society in China, ca. 1800-1949." McAnany, Patricia A. and Yoffee, Norman.(eds.) *Questioning Collapse: Human Resilience , Ecological Vulnerability, and the Aftermath of Empire*. Cambridge: Cambridge University Press, pp.71~110

Pongratz, Julia, Caldeira, Ken, Reick, Christian H., and Claussen, Martin. 2011. "Coupled Climate-Carbon Simulations Indicate Minor Global Effects of Wars and Epidemics on Atmospheric CO_2 Between AD 800 and 1850." *Holocene* 21 (5), 843~851.

Richards, John F. 2003. *The Unending Frontier: An Environmental History of the Early Modern World*. Berkeley: University of California Press.

Roberts, Patrick, Delson, Eric, Miracle, Preston, Dichfield, Peter, Roberts, Richard G., Jacobs, Zenobia, and Blinkhorn, James et al. 2014. "Continuity of Mammalian Fauna over the Last 200,000y in the Indian Subcontinent." *PNAS* 111 (16), 5848~5853.

Robinson, Kim Stanley. 2004. *Forty Signs of Rain*. New York: Bantam.

_____. 2005. *Fifty Degrees Below*. New York: Bantam.

_____. 2007. *Sixty Days and Counting*. New York: Bantam.

Rockström, Johan, Steffen, Will, Noone, Kevin, Persson, Âsa, Chapín, F.

Stuart III, Lambin, Eric F., and Lenton, Timothy M. et al. 2009. "A Safe Operating Space for Humanity." *Nature* 461(7263), 472~475.

Roosevelt, Anna C. 2013. "The Amazon and the Anthropocene: 13,000 Years of Human Influence in a Tropical Rainforest." *Anthropocene* 4, 69~87.

Rowan, Rory. 2014. "Bodies Politic/Bodies Geologic: Difference, Universality and the Subject of the Anthropocene." Abstract of paper presented at the conference "Anthropocene Feminism". Center for 21st Century Studies, University of Wisconsin. http://c21uwm.com/anthropocene/abstracts(accessed August 18, 2014)

Ruddiman, William F. 2005. *Plows, Plagues, and Petroleum: How Humans Took Control of Nature.* Princeton, N.J.: Princeton University Press.

Rulli, Maria Cristina, Saviori, Antonio, and D'Odorico, Paolo. 2013. "Global Land and Water Grabbing." *PNAS* 110(3), 892~897.

Samways, M. J. 1999. "Translocating Fauna to Foreign Lands: Here Comes the Homogenocene." *Journal of Insect Conservation*, 3(2), 65~66.

Sayre, Nathan F. 2008. "The Genesis, History, and Limits of Carrying Capacity." *Annals of the Association of American Geographers* 98(1), 120~134.

Scott, James C. 1998. *Seeing Like a State: How Certain Schemes to Improve the Human Condition Have Failed.* New Haven, Conn.: Yale University Press.

Scripps $C0_2$ Program. 2014. "Atmospheric $C0_2$". http://scrippsco2.ucsd.edu/data/ atmospheric_co2.html(accessed August 22, 2014)

Shiva, Vandana. 1991. *Ecology and the Politics of Survival: Conflicts over Natural Resources in India.* London: Sage.

Sigerist, Henry E. 1936. "The Wesley M. Carpenter Lecture: Historical Background of Industrial and Occupational Diseases." *Bulletin of the New York Academy of Medicine* 12(11), 597~609.

Snyder, Gary. 1999. *The Gary Snyder Reader: Prose, Poetry, and Trans-*

lations. Berkeley, Calif.: Counterpoint.

Sponsel, Leslie E. 1998. "The Historical Ecology of Thailand: Increasing Thresholds of Human Environmental Impact from Prehistory to the Present." Balee, William.(ed.) *Advances in Historical Ecology.* New York: Columbia University Press, pp.376~404.

Steffen, Will, Crutzen, Paul J., and McNeill, John R. 2007. "The Anthropocene: Are Humans Now Overwhelming the Great Forces of Nature?" *Ambio* 36(8), 614~621.

Steffen, Will, Grinevald, Jacques, Crutzen, Paul, and McNeill, John. 2011. "The Anthropocene: Conceptual and Historical Perspectives." *Philosophical Transactions of the Royal Society A* 369(1938), 842~867.

Szanton, David. 2004. "Introduction: The Origin, Nature, and Challenges of Area Studies in the United States." Szanton, David.(ed.) *The Politics of Knowledge: Area Studies and the Disciplines.* Berkeley: University of California Press, pp.1~ 33.

Terwiel, Barend Jan. 1989. *Through Travellers' Eyes: An Approach to Early Nineteenth-Century Thai History.* Bangkok: Duang Kamol.

Thomas, Keith. 1983. *Man and the Natural World: Changing Attitudes in England, 1500-1800.* London: Allen Lane.

Thompson, William I. 1989. "Pacific Shift." Callicott, J. Baird and Ames, Roger T. (eds.) *Nature in Asian Traditions of Thought: Essays in Environmental Philosophy.* Albany: State University of New York Press, pp.25~36.

Thornber, Karen Laura. 2012. *Ecoambiguity: Environmental Crises and East Asian Literatures.* Ann Arbor: University of Michigan Press.

Tyedmers, Peter H., Watson, Reg, and Pauly, Daniel. 2005. "Fueling Global Fishing Fleets." *Ambio* 34(8), 635~638.

Wackernagel, Mathis and Rees, William E. 1996. *Our Ecological Footprint: Reducing Human Impact on the Earth.* Gabriola Island, B.C.: New Society Publishers.

Walker, Brett L. 2009. *Toxic Archipelago: A History of Industrial Disease*

in Japan. Seattle: University of Washington Press.
Walker, Brian and Salt, David. 2006. *Resilience Thinking: Sustaining Ecosystems and People in a Changing World*. Washington, D.C.: Island Press.
Watts, Jonathan. 2010. *When a Billion Chinese Jump: How China Will Save Mankind—Or Destroy It*. London: Faber and Faber.
Welzer, Harald. 2012. *Climate Wars: Why People Will Be Killed in the 21st Century*. Cambridge, U.K.: Polity Press.
White, Lynn. 1967. "The Historical Roots of Our Ecologie Crisis." *Science* 155(37 67), 1203~1207.
Williams, Terry Tempest. 2004. *The Open Space of Democracy*. Eugene, Ore.: Wipf & Stock.
Xu, Jianchu and Melick, David R. 2007. "Rethinking the Effectiveness of Public Protected Areas in Southwestern China." *Conservation Biology* 21(2), 318~328.
Yasuda, Yoshinori. 2001. "Forest and Civilizations." Yasuda, Yoshinori. (ed.) *Forest and Civilizations*. New Delhi: Roli Books, pp.171~192.
_____. 2002. *Nihon yo, mori no kankyo kokka tare* [Japan should be an environmental state of the forest]. Tokyo: Chuõ Kõron Shinsha.
Yeh, Emily T. 2013. "Blazing Pelts and Burnings Passions: Nationalism, Cultural Politics, and Spectacular Decommodification in Tibet." *Journal of Asian Studies*, 72(2), 319~344.
Zalasiewicz, Jan, Williams, Mark, Smith, Alan, Barry, Tiffany L., Coe, Angela L., Bown, Paul R., and Brenchley, Patrick et al. 2008. "Are We Now Living in the Anthropocene?" *GSA Today* 18(2), 4~8.
Zalasiewicz, Jan, Williams, Mark, Steffen, Will, and Crutzen, Paul. 2010. "The New World of the Anthropocene." *Environmental Science and Technology* 44(7), 2228~2231.
Zalasiewicz, Jan, Williams, Mark, Fortey, Richard, Smith, Alan, Barry, Tiffany L., Coe, Angela L., and Bown, Paul R. et al. 2011. "Stratigraphy of the Anthropocene." *Philosophical Transactions of the Royal*

Society A 369(1938), 1036~1055.

Zvelebil, Marek. 2008. "Innovating Hunter-Gatherers: The Mesolithic in the Baltic." Bailey, Geoff and Spikins, Penny.(eds.) *Mesolithic Europe*. Cambridge: Cambridge University Press, pp.18~59.

*기후위기에 대한 서구 사회의 대응

인류세의 관점

**크리스핀 티켈(Crispin Tickell) 지음
정홍상 옮김

* Crispin Tickell, "Societal responses to the Anthropocene," *Philosophical Transactions of the Royal Society A*, Volume 369, Issue 1938(2011), pp.926~932.

** 영국의 외교관이자 환경 분야의 학자. 외교관으로 오랜 기간 근무했으며 멕시코 대사, 유엔 대사, 대외협력처 차관을 역임했다. 켄트대학교 총장, 옥스퍼드대학교 그린템플턴칼리지 학장, 영국왕립지리학회 회장, 영국 해양생물학회 회장 등을 역임했다. 옥스퍼드대학교에서 수학했으며, 환경의 중요성과 기후변화에 대한 대응이 필요함을 강조해 왔다. 저서로 『기후변화와 국제 업무』(1977, 1986), 『라임 레지스의 메리 애닝』(1996, 1998, 2003)이 있다.

●●●●

이 글은 인류세에 대한 사회의 대응을 다룬다. 먼저 급격한 인구 증가가 여러 분야에 미치는 영향을 살펴본다. 다음은 경제체제 면에서 소비 극대화를 대체할 수 있는 목적을 살펴본다. 또 에너지를 생산하는 새로운 방법들을 살펴본다. 점차 불안정해지는 기후를 어떻게 관리하고 이에 적응해 나갈지에 대한 문제, 또 자연 생태계의 보존에 더 우선순위를 두는 문제, 그리고 긴밀하게 연결되어 움직이는 세계에서 이러한 세계적인 과제들에 대응해 나가는 데 필요한 제도적인 수단들을 만들어 나가는 문제 등을 논의할 것이다.

인류가 지표면과 바다, 대기권을 이토록 심각하게 변환시켜서 결국 인류의 이름으로 새로운 지질시대까지 만들 수 있었다는 것은 경악할 만한 일이고, 우리 이전의 세대들도 이를 알았다면 마찬가지로 경악했을 것이다. 지금으로부터 약 250년 전에 산업혁명이 시작된 이래 인류는 지구와 지구상의 생물들에 심각한 영향을 끼쳐 왔다. 그 결과는 점차 더 분명해지고 있지만 장기적인 결과가 어떻게 될지는 아직도 잘 모른다. 토양의 특성 변화, 해양과 대기의 화학적 구성 변화, 인간이 선택해서 번식시키고 국제적으로 이동시키는 생물 종은 우리가 알 수 있는 범위를 넘어서는 세계를 만들고 있다. 그래서 인류세라고 부르는 것이다.

이러한 변화가 사회에 끼치는 영향을 측정하고, 인류의 편익을 위해 이러한 변화를 줄이고 또 변화에 적응하는 것은 현세대의 임무이다. 문제를 완전히 새로운 시각으로 생각하는 것은 매우 어렵다. 더구나 오랜 기간 유지되어 온 전통, 신념, 태도, 암묵적인 전제들과 충돌하지 않으면서 주된 문제들을 정의하기는 더욱 어렵다. 지구의 오랜 역사나 진화의 과정, 판구조[1]의 움직임, 생명체의 유전자 세습, 지구의 물리적/화학적 요소와 생물/인류의 구성요소 간의 상호 보완적이면서 자율 규제적인 관계를 우리 이전 세대들이 받아들이는 데는 오랜 기간이 걸렸다. 일부 학자들은 아직도 이러한 생각들을 부정한다.

인류세를 형성하는 영향들은 여러 가지로 정의될 수 있다. 크게 이야기한다면 우리는 생태계를 포함하여 지구의 자연 자본[2]을 마구 사용하여 고갈시키고 우리가 의존하고 있는 생태계를 망가뜨리고 있다. 이를 조정하는 것은 산업혁명 이후에 있었던 새로운 발명, 자원의 적극적인 활용, 소비 확대라는 성공적인 경험 때문에 더욱 어렵다. 지구 역사에서 성공적이었던 모든 종은 – 그것이 조개이든지, 딱정벌레이든지 인류이든지 간에 – 환경이 제약요인으로 작용할 때까지 번식을 멈추지 않았다. 마침내 환경이 수용 가능한 한계에 도달해서 어떤 형태로든 새로운 균형을 만든다. 우리는 이러한 한계에 가까워졌을까?

요한 록스트룀(Johan Rockström)[3] 등은 2009년 9월에 인류에게 위협이 되는 아홉 가지의 과학적인 한계를 제시했다. 이 중에서 세 가지는 이미 한계치를 넘어서 버렸다. 기후변화, 생물다양성의 훼손, 그리고 질소와 인의 함량에 대한 인위적인 조정이 그것이다. 나머지 여섯 가지는 성층권의 오존 고갈, 해양의 산성화, 담수 사용, 토지 활용, 화학적 오염 물질과 미세먼지 배출이다.

그러나 이와 같은 한계들이 중요하지만 이들은 전체 그림의 절반에 불과하다. 보다 일반적인 여섯 가지 한계가 더 있고 여기에는 사회의 대응이 절대적인 영향을 끼친다. 우선 인구 증가에 대한 대처이다. 다음은 경제 활동에서 소비주의를 대체할 만한 다른 목적을 찾는 것이다. 에너지를 만들어 내는 새로운 방법도 찾아야 한다. 기후가 불안정해지는 변화에 대한 적절한 관리와 적응도 필요하다. 자연계의 보존에 더 높은 우선순위를 두어야 한다. 마지막으로 서로 긴밀하게 얽혀서 돌아가는 세계에서 글로벌한 문제에 대처하기 위해 필요한 제도적인 기반을 만들어 나가야 한다. 왕립학회의 마틴 리스 경(Lord Martin Rees)[4]이 말한 바와 같이 우리는 어리석은 선택을 할 여유가 없다. 미래의 지구촌에서 지나치게 많은 어리석은 사람들을 가질 여유가 없는 것이다.

미래 세대가 인류세를 뒤돌아보게 되면 아마 인구의 팽창을 가장 뚜렷한 특징으로 꼽을 것 같다. 아무도 1800년에 세계 인구가 얼마였는지 정확하게 모르지만 10억 명 정도로 추정된다. 이는 그 이전의 2천 년 또는 3천 년 동안의 기간에서 매우 이례적인 증가였다. 이 숫자는 1927년에는 20억 명이 된다. 그 이후 더욱 급격히 증가해서 1960년에는 30억 명, 1987년에는 50억 명, 현재는 69억 명이다.[5] 일부 전문가는 21세기 중반에 90억 명 정도로 증가하고 그 이후에는 더 증가할 것으로 보고 있다.

인류는 놀랄 만큼 성공적으로 증가한 동물의 한 종으로서 지구의 한정된 자원과 생태환경의 한계에 가까이 다다랐는가? 토머스 맬서스가 1798년에 기술했듯이, 다른 요인에 의해 제어되지 않으면 인구는 기하급수적으로 증가하는 반면, 생존을 위한 식량은 산술급수적으로 증가하므로, 인구의 증가 속도는 식량의 증가 속도보다 항상 더 빠른 것인가? 즉, 지구는 인류를 수용할 수 있는가?

이 논쟁은 여러 측면에서 강한 반향을 불러왔다. 하나의 극단적 견해는 성서에 기록된 바와 같이 신이 인간에게 지구를 지배하도록 했으며 생육하고 번성하여 땅에 충만하고 땅을 정복하라고 했다는 것이다. 다른 하나의 극단적 견해는 중국 정부의 입장과 같이 어지러울 정도의 인구 증가에 대응하여 1980년에 한 가족 한 자녀 정책을 시행한 것이다. 이 조치는 중국의 인구증가 속도를 둔화시켰고 중국 인구는 앞으로 14억 내지 15억 명 수준에서 유지되리라고 전망된다.

국제기구 중에서는 유엔인구기금(UNFPA)이 아주 조심스럽게 정책 방향을 정하고 지원 활동을 해 나가야 할 것이다. 1960년대에 인구 문제는 큰 논쟁을 불러왔다. 여기에 중요한 영향을 준 것은 폴 에를리히(Paul Ehrlich)[6]가 1968년에 발표한 『인구 폭탄』이라는 저서였다. 여기에서 그는 머지않은 장래에 큰 재앙이 있을 수 있다고 예고했다. 다행히 이 재앙은 일어나지 않았다. 맬서스의 경우와 마찬가지로 이 견해를 무시한 사람들도 있었고 단지 지연된 것일 뿐이라는 사람들도 있었다. 그러나 이 주제는 매우 민감한 주제로 남아 있으며 관련 연구와 국제 협의에 상당 부분 반영되고 있다.

21세기에 이 논쟁이 다시 시작되면서 프레드 피어스(Fred Pearce)[7]의 『인구 지진』이라는 저서가 잘 대변하고 있듯이 그 내용도 수정되었다. 이제는 누구도 인구 증가가 사회와 자원에 주는 위협을 부정하지 않지만 인구 증가의 꼭짓점을 이미 통과했을지 모르며, 세계의 일부 지역에서는 여성의 출산율이 떨어지고 있다. 만약 인구 수준을 유지하기 위한 대체 출산율[8]이 여성 1인당 2.1명이라면 이미 60개국 이상에서 이 비율은 이보다 더 낮고 다른 국가들도 이 추세를 따라가고 있다. 중국에서와 같은 절대주의적인 정책이 아니더라도 21세기가 끝날 때쯤에는 인구의 상당한 감소가 있을 수 있다. 예를 들어 유럽 인구는 현재 수준의 절반을 밑돌 수 있다. 일부 지역에서는 인구 감소가 인구 증가에 대한 안도보다는 오히려 불안을 불러일으키고 있고 일부 국가 정부에서는 출산을 장려하기 위한 정책을 펴고 있다. 어떻게 그리고 왜 이러한 사회적 대응이 일어나고 있는가?

지역 간에 많은 요인과 차이가 있지만 무엇보다도 여성의 사회적 지위가 향상된 점이 크다. 이러한 경향은 산업화된 국가에서 두드러지지만 어떤 면에서는 거의 모든 국가에서 관찰된다. 여성에게 이제 더 이상 출산이 주된 기능이라고 여겨지지 않으며 결혼과 출산은 점차 늦추어지고 있다. 여성이 남성과 동등한 사회적 지위를 누리고 교육도 받는 지역에서는 출산율이 낮다. 또한 노년에 부양해 줄 자녀가 필요하지도 않다. 기술의 발전이 특히 농촌지역에서 노동의 수요를 감소시키고 도시지역에서 실업을 증가시킨 점도 크다. 피임 기구들도 더 광범위하게 활용 가능하다. 국가 내 또는 국가 간의 이주도 환경조건 또는 사회적 압력의 변화로 인해 크게 늘었다.

인구가 계속 증가하는 지역에서는 사람들이 더 오래 산다는 요인이 작용한다. 특히 산업화된 국가에서는 노령 인구의 증가가 전체 인구 규모를 유지시키는 데 중요한 요인이 되고 있다. 생활수준의 향상과 더 나은 삶에 대한 기대는 보편적이지 않을지 몰라도 인구 수준의 감소 경향은 분명하며 세계 인구가 90억 명에 달하리라는 전망은 잘못된 것일 수 있다. 전염병, 다른 질병, 급격한 기후변화, 식량공급 체계의 훼손 등 어떤 대재앙이든 역사적으로 여러 번 경험한 바와 같이 인구수를 급격하게 감소시킬 수 있다. 동시에 인구 급증은 환경, 사회, 안전의 가장 심각한 문제 가운데 하나로 남아 있다. 우리는 인류와 지구 생태계 간의 균형이 대재앙을 통해서 비로소 다시 회복되도록 하지는 말아야 할 것이다.

인류세의 다른 하나의 특징은 소비경제의 철학이다. 산업혁명 이후 애덤 스미스의 이론에 힘입어 물질의 생산과 생산성에 주된 가치를 두는 시장 이데올로기가 발전되어 왔고 경제성장에 최우선순위가 두어졌다. 사회의 물질적 번영뿐 아니라 건강, 부, 행복에 대해서까지도 비용-편익 분석을 지나치게 적용하면서 국내총생산(GDP)이나 국민총생산(GNP) 같은 지표로 측정해 왔다. 그 결과 진정한 비용과 외부 효과는 제대로 감안될 수 없었다. 시장은 가격을 결정하는 데는 뛰어났지만 진정한 비용을 인식하는 데는 실패했다.

점차 공공재와 공해의 가치를 측정하는 문제가 중요해지면서 공공과 민간 부문에 대한 규제의 역할도 중요해지고 있다. 공해 유발자가 그 공해로 인한 피해에 대해 보상해야 한다는 일반적인 합의도 있다. 변화는 현재의 경제 위기 때문이 아니더라도 이미 진행 중이다. 최근(2009년)에 이 주제에 대한 스티글리츠 위원회[9]가 발행한 보고서도 있었다. 그러나 아직까지도 인류의 건강과 부, 행복에 대해 환경여건과 자원의 활용 가능성을 적절히 반영한 측정 방법을 찾지는 못하고 있다. 물질적인 부와 행복은 매우 이질적이다. 중국이 주는 교훈은 공익을 위해 시장 기능을 어느 정도 통제할 필요가 있다는 것이다.

인류세가 시작되기까지 인류 사회를 움직이는 에너지는 인류와 다른 동물들의 육체적인 힘과 물 또는 바람을 활용한 것이었다. 석탄, 석유, 가스 등의 화석연료를 사용하면서부터 큰 변화가 오게 되었다. 이 변화가 산업혁명을 단적으로 설명해 주는 것이고, 현대사회는 그 산물이다.

사회의 대응에 중요한 영향을 미치는 두 가지의 비교적 새로운 요인들이 있다. 첫째, 에너지 자원의 공급에 한계가 있다는 자각이다. 기술이 진보함에 따라 유동적이기는 하지만, 석유는 40년, 가스는 60년, 석탄은 220년 이후에는 거의 고갈될 것이다. 이들 자원 간의 소비 변화도 일어나고 있다. 예를 들어 유럽연합(EU)에서는 가스를 이용한 전력생산이 25% 늘어나면서 석탄을 이용한 전력생산은 20% 줄어들었다. 중동이든 러시아든 자원의 공급선이 집중되는 데 대한 두려움도 커지고 있다. 에너지 안보는 매우 정치적인 이슈가 되었다. 한편 에너지 수요는 꾸준히 증가하고 있다. 중국에서는 에너지 사용이 1990년부터 2006년 사이에 두 배로 늘어났고 2025년까지 다시 두 배 더 늘어날 전망이다.

둘째, 화석연료의 사용이 대기의 화학적 구성과 환경에 미치는 누적적인 영향에 대한 자각이다. 여기에 대한 과학적인 근거는 강력하다. 온실가스와 지구표면 온도 간의 관계는 과학적으로 잘 설명되어 있다. 대기 내의 이산화탄소 증가에 대한 인류의 책임이 어느 정도인지에 대해서는 아직 다소 논란이 있지만, 우리가 계속 화석연료에 의존할 경우 그 결과는 자원 고갈보다 더 심각할 수 있다. 행동에 나서지 못하는 경우의 위험은 현재와 같이 화석연료에 계속 의존하는 경우의 위험보다 훨씬 심각한 것이다.

그래서 남아 있는 화석연료를 더 효과적으로 활용하는 것, 탄소를 포집하는 것 또는 탄소배출권거래제의 도입에 대해 새롭게 관심이 커지고 있다. 그러나 보다 중요한 관심은 대체 에너지원을 개발하는 것이다. 이는 핵융합이나 핵분열 같은 원자력, 태양열 에너지, 바이오 연료 에너지, 조류와 해수 에너지, 풍력과 수력, 지하의 열을 활용하는 지열 에너지, 새로운 전기화 기술 등이다.

어떤 아이디어나 기술이 추구되든 간에 인류 사회의 구조와 기능에 미치는 이들의 영향이 인류세의 큰 특징이 될 것이다. 현재로는 기후변화가 특히 주목받고 있다. 이 주제에 대해 수많은 책과 보고서, 회의가 있었다. 니컬러스 스턴 경(Lord Nicholas Stern)[10]의 사회적 경제적 함의에 대한 2006년 검토 보고서, 기후변화에 대한 정부 간 협의체(IPCC)[11]의 4차 평가보고서, 2009년 코펜하겐 회의를 위한 준비 자료 등이 여기에 포함된다. 과학의 일반적인 결론은 분명하지만 여러 가지 불확실성과 복잡성도 있다. 현재까지는 사회의 대응은 복합적이며 국가 간에 편차도 많고 불확실하다.

이러한 사회의 대응은 과학과 정치 간의 간극을 보여 주기도 한다. 과학자들은 서로 다른 정도의 불확실성과 확률을 전제로 연구하고 시간 범위도 먼 미래까지 포함한다. 하지만 정치인이나 기업인 그리고 대부분의 일반인은 흑백식의 답을 원한다. 이들의 관심은 즉각적 또는 단기적인 데 있으며 해결책도 실용적이면서 가능하면 추가적인 부담이 거의 없기를 원한다.

그러나 기후변화에 대처하는 정책 수단은 대부분의 범주에서 만족스럽지 않다. 에너지의 생산과 공급에 대한 함의는 논외로 하더라도 그 영향은 국제적으로 광범위하게 걸쳐 있으며 사회의 대부분의 대응은 아직 시작되지도 않았다. 국가 간의 관계, 기후 정의 – 의도치 않게 문제를 일으킨 국가들이 그 결과로 고통을 겪는 국가들에게 어떻게 보상할 것인가 하는 문제 – 에 대한 모색, 농업, 교통수단 등의 기후관련 기술에 대한 변화, 쓰레기 폐기와 저장 시설, 저수지, 하수도 시설 등의 물 사용, 필요한 공공과 민간 투자의 정도와 방향, 도시와 건물의 디자인과 기능성, 해수면 상승, 해수 산성화와 해양자원의 상실, 동식물 생물다양성의 훼손, 새로운 전염병과 같은 인류의 건강문제 변화, 미생물의 변화, 록스트룀이 2009년 열거했던 여러 한계에 대한 침해 등이다. 이는 가공할 리스트이고 어떤 것이든 사회의 대응을 추정하는 것이 얼마나 어려운지를 보여 준다.

또한 국제적이면서 포괄적인 접근이 필요함을 보여 준다. 유엔환경프로그램(UNEP)이 2009년에 제안한 글로벌 그린뉴딜은 '개발'이라는 용어의 실질적인 함의가 어떠해야 하는지에 대한 문제를 제기한다. 장기적으로는 세계환경기구를 설립하여 세계무역기구(WTO)와 협업하면서, 200개가 넘으며 중복되는 경우도 많은 환경 관련한 국제 협정들을 조정하는 역할을 담당하도록 해야 한다.

동시에 국제사회 전체를 광범위한 합의들에 동의하게 하는 것은 어렵다는 사실을 인식해야 한다. 일부 합의는 다른 합의에 비해 때로 더 큰 고통을 야기하기도 하고 또 합의의 영향은 세계 각 지역 간에 다르기도 하기 때문이다. 2009년 코펜하겐 회의의 교훈 중 하나는 G20 같은 일부 국가 그룹에 먼저 적용하고 추후에 글로벌 수준으로 나아가는 다단계식의 합의가 필요하다는 점이다.

무엇이 국제사회를 이러한 방향으로 이끌 수 있을까? 변화를 위한 세 가지 요인이 있다. 첫째는 이슈를 파악하고 대처, 관리하는 정치적 리더십이다. 둘째는 기업 부문, 비정부기구(NGO), 사회로부터 나오는 여론의 압력이다. 셋째는 그렇게 심각한 악영향을 주지는 않지만 일반 시민의 경각심을 불러일으켜 교훈을 얻을 수 있도록 하는 기후재난이다. 지난 수년 동안은 정치적 리더십이 일부 있기는 했지만 부족했고, 여론은 훨씬 더 이슈를 이해하게 되었으며, 기후재난은 현세대에게는 다행스럽게도 많지는 않았다.

거의 모든 예측은 빗나간 것으로 판명되는 것이 일반적이며 우리는 이를 기대해야 한다는 전제하에, 인류세의 미래를 내다보고 어떤 결과들이 뒤따를지 예견해 보는 것은 도움이 될 것이다. 이렇게 함에 있어서 우리는 현재 어떤 일들이 일어나고 있는지를 이해하기 위해 더욱 노력해야 하며 정책을 위해 필요한 결론들을 도출해 내야 한다.

첫째, 우리는 더 세계화되고 더 빠른 커뮤니케이션이 이루어지는 세상에 살게 될 것이다. 이미 전자로 이루어지는 보편 언어가 존재한다. 아이디어나 정보는 국가 간, 사회 간, 개인 간에 즉시 퍼진다. 지구를 둘러싼 광섬유망, 무선전화, 인공위성, 디지털 TV는 인간관계를 변화시키고 있다. 역사상 처음으로 하나의 인류 문화라고 할 만한 것이 탄생할 것이다. 인류는 마치 특정한 개미 종처럼 우월한 생물체로 간주될 수 있을 것이다.

사회는 더 공간적으로 분산되고 일을 위해 도시로 출퇴근하는 사람들의 행렬은 줄어들 것이다. 인구는 결국 현재 세계보다 줄어들 것이다. 농업은 지역적이고 다양하며 특화될 것이고, 에너지와 교통 시스템은 더 분권화할 것이다. 정보 기술의 발전은 진화 자체에 의문을 제기하게 될 것이다. 현재 우리는 유전자가 할 수 있는 것의 복잡성과 통합성을 무시한 채 개별 유전자를 변화시킬 수 있다. 허버트 웰스(Herbert G. Wells)[12]나 다른 작가들이 예측했듯이 유전자 변형으로 인간을 창조할 수 있을지도 모른다.

우리는 비록 확신할 수는 없지만 앞으로 수백 년 내에 인류가 새로운 윤리 체계 – 자연이 인류의 행복뿐만 아니라 자연 자체를 위해서 또 그 자체로서 가치를 지닌다는 – 를 만들어 내고 실천하기를 기대해야 한다. 우리는 온전하고 지속적인 존중이 요구되는 거대한 시스템의 작은 부분일 뿐이다. 현재로는 우리의 후손들이 유전적으로 피폐한 세계에 살 위험이 커 보인다. 인류라는 생명체는 다른 생명체들과 함께 살아가는 법을 배워야 한다.

인류는 분명히 특이한 종이다. 지구에 끼친 그 영향이 워낙 크기 때문에 현재의 세를 인류세라고 부르는 것은 타당하다. 만약 인류가 생존해 낸다면 – 그렇게 희망해야 하겠지만 – 진화는 새로운 경로로 진행해 갈 것이다. 그때까지는 우리가 특정한 시기의 특정한 환경에 처한 피조물로서 얼마나 작고 취약한 존재인지를 기억하자.

●●●● 옮긴이 논평

크리스핀 티켈의 글은 인류세를 관통하는 흐름으로 인구가 급격하게 증가한 점, 환경에 대한 비용을 무시하는 소비 중심의 경제 운영, 화석 에너지의 지나친 사용 등을 꼽고 있다. 결과적으로 여러 문제들이 야기되지만 특히 현재 세계적으로 주된 관심사인 기후변화 문제에 대해서 왜 해결이 잘 되고 있지 않은지 어떻게 해결해 나가야 할지를 설명한다.

기후변화에 대응하여 세계 각국에서 탄소세 또는 탄소배출권거래제, 2050년 탄소중립, 그린뉴딜 등 다양한 정책이 논의, 시도되고 있지만 아직 만족스러운 결과를 얻지 못하고 있다. 그만큼 현장에서 국제적으로 협업하면서 정책을 지속적으로 실천해 나가기가 어렵다는 사실을 보여 준다. 세계가 협력하여 탄소를 줄여 나가야 하지만 각국이 처한 경제 상황과 기후변화 피해, 활용 가능한 자원에서 차이가 나고, 산업계에 부담을 가급적 줄이려는 정치적 목적과 결합하여 서로 간에 무임승차하려는 동기도 작용하기 때문이다.

이에 대해 티켈은 정치적인 리더십, 일반 시민의 각성과 여론의 압력이 중요함을 역설한다. 이를 위해 더 기본적으로는 인류가 자연 속에서 함께 살아가면서 자연을 존중하는 새로운 윤리 체계가 필요하다고 주장하고 있다. 기후변화에 대해 실효성 있는 정책을 일관성 있게 추진해 나가려면 다른 처방은 없을 것 같다. 학자이면서 동시에 외교관으로서 국제협의의 현장에서 일한 경험으로부터 우러나온 사려 깊은 제안이라고 보며, 역자도 여기에 공감한다.

주

1. 지구의 지각은 몇 개의 조각난 판으로 구성되어 있으며 이 판들이 맨틀 대류를 따라 움직이면서 지각변동을 일으킨다고 설명된다. —옮긴이 주
2. 육지, 바다, 대기 등의 자연과 인류 이외의 동식물 등의 생태계를 포괄하며 인공적으로 만들어진 자본과 대응된다. —옮긴이 주
3. 스톡홀름복원력센터 소장이자 스톡홀름대학교의 '수자원 체계/지구 지속가능성학과' 교수이다. '지구한계과학'이라는 새로운 학문 분야를 선도하고 있다. 마티아스 클룸(Mattias Klum)과 공동 저술한 『지구 한계의 경계에서』는 한국을 비롯한 여러 나라에서 출간되었다. —옮긴이 주
4. 영국의 천문물리학자이며 영국왕립학회의 회장을 역임했다. —옮긴이 주
5. 이 글은 2011년에 발표된 것이다. 유엔 통계에 의하면 2020년의 세계 인구는 77억 명이다. —옮긴이 주
6. 미국의 인구 생태학자. 현재 스탠퍼드대학교의 교수이며 이 대학의 보존생물학센터 소장이기도 하다. —옮긴이 주
7. 영국의 언론인 작가. 기후변화 등의 국제적인 환경문제를 주로 다룬다. —옮긴이 주
8. 현세대의 부부가 그들 자신을 대체하기 위해 가져야 할 자녀 수에 대한 인구통계학적 용어이다. 일반적으로 유아 사망률이 적은 선진국의 경우 대체 출산율은 2.1로 여겨진다. —옮긴이 주
9. 정식 명칭은 '경제적 성취와 사회적 진보의 측정 위원회(Commission on the Measurement of Economic Performance and Social Progress: CMEPSP)'이다. 프랑스 정부에 의해 2008년 조직되었으며 최종 보고서는 2009년 발간되었다. —옮긴이 주
10. 영국의 경제학자. 런던정경대학교 교수이며 이 대학의 그랜섬 기후변화 환경 연구소 소장이기도 하다. —옮긴이 주
11. IPCC는 'The Intergovernmental Panel on Climate Change'의 약자로 유엔 산하의 국제기구이다. 인류가 초래한 기후변화의 위험을 이해하기 위해 필요한 객관적이고 과학적인 정보를 제공하기 위한 목적으로 1988년 창설되었다. 현재 한국인 이회성 박사가 의장을 맡고 있다. —옮긴이 주
12. 영국의 작가(1866~1946). 특히 SF소설 분야를 개척했다. —옮긴이 주

참고문헌

Crutzen, P. J. 2002. "Geology of mankind: the Anthropocene." *Nature* 415, 23. (doi:10.1038/415023a)

Crutzen, P. J. and Stoermer, E. F. 2000. "The Anthropocene." *Glob. Change Newsl* 41, 17~18.

Intergovernmental Panel on Climate Change. 2007. Climate change 2007. Synthesis report. Summary for policy makers. See http://www.ipcc.ch/pdf/assessme nt-report/ar4/syr/ar4_syr_spm.pdf

Lovelock, J. 2000. *Gaia: a new look at life on Earth.* Oxford, UK: Oxford University Press.

Pearce, F. 2010. *Peoplequake: mass migration, ageing nations and the coming population crash.* London, UK: Eden Project Books, p.324.

Rockstrom, J. et al. 2009. "A safe operating space for humanity." *Nature* 461, 472~ 475. (doi:10.1038/461472a)

Stiglitz, J. E., Sen, A., and Fitoussi, J.-P. 2009. Report by the Commission on the Measurement of Economic Performance and Social Progress. See www.stiglitz- sen-fitoussi.fr

*인류세와 러시아

문학적 지평

**알렉 브룩스(Alec Brookes) 지음
***엘레나 프라토(Elena Fratto) 지음
이지연 옮김

* Alec Brookes and Elena Fratto, "Towards a Russian Literature of the Anthropocene. Introduction," *Russian Literature*, Vol.114~115(2020), pp.1~22. 이 글은 러시아 문학 전문잡지 *Russian Literature* 에서 2020년(Vol.114~115) "인류세와 러시아 문학(Antropocene and Russian Literature)"이라는 표제하에 기획한 특집호의 권두 논문이다. 이 특집호에는 편저자인 알렉 브룩스와 엘레나 프라토가 쓴 이 글을 포함해 러시아 문학의 구체적 사례들을 통해 인류세의 문제를 고찰하는 논문 9편이 실렸다. 이 글은 러시아 문학과 문화에서 인류세 문제에 대한 개괄과 함께 인류세를 러시아적 관점에서 읽는 작업의 필요성을 설명하고 있다.—옮긴이 주

** 뉴펀들랜드메모리얼대학교 러시아 문학과의 부교수로서 러시아 문학과 영화, 그리고 세계생태학을 공부하고 있다. 특히 최근에는 문학과 환경의 관계를 다루는 학제 간 연구에 관심을 갖고 있다.

*** 프린스턴대학교 슬라브어문학부 조교수로서 과학과 문학의 접점을 주목하여 연구를 진행하고 있다. 19세기 말~20세가 초 러시아 문학에 나타난 의학, 천문학, 비유클리드 기하학의 수사적, 구조적 문제에 대한 논문을 발표했으며, 최근에는 20세기 초반 러시아와 유럽 문학에서의 건강과 질병, 몸의 문제에 관한 단행본을 출간했다.

●●●●

흑연은 탄소가 수백만 년 동안 높은 압력을 견뎌 만들어진다. 탄소는 석탄으로 혹은 다이아몬드로 변하기도 하지만, 때로 다이아몬드보다 훨씬 더 귀한 연필, 즉 흑연이 되어 보고 들은 모든 것을 기록한다. […] 그것은 다이아몬드보다 더 놀라운 기적이다. 흑연이나 다이아몬드나 그 화학적 성분은 동일하다 할지라도.

_V. 샬라모프, 「흑연」(1967)(Shalamov, 2013: 107)

탄소의 지구화학적 순환과 아울러 다른 원소들의 지화학(地化學)적 역사는 지질학적 시간의 흐름 가운데 불변한 채로 남겨지지 않는다. […] 우리 시대, 즉 "정신생대(情神生代, Psychozoic era)"[1] 혹은 "인간 지력(知力)의 시대(Age of Mind)"에는 매우 중요한 새로운 지화학적 요인이 등장했다. […] 도처에서 인간이 중단 없는 오랜 지화학적 순환으로부터 나오는 원자의 수를 늘리고 있는 것이다. 인간은 이 오랜 파괴 과정을 더욱 가속시켰으며, 새로운 것을 더하고 교란시켜 왔다. 인간의 등장으로 분명 우리 행성 표면에는 엄청난 새로운 지질학적 힘이 출현하게 되었다.

_V. 베르나츠키, 『지구화학』(1924)(Vernadsky, 1924: 344)

노벨문학상 수상자 스베틀라나 알렉시예비치(Svetlana Alexievich)가 20세기의 가장 위대한 작가라 칭송한 바를람 샬라모프는(Esipov, 2009) 이처럼 문학이야말로 지구의 생지화학적 순환 가운데 인간의 인위적 힘이 침투해 만들어진 가장 기적적인 것이라 말한다. 그가 강조하듯, 우리의 언어 실천은 이 지구 체계에, 그리고 자연과학, 인문과학, 사회과학을 넘나들며 학자들이 "인류세(Anthropocene)"라 명명한 바로 그것에 깊이 뿌리내리고 있다.

"인류세"가 현재의 의미로 처음 사용된 것은 파울 크뤼천(Paul Crutzen)과 대기화학자이자 담수생물학자인 유진 스토머(Eugene F. Stoermer)가 2000년 ≪글로벌 체인지 뉴스레터≫에 게재한 2페이지짜리 글에서였다. 크뤼천과 스토머는 지구시스템과학으로부터 한발 나아가 인류세라는 개념을 통해 지상과 대기는 물론 지구상의 모든 영역에 인간 활동이 상당한 영향을 미치고 있으며, 또한 그 영향이 점점 커지고 있음을 보이려 했다. 2000년 이 개념이 등장한 이래 본격적으로 인류의 영향을 하나의 지질학적 힘으로 규정하고 이를 추적하는 전례 없는 학제 간 연구들이 생겨났다. 베스 레디(Beth Reddy)의 말을 빌자면 그것은 인문학과 예술, 자연과학과 사회과학을 가로지르는 "굉장한 장악력을 가진 메가 범주"가 되었다. 그 속에서 다양한 학문 분과에 속한 과학자들이 인간 활동의 지질학적 표식을 찾아내고 분석하려 시도하고 있으며, 인문학자들과 사회학자들 또한 적극적으로 나서 그러한 활동과 활동의 구조, 나아가 그것에 관한 이야기들을 밝혀내기 위해 고군분투하고 있다. 바야흐로 이 시대야말로 중요한 행위자로서의 지구와 바로 그 지구의 "인간을 넘어서는 아상블라주"[2]에 대한 이야기를 다시금 하지 않을 수 없게 만든다. 또한 이 시대는 안나 칭(Anna Tsing)이 말하듯, 인간과 인간이 아닌 생명체가 마주하고 있는 위기에 대한 대안을 상상하는 이야기꾼에게로 눈을 돌려야 하는 그런 때이기도 하다(Tsing, 2015: vii). 우리가 "인류세와 러시아 문학"이라는 주제를 주목한 것은 바로 러시아 문학 전통의 여러 이야기꾼들이 들려주는 이러한 대안에 귀를 기울이기 위해서였다.

인류세의 시작점을 표시하는 "황금 못(golden spike)"의 위치를 정하는 것은 인류세가 무엇인지에 대한 논의와 분리되지 않는다. 대개 그것은 학문적 배경에 따라 달라지며, 이 용어를 채택함으로써 전달하고자 하는 바가 무엇인지를 반영한다. 인류세의 시작으로 진지하게 논의되는 것은 다음의 네 시기이다. 첫 번째는 대략 1만 년 전 농업혁명이 시작된 때이며, 두 번째는 작고한 앨프리드 크로스비(Alfred W. Crosby)가 1972년에 "콜럼버스의 교환"이라고 명명한 신대륙과 구대륙 사이에서 일어난 쥐, 옥수수, 소, 지렁이, 바이러스는 물론 자발적이건 비자발적이건 인간을 포함한 생물군의 교환 시점이다.[3] 세 번째는 산업혁명과 사회적, 생태적(그리고 지질학적) 관계의 동인이 된 증기기관의 상용 시기이며, 네 번째는 소위 제2차 세계대전 이후의 "대가속" 시대이다. 첫 번째, 즉 윌리엄 루디먼(William Ruddiman, 2003, 2005)과 에드워드 윌슨(Edward O. Wilson, 2006)이 옹호한 "이른 인류세" 이론에서는 인간의 농경과 목축 활동으로 인해 발생한 탄소가 지층에 남긴 흔적을 전 지구적 규모로 추적한다. 앤드루 글릭슨(Andrew Glikson)은 심지어 인류세가 180만 년 전 인류가 불을 사용하기 시작하면서 이미 시작되었다고 주장한다(Glikson, 2013: 91). 그러나 이와 같은 "이른 인류세" 가설은 결국 이 용어에 내재하는 규범적 목적론을 훼손할 수밖에 없다. 그 경우 인간의 활동 규모는 너무 크고, 너무 멀고, 너무 전방위적이서 우리가 할 수 있는 것이 전혀 없기 때문이다. 무엇보다, 대부분의 인류세에 관한 문헌에서 낮게 평가되어 온 이러한 방식으로는 이후 도래하는 시대의 가장 설득력 있는 지질학적 지표가 되는 사회 구조의 연속성을 설명하지 못한다. 글릭슨과 루디먼, 윌슨 등의 연구자가 생각하는 농업혁명이나 불의 사용과 현재의 사회적 형태 형성 간의 연속성이란 사회적 결속 구조의 변화 가능성에 대한 이해가 아닌 그저 "인간의 본성"에 대한 일관된 숙명론에 기대어 있을 뿐이다.

나머지 세 가지 주장과 그 규범적 효력은 사회적 계층화와 지층 형성 간의 연속성에 기대어 있지만, 문제는 사실 어떤 과정과 구조가 현재 우리가 직면한 긴박한 상황에서 가장 중요한가 하는 것이다. 사이먼 루이스(Simon Lewis)와 마크 매슬린(Mark Maslin)은 농경 생활을 하던 토착민 5천만 명의 죽음으로 인해 두 개의 빙핵 기록에서 이산화탄소의 현저한 감소가 나타난 1610년을 인류세의 시작으로 제안한다. 이는 지구 체계의 대사 능력의 한계를 위협하는 이산화탄소, 메탄, 그리고 기타 온실가스의 비정상적 축적으로 이행하기 바로 직전의 전조였다는 것이다.[4] 사회과학적 관점에서 이와 거의 유사한 의견을 주장한 이는 제임스 무어(James Moore)[5]였다. 그는 "원시적 축적"의 시기와, 그가 "자본세(Capitalocene)"라 명명한 자본주의 가속화 시기 사이의 연속성을 지지했다. 또한 토착민의 시점에서 헤더 데이비스, 조 토드(Heather Davis and Zoe Todd, 2017)와 카일 화이트(Kyle Whyte, 2017)는 모두 "인간을 넘어서는" 사회생태학적 구조가 현재까지 이어지고 있음을 보이려 했다. 인류세라는 용어를 제일 처음 제안한 크뤼천과 스토머의 경우 인류세가 증기기관의 발명으로 시작되었다고 평가한 데 반해, 대학원생 신분으로 이미 "자본세"라는 말을 만든 안드레아스 말름(Andreas Malm)은 증기기관이 상용화되고 특히 그것이 면화 공장에 보급된 시점이 인류세의 시작이라는 상당히 설득력 있는 의견을 내놓았다(Malm, 2016: 17). 그의 설명에 따르면 인류세는 전술한 이산화탄소의 축적과 함께 시작된 것이며 그것은 무엇보다 19세기 중반 증기, 석탄을 동력으로 한 산업 자본주의의 출현과 관련된다. 물론 이 경우에도 비록 면화 공장의 면화가 어디서 온 것인지, 가령 그것이 아메리카 원주민들의 터틀 아일랜드(Turtle Island), 즉 "북아메리카"에서 온 것인지 같은 문제는 여전히 사회적, 생태학적, 심지어 지질학적 구조에 대해 말해 주는 중요한 질문이다. 특히 어떤 지질학적 표식을 낳은 사회구조보다는 그 표식 자체에 초점을 맞추는 지질학자들의 경우 인류세의 시작을 이 시기로 보는 것을 선호한다. 그들은 또한 이 전후 시대 지구 대기와 지층에 축적된 온실가스의 엄청난 증가와 핵낙진의 흔적, 또한 "광업과 매립식 폐기물 처리, 건설과 도시화의 산물"인 플라스틱을 포함한 새로운 인공 물질의 광범위한 확산을 목도했다(Waters et al., 2016: 3; Steffen et al., 2007, 2015; Zalasiewicz et al., 2015). 인류세의 기점에 대한 이러한 연대 추정은 당연히 주도적인 역할을 해온 영미권의 사회적 힘에 의해 지배된 범유럽 시스템에 초점을 맞춘 것이었고, 자연히 러시아와 소련의 맥락은 거의 고려되지 않았거나 대략적으로 유추될 수 있을 뿐이다. 가령, 1552년 카잔 정벌을 필두로 한 러시아의 아시아 점령 또한 '장기 16세기'에 일어난 일이었다.[6] 러시아에서 산업혁명은 크림전쟁 이후 알렉산드르 2세가 강력히 추진한 근대화 과정에서 출현했고(Graham, 1998: 36~37) 소비에트 시대에 이르러서야 비로소 "과하다 싶을 정도로 강조되었다"(Bruno, 2016: 25).[7] 제2차 세계대전 이후 소위 "대가속"(Steffen et al., 2015)의 흔적은 러시아의 핵실험이 자행된 카자흐스탄의 세미팔라틴스크(Semipalatinsk)나 북극해에 위치한 노바야제믈랴(Novaya Zemlya) 섬에서 찾을 수 있다. 노바야제믈랴 섬에서는 RDS-220 열핵폭탄 폭발로 전 세계에서 가장 큰 규모의 스트론튬 낙진이 방출되었으며 흐루쇼프의 "쿠지마의 어머니"는 세계 최대의 핵낙진을 발생시켰다(Waters et al., 2015: 62).[8]

"러시아 문학과 인류세"를 다룬 특집호의 편저자로서 우리는 인류세가 언제 시작되었는지에 대한 답을 제시하지는 못한다. 다만, 우리는 문학을, 가령 18세기 러시아 문학, 19세기 문학 이런 식의 역사적 범주로 구분하여 설명하는 틈을 비집고 들어가, 그것을 지금껏 그래 왔고 또 앞으로도 그러할 지구와의 지속적 얽힘 가운데에서 이해하기 위해 인류세라는 개념을 기꺼이 사용한다. 디페시 차크라바르티(Dipesh Chakrabarty)가 자신의 글 「역사의 기후: 네 가지 테제」에서 지적하고 있듯, 기후변화와 인류세에 대한 담론은 자연사와 인류사 사이의 해묵은 경계를 무너뜨리지 않았던가.[9]

인류세의 러시아 문학이란 무엇인가?

인류세와 러시아 문학에 관한 이 기획 또한 당연히 생태비평의 발전에 조금이나 기여하고자 한다. 즉, 문학과 다른 미디어가 환경과 맺는 관계에 대한 비판적이고 규범적인 연구를 러시아라는 맥락에 한정해 진행하려는 것이다. 1992년 "문학과 환경 연구회"가 설립되면서 생태비평이 공식적인 연구 분야로 인정되었지만 러시아학 분야에서의 이러한 연구는 아직 지지부진하다. 러시아 생태비평, 혹은 좀 더 넓은 분야라 할 러시아 환경사에 바쳐진 여러 저널의 특집호에서조차 러시아를 배경으로 진행된 이러한 연구의 부족에 대해 지적한 바 있다(Gille, 2007: 1~3; Bonhomme, 2013; Oldfield et al., 2015; 생태비평과 러시아 문학에 대해서는 특별히 Costlow, 2009: 12~14를 보라). 자연에 대한 묘사라는 주제만 놓고 보더라도 그렇다. 미하일 엡스테인(Mikhail Epshtein)은 그리 오래전이라 할 수 없는 1990년에 발표한 글에서도 여전히 러시아의 경우 "작은 인간", "잉여 인간", "서정적 주인공" 등 다양한 문학적 인간 유형에 관심을 기울이는 데 반해 전통적으로 자연에 대한 문학적 재현 연구에 인색했다고 불평한 바 있다(Epshtein, 1990: 3). 그러나 최근에는 영문학과 비교문학에서 진행된 몇몇 선구적 연구의 영향으로 러시아 문학 연구에서 또한 생태비평의 성과가 점차 늘어나는 추세이다.[10] 러시아 문학의 풍부한 자산과 문화적 전통은 실로 생태비평 연구를 위한 밑거름이 될 것이다.

> 시들고 메마른 황폐한 광야
> 폭염으로 달아오른 마른 땅 위에
> 우파스 나무 한 그루가 성난 파수꾼처럼
> 마치 전 우주에 홀로인 듯 서 있다.
>
> 목마른 스텝의 자연은
> 분노의 날 그를 낳았다.
> 나뭇가지의 죽은 잎도,
> 뿌리도, 독으로 흠뻑 채웠다.[11]
>
> _알렉산드르 푸시킨, 「우파스 나무」(1828, 1949: 133)

미하일 바흐친(Mikhail Bakhtin)과 유리 로트만(Yuri Lotman)을 위시

한 러시아 문학 이론가들은 "공간"이야말로 그것을 통해 러시아 문학과 문화를 읽어 낼 수 있는 생성적 개념이라 지적한다.[12] "기호의 권역(semiosphere)"이 "생물권"[13]과 만날 때 그것은 이러한 생산적 오염을 통해 러시아 문학 연구의 가장 전도유망한 새로운 프런티어로 거듭난다. 탐험과 정복, 확장과 식민화는 적어도 16세기부터 러시아 문화의 구성 요소들을 규정해 왔다. 러시아 역사의 지리학적 탐구는 그 규모와 영향력 면에서 서유럽 국가들의 그것에 필적한다. 예르마크 티모페예비치(Ermak Timofeevich)의 시베리아 정복이나 비투스 베링(Vitus Bering)의 지리적 발견은 특히 그러하다. 이는 러시아의 지리적, 문화적 경계를 최북단과 동쪽 끝까지 확장해 베링 해협과 알래스카에 이르도록 했다. 브라이언 보놈(Brian Bonhomme, 2012)과 밸러리 키벨슨(Valerie Kivel son, 2006)이 지적하듯, 러시아의 팽창은 전통적으로 인접성의 원칙으로 설명되었다. 대륙의 접경 지역을 차례로 점령해 가는 것이다.[14] 이러한 팽창주의적 열망 가운데 1919년에는 중앙집권적 시간 규제 시스템이 도입되었고 "모스크바 시(Moscow time)"라는 개념을 통해 점점 넓어지는 광활한 영토에 대한 통제를 확보할 수 있게 되었다. 인접성의 원칙은 원대한 꿈에 부풀었던 우주개발 초기의 수직적 팽창에서도 마찬가지였다. 아닌디타 바네르지(Anin dita Banerjee, 2013)와 아시프 시디키(Asif Siddiqi, 2010)는 육지에서의 수평적 팽창이 20세기 초 과학과 문학, 그리고 예술에서 하늘을 향한 수직적 팽창, 곧 우주 정복의 야망으로 전환되었음을 분명히 지적한다. 해양 깊은 곳도 예외는 아니었다. 러시아는 2007년 북극의 해저에 국기를 게양한다. 상황이 이러하니 인간이 만든 시스템과 구조가 그것을 둘러싼 환경과 경계를 허물고 밀착되는 현상을 러시아 작가와 사상가들이 매우 첨예한 문제로 인식한 것이 그리 놀라운 일은 아니다. 인류세라는 개념이 생기기도 전에 이미 그 개념을 체화하고 있는 문학작품, 가령 블라디미르 오브루체프(Vladimir Obruchev)의 소설 『플루토니아』(1924)나 알렉산드르 벨랴예프(Aleksandr Beliaev)의 단편 「삶도 죽음도 아닌」(1925) 같은 초기 소련 SF소설은 이미 인간과 환경의 관계에 대한 다층적 고찰을 보여 주고 있다. 거기에는 지질학과 오랜 시간의 문제, 경제 시스템, 상품, 지식의 생산과 분배 문제, 그리고 인체의 각 부분과 그 기능의 문제 등에 대한 사색이 담겨 있다. 오부루체프의 소설은 북극 얼음의 갈라진 틈을 통해 지구의 땅 밑 깊은 곳으로 과학적 탐험을 하러 가는 이야기이다. 등장인물들은 1920년대에서 쥐라기 시대까지 거슬러 올라간다. 벨랴예프의 단편은 경제 위기가 닥쳤을 때 탄광 노동자들을 냉동시킨 후 그들을 고용할 수 있는 때가 왔을 때 해동시키는 계획을 상세히 기술한다. 노동자의 몸을 그린란드에 묻어 신체의 기능이 점차 느려지게 하고 결국 북극 지역의 온도와 대사 속도에 적응하도록 만들어 신체 소생술, 즉 인체 냉동 보존술을 실시하는 것이다. 여기서는 신체뿐 아니라 시간과 경제가 함께 냉동된다.[15] 미디어 연구자 매켄지 워크(McKenzie Wark)가 알렉산드르 보그다노프(Aleksandr Bogdanov)와 안드레이 플라토노프(Andrei Platonov)를 "인류세의 하위 이론"을 개진하기 위한 플랫폼으로 삼은 바 있기는 하지만,[16] 이러한 주제와 관련해 이 작가들은 여전히 러시아 문학 연구자들의 더 많은 연구를 요한다.

끝으로 서론을 마무리하면서 이 글에서 우리가 러시아 인류세 문학을 논하는 데 있어 개념적 기반이 되는 두 방향을 명확히 하려 한다. 첫 번째, 우리는 러시아 사상의 전반적 맥락 가운데 인류세를 자리매김할 것이다. 특히 여기서는 농업과 관련된 환경 과학의 역사, 핵 문제, 그리고 지금까지 주로 영미권을 중심으로 논의된 인류세 개념 형성에 큰 영향을 준, 지구를 생산 체계로 간주하는 관점들에 초점을 맞춘다. 아래에서 자세히 언급되겠지만, 여러 분야의 많은 연구자들이 베르나츠키를 필두로 인류세 개념의 선구자들을 거명해 왔으나 인류세 개념의 러시아적 경험의 특수성을 주목하고 그 의의를 설명하면서 세 명의 학자를 모두 조명하는 것은 이번이 처음일 것이다.[17] 두 번째로 우리는 인류세와 과학과 관련된 개념들이 퍼져 나가 이 시대의 사회학적, 생태학적, 지질학적 변화를 엄습한 자료와 담론에 이르게 되는 방식을 이해하기 위한 방법으로 물질대사 개념을 제안한다.

인류세 개념의 전사(前史): 러시아의 경우

인류세를 러시아 문학을 통해 살펴보는 우리의 작업은 지난 200년간의 러시아 문학이라는 기호과정(semiosis) 심층에서 작동해 온 물질적 의미를 탐구하려는 것일 뿐 아니라, 가브리엘 헥트(Gabrielle Hecht, 2018: 112)의 표현을 빌려 말하자면 인류세를 "지역이라는 맥락" 가운데 읽으려는 것이기도 하다. 헥트가 자신이 주장하는 "아프리카 인류세"에 집중한 것은 우리 시대의 지구적 의미를 모호하게 하려는 것이라기보다 장소의 특수성을, 즉 지구와 인간을 분화되지 않은 전체로 간주하는 경우 너무 자주 모호해지고 마는 특정 현상들의 지리적 분포를 주목하게 하기 위해서였다. 지구적이란 말은 주로 영미권의 상황을 지칭했으며 자연히 문제점도 해결책도 그곳에 집중되었다. 러시아 문화가 만들어 낸 특수한 전통 안에 인류세를 가져다 놓는 것이 물론 남반구에서의 인류세 문제로 눈을 돌리는 것과 같을 수는 없겠지만, 그럼에도 불구하고 러시아와 소련의 예는 영국과 미국, 그리고 서유럽과 유사하면서도 뚜렷하게 구분되는 흐름을 분명히 드러낸다. 이는 마치 도깨비 거울(funhouse mirror)을 통해 경쟁 관계에 있는 다른 정치, 사회, 경제, 생태 시스템을 비춰 보는 것과 같다. 러시아는 자신만의 고유한 제도를, 또한 미국, 독일, 영국, 그리고 다른 유럽 국가들과 유사하지만 분명히 구별되는 "복합생태계(biogeocenosis)"를 여전히 가지고 있다. 러시아와 소련의 맥락에서 인류세를 살펴보는 것은 이처럼 유사하지만 뒤틀린 거울상을 응시하게 함으로써 역사적 맥락에 대한 이해에 이르게 한다. 가령, 여기서 복합생태계라는 개념이 그 대표적인 예이다. 이 용어는 1940년대 바실리 수카체프(Vasily Sukachev)가 사용한 것으로, 앨프리드 탄슬리(Alfred Tansley)의 "생태계(ecosystem)" 개념과 매우 유사하며 또 거의 동시적으로 만들어진 것이지만, 수카체프의 복합생태계 개념이 좀 더 분명히 "인간 아닌" 행위자로서의 지구 대기에 대한 체계적 이해를 내포하고 있다.[18] 우리의 목적은 바로 이처럼 인류세 개념의 전사에 있어 러시아인들이 기여한 부분들을 고찰함으로써 "러시아에서의 인류세"에 대해 이야기하는 것이다. 인류세 개념의 형성에 있어 러시아인들의 역할은 어떤 식으로든 인정되었지만 그럼에도 아직까지 그것이 러시아와 소련의 맥락 안에서 망라된 적은 없었다.

인류세를 이해하기 위해 러시아와 소련으로 눈을 돌릴 때 가장 문제가 되는 것 중 하나는 이 용어 자체가 소련에서 유래했으며 그럼에도 크뤼천과 스토머는 소련에 대해 전혀 알지 못했다는 것이다.[19] 사실

소련의 지질학자 알렉세이 파블로프(Aleksei Pavlov)는 1928년 인간의 활동이 지배적 지질학적 요인이었던 시대를 가리키기 위해 이 용어를 만들었다. 주로 지질과학의 대중화에 힘쓴 학자였던 파블로프는 위대한 소련 지질학자이자 생지화학의 창시자 블라디미르 베르나츠키의 동료였다. 모두는 아니더라도 많은 이들이 베르나츠키가 발전시킨 생물권 개념이 인류세를 예고하고 있다는 사실에 큰 의미를 부여한다. 특히 그는 우주를 태양에 의해 움직이는 열역학 엔진으로 보았고 그 결과물이 생명이라 생각했다. 베르나츠키는 생물권에서 생명이 대기와 해양, 그리고 지구의 지층들과 맺고 있는 뿌리 깊은 상호연결 관계를 보았다.[20] 특히 그의 소르본대학교 강의는 인류세와 유사한 개념이 가장 분명하게 드러난 것 중 하나였고, 이 강의는 1924년 『지구화학』이라는 책으로 출판되었다.[21] 강의에서 베르나츠키는 다음과 같이 주장했다.

> 인류는 모든 곳에서 고대로부터의 영원한 지화학적 순환에서 발생하는 원자의 양을 증가시킨다. 인간은 이 순환의 과정을 교란하고 동요시키며 새로운 흐름을 만들어 냄으로써 기존의 것을 파괴한다. 인류의 도래와 함께 이 지구의 표면에 새로운 지질학적 동인이 등장한 것은 분명하다(Vernadsky, 1924: 344).

이처럼 베르나츠키는 인간이 단순히 지질학적 행위자가 되는 것을 넘어서 지배적인 행위자로 기능하고 있음을 역설한다. 그가 1945년 인지권이라는 용어를 채택했을 때에도 이러한 생각은 한결같았다. 인지권이라는 용어는 '마음'을 의미하는 그리스어 νοῦς로부터 유래한다.

베르나츠키는 피에르 테이야르 드 샤르댕(Pierre Teilhard de Chardin) 신부와 에두아르 르 롸(Edouard Le Roy)로부터 이 용어를 가져왔지만 윌 스테픈(Will Steffen)과 자크 그린발드(Jacque Grinevald) 등이 지적하듯, 베르나츠키의 인지권 개념은 두 "비정통 기독교인" 과학자 샤르댕과 르 롸에게서보다 그 본질에 있어 인류세의 개념에 훨씬 더 가깝다(Steffen et al., 2011: 844). 베르나츠키의 생물권 이론과 이어지는 인지권으로의(혹은 에피그라프에서 언급한 바 있는 "정신생대"로의) 이행 역시 모든 면에서 인류세 개념을 선취한다.

그러나 베르나츠키의 생물권-인지권과 인류세 사이의 유사성에도 불구하고, 인류세 논쟁에서 중요한 목소리를 내온 클라이브 해밀턴(Clive Hamilton) 같은 경우는 베르나츠키를 인류세의 선구자로 보는 것을 지지하는 최근의 과학사가들이나 베르나츠키 연구자 그린발드의 의견에 반대한다. 우리는 여기서 좀 더 진지하게 해밀턴의 논점을 살펴보려 한다. 그것이 오히려 베르나츠키의 과학이 인류세학에 어떻게 연결되며 왜 인류세를 러시아와 소련의 맥락에서 읽어야 하는지를 보다 분명히 보여 줄 수 있기 때문이다.

해밀턴의 반대의 근거가 되는 것은 다음의 두 가지로 보인다. 첫째는 생물권과 인지권에는 인류세 개념을 당대적인 것으로 만들어 주는 (가령 오존층의 파괴나 핵겨울의 전망 같은) 부정적이고 절박한 함의가 결여되어 있다는 것이다(Hamilton et al., 2015a: 61).[22] 두 번째는 인류세 사상은 특수한 계보가 있으며, 특히 그것은 지구시스템과학으로부터 기원하는 것이기에 다른 사상적 선조가 있을 수 없다는 주장이다.

해밀턴의 첫 번째 주장과 관련해 보자면, 베르나츠키가 인간이 지배하는 지질시대의 잠재력에 대해 낙관적이었다는 것은 사실이다. 이러한 관점에서 그는 분명 러시아, 소련 과학의 과장된 프로메테우스적 (혹은 유토피아적) 전통에 속해 있다. 그러나 그의 낙관주의에는 언제나 인간이라면 자신의 생지화학적 영향력을 이해하고 있어야 한다는 믿음이 드리워져 있었다. 물론 인간에게 낙관적인 기대를 하는 것은 쉬운 일이 아니다. 가부장적이고 유럽 중심주의적인 "인간"이 과연 지구의 이익을 위해 행동하는 것이 가능할지 의심스러운 것도 사실이다. 그러나 이러한 상황에서도 그의 낙관주의는, 가령 인류세 연구집단의 일원인 얼 엘리스(Erle C. Ellis) 같은 이들의 글을 통해 여전히 공명한다.[23] 해밀턴은 물론 엘리스의 낙관주의에 대해 격렬히 반대하고 있지만 그 자신도 결국 그 해결책에 대한 믿음을 버리지는 않는다. 그는 미국과 영국을 비롯한 서유럽 행위자들이 "서유럽적 정신"에 고질적인 "성장 숭배"와 토종 미국 "혈통"을 완전히 파괴하고 "팽창" 지향으로부터 벗어나 "조심스럽고 선별적인" (프로메테우스적인 것과 상반되기는 하지만) 태도를 가질 때 비로소 인류세의 문제를 해결할 수 있을 것이라 전망한다(Hamilton, 2013: 206, 208).[24]

베르나츠키의 개념들이 인류세론의 시작이 된 지구시스템과학의 정의에 맞지 않는다는, 해밀턴의 두 번째 주장 또한 성립되지 않는 것으로 보인다. 다른 논문에서 그는 인류세를 정의할 때 반드시 다음과 같은 지구시스템과학의 정의를 염두에 두어야 한다고 당부한다.

> 지구시스템의 다양한 부분들, 가령 암석, 물, 대기는 모두 상호 연관된 물질의 순환에 관여한다. 그 순환 가운데에서 물질은 계속해서 움직이고 사용되고 다시금 다양한 지구의 변화 과정에서 재사용된다. [···] 지난 50여 년 동안 우리는 지각판, 맨틀, 지구의 핵은 물론이고, 대기와 해양을 아

우르는 지구의 모든 층위에서 일어나는 움직임을 인식하게 되었다 (Langmuir and Broecker, 2012: 20, 22).

베르나츠키의 "생물권"이 바로 다름 아닌 이러한 대기와 지구 지층과 해양의 체계적 상호작용을 설명하는 것임은 말할 것도 없다.

게다가, 사실 베르나츠키의 사상은 조지 에벌린 허친슨(George Evelyn Hutchinson)을 통해 미국 학계로 전해진 것으로 보인다. 허친슨은 베르나츠키를 읽었고 그로부터 영향을 받았음을 공개적으로 말하곤 했으며 그는 바로 하워드 오덤(Howard Odum)의 스승이었다. 하워드 오덤은 자신의 형 유진 오덤(Eugene Odum)과 함께 미국 체계생태학의 기초를 마련한 생태학자이다(Kwa, 1993: 216; Hutchinson, 1970). 베르나츠키의 아들인 러시아 역사학자 게오르기 베르나츠키(Georgy Vernadsky)가 허친슨과 같은 시기 예일대학교에서 일하면서 허친슨에게 아버지의 원고를 건넨 것으로 보인다(Rispoli, 2014: 88). 해밀턴이 인류세가 순수하게 미국의 학문 전통에서 잉태된 개념이라 주장한 것은 독특한데, 그가 이렇게 주장할 수 있었던 것은 미국을 위시한 서구인에 대한 그의 희화화가 증폭된 결과로 보아야 할 것이다. 분명 우리의 관점이 지질학적 층위뿐 아니라 캐스린 유소프(Kathryn Yusoff)의 용어인 "사회적 층위구조(social stratification)"까지 망라한 전 세계를 범위로 하는 것이라면, 우리는 이제 우리의 시야를 영미권과 서유럽 세계 너머로, 러시아뿐 아니라 아시아까지, 나아가 아메리카 원주민들의 터틀 아일랜드(북아메리카)와 남반구까지로 넓혀야 할 것이다.

인류세의 사회적 층위구조 문제는 또한 과학사를 다루는 데 있어 반드시 지구체계 변형의 배후에 있는 사회생태학적 행위자의 문제가 고려되어야 한다는 것을 상기시키는 것이기도 하다. 때로는 이 두 행위자가 겹쳐진다. 인류세 개념의 전사에서 바실리 도쿠차예프(Vasily Dokuchaev)의 가장 중요한 업적은 이후 상술될 스텝의 식민지화와 1891년의 기근으로부터 나왔다. 베르나츠키의 성과는 부분적으로 제1차 세계대전과, 지속가능한 경제적, 생태적 독립을 독일로부터 쟁취하려 했던 소련의 노력과 관련된다. 그리고 미국의 전통적 생태학 내부에서 지구시스템과학이 폭발적으로 성장할 수 있었던 것 또한 제2차 세계대전 중 사이버네틱스(cybernetics) 발전과 태평양 섬에서 이루어진 핵실험 때문이었다. 상황이 이러할진데 문제와 그 해결책을 제한된 범위의 영미권과 서유럽 행위자들의 몫으로 돌리는 것은 인류세에 대한 불충분할 뿐 아니라 근본적으로 근시안적인 접근이 될 수밖에 없다.

인류세 이론의 맹아를 100년 전 러시아에서 찾는 것은 그것이 등장하는 사회생태학적 조건의 역할을 설명하는 데 도움이 될 것이다. 핵폭발을 비롯한 당대의 여러 재앙으로부터 미국의 지구시스템과학이 발전하게 된 것도 비교해 볼 만하다. 그렇다면 왜 러시아와 소련의 과학자들은 인류세에 대한 생각을 100년 전, 적어도 75년 전에 이미 할 수밖에 없었던 것인가?

러시아가 가장 먼저 "인간을 넘어서는" 지구시스템의 관계에 관한 학문을 발전시킬 수 있었던 가장 큰 이유는 아마도 다음의 두 가지일 것이다. 먼저, 인간에게 좀처럼 무상으로 풍요를 선사하지 않는 척박한 러시아 자연이다. 두 번째는 이러한 문제를 해결하기 위한 과학적 연구에 막대한 자원을 투입할 수 있었던 중앙집권적 정부의 존재이다. 가령, 베르나츠키의 멘토였던 도쿠차예프(Bailes, 1990: 19)를 살펴보

자. 그는 처음으로 토양을 일종의 "역동적 몸"으로 이해한 사람 중 하나였다. 그는 토양이 "마치 인간의 활동처럼 외부 요인에 반응하면서 구조를 만들어 가고 시간에 따른 변화를 담아내는 움직이는 몸"이라 여겼다(Richter et al., 2015: 2). 데이비드 문(David Moon)이 1891년 기근에 대한 자신의 연구에서 지적하고 있듯, 도쿠차예프의 혁명적 토양학(pedology)은 북부의 한대기후 식생에 익숙해 있던 농민들이 스텝을 점령함으로써 생겨날 수 있었던바, 이때 이 기근은 사회적, 생태적 힘이 어떻게 인류세의 중심 개념이 될 수 있는지를 보여 주는 한 예라 하겠다. 리히터 등(Richter et al.)은 도쿠차예프의 업적을 들어 토양학으로부터 인류세 연구가 기원했다고 주장하기도 한다. 폴 조지프슨(Paul Josephson)이 자신의 저서 『붉은 원자』에서 지적한 바와 같이[25], 소련의 핵 프로그램 역시 아마도 러시아 특유의 사회적인 것과 생태적인 것의 결합을 보여 주는 또 하나의 예라 할 것이다. 조지프슨은 핵이야말로 소비에트 시스템을 북방으로 효율적으로 확장하기 위한 근간이었다고 지적한다. 앤디 브루노(Andy Bruno) 역시 콜라(Kola) 반도와 콜라 원자력 발전소에 대한 자신의 상세한 연구를 통해 이를 증언하면서, 인류세란 그 상황 가운데 전개된 하나의 과정이었으리라 추측한다(Bruno, 2016).

북방의 환경이 소비에트 인류세의 발전에 미친 영향의 이면도 존재한다. 가령 러시아 상징주의 시인 드미트리 메레시콥스키(Dmitry Merezhkovsky)의 형 콘스탄틴 메레시콥스키(Konstantin Merezhkovsky)는 북방에서 연구를 진행하던 중 공생발생(symbiogenesis)을 발견했다. 생명체는 빅토리아 시대의 대표자 찰스 다윈이 밝힌 진화의 위계적이고 목적론적 구조로부터 출현할 뿐 아니라, 때로 다른 종에서 나온 박테리아와의 공생적 결합으로부터도 생겨날 수 있다는 것이 바로 공생발생 이론이다. 제임스 러브록(James Lovelock) 이 개진한 가이아(Gaia) 가설의 선구자로서 그것의 대중화에도 힘썼던 린 마굴리스(Lynn Margulis)는 메레시콥스키를 가리켜 생명을 시스템적으로 이해하고 이로써 뉴턴의 기계론적 세계관을 뒤흔든 선구자라 평가했다.[26] 그에 따르면 다윈의 진화론 역시 뉴턴의 기계론적 세계관과 맥을 같이 하는 것이었다(Margulis, 1993; Margulis and Sagan, 1998; Martin et al., 1999). 도나 해러웨이(Donna Haraway)는 마굴리스로부터 가져온 메레시콥스키의 작품을 재인용하면서 그것을 인류세가 요구하는 진입로라기보다 탈출구로서 모종의 "공생발생적 사유"를 보여 주는 선례로 간주했다.[27]

의도적이건 아니건 메레시콥스키가 자신의 공생발생 개념을 통해 기계론적이고 위계적인 진화 가설을 흔들어 놓았고 이로써 지구시스템의 공진화를 이해하기 위한 기틀을 마련했음은 부정할 수 없다. 결국 메레시콥스키는 베르나츠키, 도쿠차예프와 함께 인류세 개념의 전사에서 큰 공헌을 한 세 번째 러시아 학자가 되었다. 이 세 명의 러시아 학자들은 "인류세"의 특징적인 구성 요소들을 선취한 셈이다. 그 첫 번째는 지구시스템을 구성하는 인간-너머의 생물적 비생물적 행위자들의 상호 관계에 대한 이해이며, 두 번째는 그러한 지구시스템에 속한 개체들의 공진화 이론이고, 마지막으로 세 번째는 상대적으로 늦게 출현했음에도 불구하고 지구시스템 내에서 (잠재적으로 부정적 결과를 초래하며 그것이 최근의 지층에 흔적을 남기는 것이 목도된) 지배적인 영향력을 행사하는 "인간"의 존재에 대한 지각이다.

세 명의 인류세 이론의 선구자들을 주목하고 이들의 학문적 성과를 살펴보는 작업을 통해 단지 이들이 러시아와 소련에서 수행한 연구가 오늘날의 인류세 이론과 일치하는 지점들을 보이려는 것만은 아니다. 오히려 이들의 예는 이 글 서두의 샬라모프와 베르나츠키로부터 가져온 에피그라프가 그러하듯 그 너머로 펼쳐진 러시아 사상의 거대한 흐름으로 우리를 인도한다. 그렇게 해서 인류세 개념이 러시아라는 특수한 맥락 안에서 제자리를 찾을 수 있도록 하는 것이다. 그것은 러시아가 인류세 내에서 핵심적인 사회생태적 변혁이 일어난 장소일 뿐 아니라 바로 그곳에서 이미 생지화학과 지구시스템과학의 렌즈를 통해 인류세에 대한 사색이 이루어졌음을 보여 주는 증거가 된다.

이 서설을 마무리하면서 우리는 마지막으로 물질적인 것과 언어적인 것의 경계를 넘나들며 러시아 사상의 여러 층위로 널리 퍼진 일종의 "통합 체계적 사고"[28]를 "물질대사"라는 중요한 개념을 통해 조명하려 한다. 우리의 몸에도 지구에도 적용될 수 있는 개념으로서 "물질대사"는 인간과 비인간의 상호 침투가 가능한 경계로 우리의 관심을 이끈다.

이제 환경학의 영역에서 인간이 더 큰 생태계의 일부임을 분명히 한 이상, 이 세계 내의 인류의 위치를 재조명하는 것, 즉 환경 안에 배태된 인간의 몸을 응시하는 것은 물리학, 지질학, 진화생물학 같은 자연과학으로부터 과학, 음악, 건축, 문학 등의 인문학, 나아가 사회과학에 이르기까지 여러 학문분야에서 중심적 위치를 차지하는 광대하고 다층적인 연구 영역이 된다. 일찍이 1850년대에 프랑스 의사 클로드 베르나르(Claude Bernard)는 최초로 신체 기능과 외부 환경 간의 상응관계를 밝혔고 러시아에서 그의 이론의 영향은 지대했다. 19세기 후반 러시아 의사들이 인간 행동의 결정적 요인으로 사회 환경에 초점을 맞췄던 반면, 작가들은 종종 베르나르의 원리를 문자 그대로 받아들여 그야말로 페테르부르크의 기상 조건과 도시 계획, 심지어 공기의 질을 그대로 반영하는 기질과 행동을 보이는 등장인물들을 그려냈다. 가령 도스토옙스키의 "라스콜니코프"와 "지하인"은 그러한 대표적인 예이다.[29] 오늘날에는 문학 이론과 문화, 미디어 연구는 물론이고 환경 과학 또한 인간의 몸이 지구와 환경, 가치 시스템이나 지식의 분배와 맺고 있는 밀착 관계를 당연한 것으로 여긴다.[30] 내분비 교란 물질로 인한 오염은 젠더 연구자들이 지적하고 있듯 유아기부터 우리의 신체를 변형시킨다. 쓰레기를 묻은 땅과 공기와 물에 스며든 독성 폐기물은 선천적인 결함과 만성질환, 그리고 신체적 장애를 야기한다. 증가하는 장기이식 수요는 마치 원료를 채취하듯 끊임없이 장기를 조달하는 전 세계적 규모의 시장이 생겨나게 한다. 대리모에 의한 대리출산은 우리가 즉각적으로 생산과 생식 시스템을 후기 자본주의 사회의 수요와 공급의 원칙에 의거해 생각하도록 만든다. 이러한 시나리오에서는 환경의 위기, 사회경제적 위기, 그리고 건강에 대한 위협이 개인의 몸과 집단을 통해 스스로를 드러내며 또 서로 결합한다.

인간-동물-환경 구성체에 접근하는 다양한 방식들이 있지만 그중 물질대사는 인간의 몸과 지질학의 얽힘을 기술하는 특권적 범주이자 러시아 생태비평 내부에서 가능성을 열어 주는 또 하나의 새로운 탐구의 영역이 된다. 카를 마르크스는 바로 물질대사에 대한 탐구를 개시한 이들 중 하나였다. 그는 일찍이 1860년대 과학자들이 수행하던 물질대사 과정에 대한 연구에 매료되었고 이에 물질대사 개념을 생태계에 대한 은유로 차용하기도 했다. 『자본론』에서 그는 노동을 인간이 그들 자신의 행동을 통해 자신과 자연 사이의 물질대사를 중개하고 조정하고 제어하는 과정이라 정의했다. 자본주의는 물질대사가 제공할 수 있는 것보다 더 많은 수확을 얻기 위해 땅을 농민들로부터 소외시켰고 이로 인해 "물질대사 균열(metabolic rift)"을 야기했다.[31] "땅의 물질대사"와 "물질대사 균열"에 대한 마르크스의 주장은 지구 체계가 대기 중의 이산화탄소를 대사할 수 있는지에 대한 윌 스테픈의 질문과 함께 최근 인류세 논쟁의 주요 주제 중 하나가 되었다.[32]

소비에트 러시아 초기로 눈을 돌려 보자면 정부가 댐과 운하를 건설해 수로를 정비하고 농업에서는 이전에는 상상도 못할 기술이 등장해 나라의 경관을 새롭게 하던 바로 그 시기, 국민의 몸에 대한 국가의 통제나 생물학자와 영양학자들의 자문으로 만들어진 소비에트적 몸은 결국 소련 생태학의 탄생과 밀접한 관련을 맺고 있는 것이었다. 빅토르 시클롭스키(Viktor Shklov sky)가 자신의 에세이 모음집 『체스게임에서 기병의 움직임(Knight's Move)』(1923)에서 지식의 생산과 확산에 대해 말하면서 다름 아닌 영양소와 당시 갓 발견된(1905) 비타민을 은유로 사용한 것은 우연이 아니다.

러시아와 소련이라는 특수한 공간적 맥락에서의 인류세, 인간과 비인간 사이의 상호 침투적인 경계, 그리고 그것이 러시아 문학 고유의 상상력과 맺는 관계. 우리가 러시아 문학과 인류세를 다루는 특집호를 기획하면서 염두에 둔 것은 바로 이런 것들이다.[33] 19세기 말 러시아 모더니즘에 팽배했던 세기말의 예감과 그에 내재한 문명과 환경의 붕괴에 대한 두려움, 자연과 문화의 대립이나 땅과 인간의 경계의 문제에 대한 탐구, 20세기 초·중반 활동한 작가 미하일 불가코프(Mikhail Bulgakov)의 SF소설 『개의 심장』에서 이미 맹아가 드러나는 인류세의 물질대사 전환의 서사와 인간-비인간의 경계를 넘어서는 상상력, 소설가이자 나비 수집가이기도 했던 블라디미르 나보코프(Vladimir Navokov)의 소설에 그려진 나비의 이주를 통해 나보코프의 작품을 지질학적으로 읽음으로써 포착하게 되는 "인간을-넘어서는" 자연 행위자와의 상호 관계, 또한 핵문제와 우주 개발의 신화를 식민 지배의 폭력의 역사에 녹여 낸 칭기스 아이트마토프(Chingiz Aitmatov)의 소설 『백 년보다 긴 하루』에 반영된 소련 시기 중앙아시아 지역의 인류세적 주제들, 그 외에도 문학에 구현된 체르노빌의 상처가 상기시키는 인간을 넘어서는 종교적 자연의 형상 등. 이처럼 인류세의 복잡하게 얽힌 사회, 문화, 지질학적 층위들과 러시아 생태학, 환경학의 맥락에서 러시아 문학을 새롭게 읽는 작업은 우리가 앞서 밝힌 목표, 곧 러시아 소련의 특수한 맥락 안에서 인류세 개념이 제자리를 찾을 수 있도록 하는 효과적인 방법론이 될 수 있을 것이다.

●●●● 옮긴이 논평

이 글은 암스테르담에서 발간되는 러시아 문학 전문잡지 *Russian Literature* 가 2020년 "인류세와 러시아 문학"이라는 표제하에 기획한 특집호의 권두 논문이다. 특집호의 편저자인 알렉 브룩스와 엘레나 프라토는 이 글에서 먼저 기존의 인류세 담론이 기반하고 있는 영미 중심적 시각의 한계와 문제점을 지적하고 이에 대한 보완책으로 인류세를 특수한 지역적 맥락에서 읽어야 하는 필요성을 역설한다. 저자들은 러시아 문화의 특수한 전통 안에 인류세를 가져다 놓는 것, 즉 "러시아에서의 인류세"에 대해 밝히는 것을 목표로 하고 있는바, 이는 러시아 환경사에 기록된 지질학적 발견이나 생태적 위기, 즉 점령과 전쟁, 핵과 우주 개발 등의 사건에서 발생하는 인간과 환경의 상호 영향을 고찰하는 것일 뿐 아니라, 이러한 환경에서 주조된 인류세 개념을 선취하는 러시아 지질학의 성과들을 망라하는 것이기도 하다. 저자들은 러시아의 문화적, 환경적, 사상적 특수성에 대한 이해를 바탕으로 러시아 지질학계를 대표하는 이들의 이론이 오늘날의 인류세 개념과 만나는 지점들을 조명한다. 저자들은 먼저 인류세라는 용어의 기원을 설명하고 이 용어를 만든 알렉세이 파블로프에서 출발해 인류세 이론의 선구자인 블라디미르 베르나츠키의 생물권과 인지권 개념, 그의 스승이었던 바실리 도쿠차예프의 토양학과 콘스탄틴 메레시콥스키의 공생발생 개념에 대해 소개하고 있다. 이어 저자들은 물질대사의 개념을 가져와 인류세와 과학과 관련된 개념들이 퍼져 나가 이 시대의 사회학적, 생태학적, 지질학적 변화를 초래하는 담론으로 가공되는 방식을 고찰하고, 마지막으로 인류세의 주제를 다루는 러시아 문학의 구체적 실천들의 예를 열거하면서 글을 맺는다.

주

1. 찰스 슈처트(Charles Schuchert) 등의 지질학자는 1918년 지구의 역사에 있어 인간의 등장과 진화가 지질학적 변화를 초래한 큰 사건이 되는 시기를 특정하여 "정신생대(psychozoic era)"라 칭할 것을 제안했다. 그 의견에 따르면 현재의 지질시대인 신생대 제4기는 기존의 지질학적 분류에서의 신생대와 인간의 시대인 정신생대 사이의 과도적 시기를 가리키게 된다. 러시아 지질학자이자 고생물학자인 알렉세이 파블로프(Aleksei Pavlov) 또한 1914년 인간이 점점 큰 지질학적 힘을 행사하게 되는 현재를 가리켜 "인위대(anthropogenic era)"라 칭할 것을 제안했으며 러시아 지질화학자 블라디미르 베르나츠키(Vladimir Vernadsky)는 이러한 슈처트와 파블로프의 주장을 따라 "정신생대", "인위대" 등의 용어를 사용할 것을 제안했고, 마침내 1945년 발표한 논문에서는 인간의 지적 활동에 의해 변화하는 지구환경 상태를 통칭하는 용어로 인지권이라는 개념을 주창했다.—옮긴이 주
2. 최근 사회과학, 인문학 연구에서 키워드로 등장한 "물질적 전회"는 자연과 사회의 이분법에 기초한 인간 중심주의로부터 벗어나 인간과 물질, 인간과 "인간 이상의 것" 혹은 "비인간"의 존재론적 동등성을 말하는 "평평한 존재론(flat ontology)"을 바탕으로 인간-비인간의 결합, 혹은 그것들이 맞물려지는 네트워크로서의 사건인 "아상블라주"를 주목한다.—옮긴이 주
3. 크로스비는 한국어로 번역된 『콜럼버스가 바꾼 세계』에서 이를 상세히 논의했다.
4. 남극의 빙핵에 대한 연구를 통해 1610년 대기 중 이산화탄소 농도가 단기적이지만 현저히 감소한 것을 발견했으며 오르비스 스파이크(Orbis spike)라 부르는 이 지표는 지질학적 퇴적층에서 콜럼버스의 교환이 나타난 것으로 간주된다. 유럽인들이 천연두를 비롯한 질병을 아메리카 대륙에 최초로 들여옴으로써 수십 년 사이 5천만 명 이상의 원주민들이 죽게 되었으며, 이들 사회가 붕괴함으로써 넓은 영역에 걸쳐 농경지가 숲으로 다시 전환되었고 이로 인해 나무의 개체 수가 증가하여 대기권에서 이산화탄소를 충분히 흡수해 지구가 일시적으로 냉각되었다는 것이다.

매슬린과 루이스는 이 시기가 인류세의 장기 온난화가 개시되기 이전 최후의 지구냉각 국면이라 설명한다. —옮긴이 주

5. 무어는 한국어로 출간된 『생명의 그물 속 자본주의』에서 이런 논점을 주장했다.
6. 미국 출신 사회학자 이매뉴얼 월러스틴(Immanuel Wallerstein)은 "세계체제 분석"이라는 방법론으로 현재 대다수의 나라들이 채택하고 있는 자본주의라는 체제를 역사적 관점에서 고찰한다. 그는 18세기 영국에서 자본주의가 시작되었다는 통념을 거부하고 시간을 거슬러 올라가 16세기(길게는 13~15세기)에서 근대 세계체제의 단초를 찾는다. 그는 특히 "장기 16세기(1450~1640)"에 이르러 원거리 무역의 독점과 부의 축적 등을 통한 자본주의의 맹아가 본격적으로 등장했다고 설명한다. —옮긴이 주
7. 이에 대해서는 소비에트의 환경사에서 브루노와 의견을 같이 하는 Josephson (2002), Brain(2011), Brown(2013) 등을 참조하라.
8. 흐루쇼프는 닉슨 대통령에게 "여차하면 쿠지마의 어머니를 보여 주겠다!"라고 엄포를 놓았고, 당시 미국인들은 쿠지마의 어머니가 무엇인지를 놓고 오랫동안 골머리를 썩었다고 한다. 러시아어로 "쿠지마의 어머니를 보여 준다"라는 말은 "혼쭐을 내다"라는 뜻의 관용어구였고, 당시 소련이 개발한 열핵폭탄(수소폭탄) AN602의 별명 또한 "쿠지마의 어머니"였다. —옮긴이 주
9. 차크라바르티 글에 대한 저자의 인용과 서지에서 발견된 약간의 오류를 번역본에서는 검증 후 수정했다. —옮긴이 주
10. 러시아 생태비평에 대한 획기적인 연구의 예로는 다음을 보라. Bird(2011); Costlow (2013); Costlow and Nelson(2010); Costlow and Rosenholm (2017); Ely(2002); Helfant(2006); Hodge(2007); Kalinin(2013, 2015); Mondry(2017); Newlin(2001); Ogden(2005); Rosenholm and Autio-Sarasmo(2005).
11. 리처드 구스타프슨(Richard Gustafson, 1960)은 푸시킨의 이 시에 영감을 준 것이 이래즈머스 다윈(Erasmus Darwin, 1731~1802)의 「식물의 사랑」이었음을 처음으로 지적한 바 있다. 이 시 「우파스 나무」에서의 디에게시스(diegesis) 공간에 대한 분석은 Tenen(2018: 131)을 참조하라.
12. 가령 바흐친의 "크로노토프(chronotope)" 개념이 그러하다(Bakhtin, 2012).

모슨과 에머슨(Morson and Emerson 1990: 368)이, 또 최근에는 스톤(Stone, 2008)이 지적한 바와 같이 바흐친의 크로노토프 개념은 아인슈타인의 상대성 원리의 영향으로 만들어진 것이다.

13. semiosphere는 대개 "기호계"로, biosphere는 "생물권"으로 번역되나 여기서는 "sphere"의 반복을 통해 문학의 기호 공간이 생물권의 문제의식을 수용하는 과정을 지시하고자 하는 저자의 의도를 반영하여 "기호의 권역"과 "생물권"으로 번역했다. ―옮긴이 주

14. Bonhomme(2012: 3), 특히 "블록 형성" 개념과 관련해서는 Kivelson(2006: 192) 참조.

15. 니콜라이 크레멘초프(Nikolai Krementsov)의 『혁명적 실험들』(2013)은 인간의 몸에 대한 실험을 소재로 하는 소련 소설들의 맥락을 1910년대 후반에서 1920년대 러시아 과학사에의 예를 통해 설명한다.

16. 매켄지 워크는 자신의 저서 『분자 적색: 인류세를 위한 이론(Molecular Red: Theory for the Anthropocene)』(2015)에서 레닌과 함께 사회민주노동당을 이끌었던 러시아 혁명가이자 과학자, 이론가였던 알렉산드르 보그다노프와 러시아 작가 플라토노프, 화성 3부작을 쓴 미국의 SF소설 작가 킴 스탠리 로빈슨(Kim Stanley Robinson), 문학과 과학의 경계에서 비판적 글쓰기와 창작을 오가며 활동했던 도나 해러웨이의 경우를 통해 가능한 것의 리얼리즘으로서의 SF문학을 탐구하고 나아가 인류세에 대한 마르크스주의적 가능성을 개진한다. 책 제목에서 "분자"는 워크 자신이 펠릭스 가타리(Félix Guattari)의 『앙띠-오이디푸스』(2006)로부터 직접 인용하고 있듯이 수백만 년이 지나 비로소 그 영향을 그려내는 미세한 힘을 지칭하며, "적색"은 마르크스주의는 물론이고 보그다노프의 SF소설 『붉은 별』과 로빈슨의 『붉은 화성』을 관통하는 유토피아적 사유를 암시한다. 특히 그는 로빈슨이 보그다노프가 그랬던 것처럼 특권적인 상위 이론을 거부하고 상이한 세계관들 사이를 조율하는 "하위 이론"을 택하고 있음을 지적하면서 SF소설이 인류세가 이미 사유와 행동의 대상으로 출현하는 것을 포착하는 일종의 문학적 실험이 되고 있음을 보인다. 보그다노프는 경험의 요소들이 더 나은 노동 과정을 위해서 새로운 방식으로 결합되어야 한다고 주장하면서 이를 "텍톨로지(tektology)"의 실천이 될 수 있을 것이라 생각했으며, 이론도 과학도 아닌 텍톨로지야

말로 하나의 사물을 다른 사물을 통해 은유적으로 이해하는 일종의 대체 행동을 일반화하는 지적 실천으로서 이는 일상의 경험에 기반한 "하위 이론"의 구축을 가능하게 할 것이라 믿었다. —옮긴이 주

17. 이어지는 장에서 서술하게 될 세 명의 러시아 사상가는 블라디미르 베르나츠키, 바실리 도쿠차예프, 콘스탄틴 메레시콥스키이다. —옮긴이 주
18. 이와 관련해서는 수카체프 선집, 특히 그 안에 포함된 글 「생태계학 이론의 기본 원리」(Sukachev, 1972: 228~241)를 참조하라. 수카체프가 biogeocenosis 개념을 만든 것은 1942년이며 이 글은 1947년에 발표되었다. 수카체프의 복합생태계 개념, 탄슬리의 생태계 개념의 비교와 이들 용어가 21세기까지 진화해 온 과정에 대해서는 Ostroumov(2002)를 볼 수 있다.
19. 특히 크뤼천이 그랬다. 이에 대해서는 Crutzen et al.(2000)과 Crutzen (2002)를 보라.
20. 그의 생물권 개념은 biosphere라는 용어에서 알 수 있듯 하나의 유기체로서의 지구, 특히 구형의 지구 표면의 유기적 생명체에 초점을 맞춘다. 그는 지구의 "껍데기"를 구성하는 대기권(atmosphere), 수권(hydrosphere), 지권(litosphere)을 각각 독립된 시스템으로 보고 이들 간의 상호작용에 의해 생명이 탄생하며 그러한 생명이 다시금 지구 표층의 시스템에 영향을 미치고 복잡화하는 과정에 의해 지구의 껍데기가 생물권으로 변화한다고 설명했다. —옮긴이 주
21. 베르나츠키는 1922~1926년 대학 총장의 초대로 소르본대학교에 가서 지질학 세미나를 이끌었고 자연사박물관과 퀴리연구소에서 일했다. 그가 파리에 체류하는 동안 프랑스어로 그의 저서 『지구화학』이 출간되었고 이 책은 곧 러시아어로 번역되었다. —옮긴이 주
22. 또한 해밀턴은 다음과 같이 쓰고 있다. "크뤼천을 비롯해 일찍이 인류세 이론을 주장한 이들과 달리 그 이전의 자연과학자들은 핵겨울의 재앙이나 합성 화학물에 의한 오존층 파괴 같은 글로벌한 문제들을 접할 기회가 없었다"(Hamilton, 2015: 61).
23. 얼 엘리스는 미국 메릴랜드대학교에서 환경 과학과 생태 조경을 가르치고 있는 교수이다. 그는 인공 경관의 생태학을 지역적 차원에서부터 지구적 차원에 이르기까지 연구하고 있으며, 인류세 생물권 안에서의 지속

가능한 관리라는 문제에 관심을 가지고 있다. 엘리스는 국제층서위원회 제4기층서소위원회 산하 인류세 연구집단 위원으로 활동하고 있다. 국내에는 최근 그가 집필한 인류세에 대한 입문서 『인류세』가 한국어로 출간되었다. —옮긴이 주

24. 국내에 출간된 도서 정보는 다음과 같다. 클라이브 해밀턴, 『인류세: 거대한 전환 앞에 선 인간과 지구 시스템』, 정서진 옮김(2018, 이상북스).
25. 하버드대학교 데이비스 센터 연구원인 폴 조지프슨은 이 책을 통해 러시아 핵 산업을 본격적으로 심도 있게 다루고 있다. Paul Josephson, *Red Atom: Russia's Nuclear Power Program from Stalin to Today* (New. York: W. H. Freeman and Company, 1999). —옮긴이 주
26. 린 마굴리스는 다윈주의적 적자생존이 아닌 공생발생을 통한 진화를 주장한 생물학자이다. 그가 볼 때 진화의 과정을 거쳐 현재 지구상에 존재하는 모든 생물은 다른 생물과 물질, 에너지, 정보를 교환하는 공동체이다. 그는 또한 가이아 가설의 창시자인 제임스 러브록과의 공동 연구를 진행하는 등 가이아 가설의 지지자로서 지구와 생물의 역동적인 상호작용을 강조했다. —옮긴이 주
27. 여기서 우리가 주목하는 것은 물론 메레시콥스키의 작품을 탄생시킨 보다 광범위한 생물지리학적, 사회생태학적 원리이지만, 그럼에도 불구하고 그의 전기에서 드러난 추문들에 대해서는 엄중한 태도를 취하지 않을 수 없음을 밝힌다. 그는 반유대주의자였음은 물론이고 미국으로 이민 온 후 적어도 26명의 소녀들을 강간한 혐의를 받았으며, 게다가 밝혀진 사실은 일부일 가능이 높다(Sapp et al., 2002). 메레시콥스키와 그의 동생인 상징주의 시인 드미트리 메레시콥스키의 전기는 Zoloto nosov(2003)를 보라. 메레시콥스키의 작품이 마굴리스에 미친 영향에 대해서는 Quammen(2018)의 30장을 참조하라.
28. 부분적인 현상보다 전체와 그 전체에 포함된 부분들 사이의 역동적 관계를 이해하는 것을 가리킨다. 체계적 사고, 통합적 사고, 협동적 사고라고도 하며 전체를 통합된 하나로 보고 사고하는 것을 의미한다. 베르나츠키의 생물권이나 지구시스템과학, 지구 체계론 등의 인류세와 관련된 담론들은 모두 이러한 통합 시스템적 사고에 기반한다. —옮긴이 주
29. 라스콜니코프는 도스토옙스키의 『죄와 벌』의 주인공이며 지하인은 『지

하로부터의 수기』의 주인공이다. 라스콜니코프의 형상은 무더운 한여름 페테르부르크의 악취를 풍기는 거리, 숨 막히게 더운 하숙집 방의 묘사와 겹쳐지며, 『지하로부터의 수기』는 진눈깨비에 대한 연상으로부터 작품이 시작된다.

30. 이에 대한 주요한 연구로는 Buell(1995, 2001), Haraway(2008), Latour (2005) 등을 참조하라. 또 이와 관련해 1960년대 발표된 연구로는 Marx (1964)와 Williams (1973) 등이 있다.

31. "물질대사 균열"은 마르크스의 용어이다. 마르크스에게 자본주의는 필연적으로 "사회적 대사 과정에 있어서의 회복 불가능한 균열"을 향해 치닫는 것이며 따라서 극복되어야 하는 경제체제였다. 일종의 사회 재생산의 위기라 할 수 있는 이러한 "물질대사 균열"은 인간이 자연을 대상으로 벌이는 사회적 대사 과정이 그 물리적인 조건과 모순을 이룰 때 나타난다. 마르크스의 생태학을 주목하는 학자들은 마르크스의 이 개념에 의거하여 많은 환경문제가 생태적 순환과 그물들이 자본 축적으로 인해 찢기는 사태의 결과였다고 주장한다. 이들에 따르면 사회적 균열은 결국 생태적 균열의 증식을 초래한다. 이 개념을 더욱 깊이 이해하려면, 일본의 소장 마르크스주의자인 사이토 고헤이의 주목할 만한 저작인, 한국어로 출간된 『마르크스 생태사회주의』와 『지속 불가능 자본주의』를 권한다. —옮긴이 주

32. 마르크스의 물질대사 균열 개념에 대한 관심을 다시 불러일으키는 데 있어 가장 큰 역할을 한 존 포스터(John Foster, 2015)는 이러한 관점에서 소비에트 생태학에 대해 쓰기도 했다.

33. 이 글은 앞서 밝혔듯이 "인류세와 러시아 문학"이라는 제목의 특집호 권두 논문이며 저널에는 이 글을 제외하고 8편의 구체적 문학적 실천과 관련된 글들이 실려 있다. 그러한 이유로 필자들은 이 권두 논문의 마지막 한 페이지를 8편의 논문의 저자와 주제를 열거하는 데 할애하고 있다. 여기서는 논문 필자들의 동의하에 이 부분을 번역에서 대폭 생략하는 대신 각 논문이 인류세와 관련하여 드러내고 있는 주제적 특수성을 요약 정리했다. —옮긴이 주

참고문헌

Bailes, Kendall. 1990. *Science and Russian Culture in an Age of Revolutions: V. I. Vernadsky and His Scientific School, 1863-1945*. Bloomington.

Bakhtin, Mikhail. 2012. "Formy vremeni i khronotopa v romane." *Sob ranie sochi nenii. Vol.3: Teoriia romana.* Moskva, pp.340~511. (미하일 바흐친. 1988.『바흐찐의 소설미학』. 이득재 옮김. 열린책들)

Banerjee, Anindita. 2013. *We Modern People. Science Fiction and the Making of Russian Modernity*. Middletown, CT.

Bird, Robert. 2011. "The Poetics of Peat in Soviet Literary and Visual Culture, 1918- 1959." *Slavic Review* 70(3), 591~614.

Bonhomme, Brian. 2012. *Russian Exploration, from Siberia to Space: A History*. Jef- ferson, NC.

_____. 2013. *Writing the Environmental History of the World's Largest State: Four Decades of Scholarship on Russia and the USSR* 6(12), 12~37.

Brain, Stephen. 2011. *Song of the Forest: Russian Forestry and Stalinist Environmentalism, 1905-1953*. Pittsburgh.

Branch, Michael and Slovic, Scott.(Eds.) 2003. *The ISLE Reader: Ecocriticism, 1993- 2003*. Athens, Georgia.

Brown, Kate. 2013. *Plutopia: Nuclear Families, Atomic Cities, and the Great Soviet and American Plutonium Disasters*. London, UK.

Bruno, Andy. 2016. *The Nature of Soviet Power: An Arctic Environmental History*. Cambridge, UK.

Buell, Lawrence. 1995. *The Environmental Imagination: Thoreau, Nature Writing, and the Formation of American Culture*. Cambridge, MA.

_____. 2001. *Writing for an Endangered World: Literature, Culture, and Environment in the United States and Beyond*. Cambridge, MA.

Chakrabarty, Dipesh. 2009. "The Climate of History: Four Theses." *Critical Inquiry* 35(2), 197~222.

Costlow, Jane. 2009. "Who Holds the Axe? Violence and Peasants in Nineteenth-Century Russian Depictions of the Forest." *Slavic Review* 68(1), 10~30.

_____. 2013. *Heart-Pine Russia: Walking and Writing the Nineteenth-Century Forest*. Ithaca, NY.

Costlow, Jane and Nelson, Amy.(Eds.) 2010. *Other Animals: Beyond the Human in Russian Culture and History*. Pittsburgh.

Costlow, Jane and Rosenholm, Arja. 2017. *Meanings and Values of Water in Russian Culture*. Abingdon-on-Thames.

Crutzen, Paul. 2002. "Geology of Mankind." *Nature* 415(6867), 23.

Crutzen, Paul and Stoermer, Eugene. 2000. "The Anthropocene." *Global Change Newsletter* Vol.41, 17~18.

Davis, Heather and Todd, Zoe. 2017. "On the Importance of a Date, or, Decolonizing the Anthropocene." *ACME: An International Journal for Critical Geographies* 16(4), 761~780.

Ellis, Erle. 2016. "Evolving Toward a Better Anthropocene." *Future Earth Blog* (https://futureearth.org/2016/03/29/evolving-toward-a-betteranthropocene/)

Ely, Christopher. 2002. *This Meager Nature: Landscape and National Identity in Imperial Russia*. DeKalb.

Epshtein, Mikhail. 1990. *Priroda, mir, tainik vselennoi: Sistema peiza khnykh obra zov v russkoi poezii*. Moskva.

Foster, John. 2015. "Late Soviet Ecology and the Planetary Crisis." *Monthly Review* 67(2), 1~20.

Gille, Zsuzsa. 2009. "From Nature as Proxy to Nature as Actor." *Slavic Review* 68 (1), 1~9.

Glikson, Andrew. 2013. "Fire and Human Evolution: The Deep-Time Blueprints of the Anthropocene." *Anthropocene* 3, 89~92.

Graham, Loren. 1998. *What Have We Learned About Science and Technology from the Russian Experience?* Stanford.

Gustafson, Richard. 1960. "The Upas Tree: Pushkin and Erasmus Dar win." *PMLA* 75(1), 101~109.

Hamilton, Clive. 2013. *Earthmasters: The Dawn of the Age of Climate Engineering.* New Haven.

_____. 2015. "Getting the Anthropocene So Wrong." *The Anthropocene Review* 2 (2), 102~107.

_____. 2016. "Define the Anthropocene in Terms of the Whole Earth." *Nature* 536 (7616), 251.

Haraway, Donna. 2008. *When Species Meet.* Minneapolis.

_____. 2016. *Staying with the Trouble: Making Kin in the Chthulucene.* Durham, NC. (도나 해러웨이. 2021. 『트러블과 함께 하기: 자식이 아니라 친척을 만들자』. 최유미 옮김. 마농지)

Haraway, Donna et al. 2015. "Anthropologists Are Talking—About the Anthropocene." *Ethnos* 1~30.

Hecht, Gabrielle. 2018. "Interscalar Vehicles for an African Anthropocene: On Waste, Temporality, and Violence." *Cultural Anthropology* 33(1), 109~141.

Helfant, Ian. 2006. "S. T. Aksakov: The Ambivalent Proto-Ecological Consciousness of a Nineteenth-Century Russian Hunter." *ISLE: Interdisciplinary Studies in Literature and Environment* 13(2), 57~71.

Hodge, Thomas. 2007. "The 'Hunter in Terror of Hunters': A Cynegetic Reading of Turgenev's Fathers and Children." *The Slavic and East European Journal* 51(3), 453~473.

Husband, William. 2006. "'Correcting Nature's Mistakes': Transforming the Environment and Soviet Children's Literature, 1928-1941." *Environmental History* 11(2), 300~318.

Hutchinson, Evelyn. 1970. "The Biosphere." *Scientific American* 223(3), 44~53.

Josephson, Paul. 2000. *Red Atom: Russia's Nuclear Power Program from Stalin to Today.* Pittsburgh.

_____. 2002. *Industrialized Nature: Brute Force Technology and the Transformation of the Natural World.* Washington, DC.

Kalinin, Il'ia. 2013. "Proshloe kak ogranichennyi resurs: Istoricheskaia politika I ekonomika renty." *Neprikosnovennyi zapas* 2(88), 200~214.

_____. 2015. "Petropoetics." Lipovetsky, Mark and Dobrenko, Evgeny. (Eds.) Savage, Jesse M.(Trans.) *Russian Literature since 1991*. Cambridge, UK, pp.120~144.

Kivelson, Valerie. 2006. *Cartographies of Tsardom: The Land and Its Meanings in Seventeenth-Century Russia*. Ithaca, NY.

Kojevnikov, Alexei. 2002. "The Great War, the Russian Civil War, and the Invention of Big Science." *Science in Context* 15(2), 239~275.

Krementsov, Nikolai. 2013. *Revolutionary Experiments*. London, UK.

Kwa, Chunglin. 1993. "Radiation Ecology, Systems Ecology and the Management of the Environment." Shortland, Michael.(Ed.) *Science and Nature: Essays in the History of Environmental Sciences*. Oxford, UK, pp.213~249.

Langmuir, Charles and Broecker, Wallace. 2012. *How to Build a Habitable Planet: The Story of Earth from the Big Bang to Humankind—Revised and expanded edition*. Princeton.

Latour, Bruno. 2005. *Reassembling the Social: An Introduction to Actor-Network Theory*. Oxford, UK.

Lewis, Simon L. and Maslin, Mark A. 2015. "Defining the Anthropocene." *Nature* 519(7542), 171~180.

Loskutova, Marina. 2012. "'Svedeniia o klimate, pochve, obraze khoziai stva, i gos podstvuiushchikh rasteniiakh dolzhny byt' sobrany…': Prosveshchennaia biu rokratiia, gumbol'dtovskaia nauka i mestnoe znanie v Rossiiskoi Imperii vtoroi chetverti XIX v." *Ab Imperio* 2012 (4), 111~156.

Lotman, Iurii. 1965. "O poniatii geograficheskogo prostranstva v rukikh sredne vekovykh tekstakh." *Trudy po znakovym sistemam* 2, 210~216.

_____. 1969. "O metaiazyke tipologicheskikh opisanii kul'tury." *Trudy po znako vym sistemam* 4, 460~475.

_____. 1986. *Semiotika prostranstva i prostranstva semiotiki*. Tartu.

Margulis, Lynn. 1993. *Symbiosis in Cell Evolution: Microbial Communities in the Archean and Proterozoic Eons*. 2nd Ed. San Francisco.

Margulis, Lynn and Sagan, Dorion. 1995. *What Is Life?* New York. (린 마굴리스·도리언 세이건. 2016. 『생명이란 무엇인가』. 김영 옮김. 리수)

Martin, William and Kowallik, Klaus V. 1999. "Annotated English Translation of Mereschkowsky's 1905 Paper Üer Natur Und Ursprung Der Chromatophoren Im Pflanzenreiche." *European Journal of Phycology* 34(3), 287~295.

Marx, Leo. 1964. *The Machine in the Garden: Technology and the Pastoral Ideal in America*. Oxford, UK.

Mondry, Henrietta. 2017. "Selecting Candidates for De-Extinction and Resurrection: Mammoths, Lenin's Tomb and Neo-Eurasianism." *Animal Studies Journal* 6(1), 12~39.

Moon, David. 2013. *Plough That Broke the Steppes: Agriculture and Environment on Russia's Grasslands, 1700-1914*. Oxford, UK.

Morson, Gary and Emerson, Caryl. 1990. *Mikhail Bakhtin: Creation of a Prosaics*. Stanford, CA. (게리 솔 모슨·캐릴 에머슨. 2006. 『바흐친의 산문학』. 이진형·차승기·오문석 옮김. 책세상)

Newlin, Thomas. 2001. *The Voice in the Garden: Andrei Bolotov and the Anxieties of Russian Pastoral, 1738-1833*. Evanston.

Ogden, J. Alexander. 2005. "The Woods of Childhood: Forest and Fairy Tale in Pavel Zasodimsky's Nature Writing." *The Russian Review* 64 (2), 281~298.

Oldfield, J. D. and Shaw, D. J. B. 2006. "V. I. Vernadsky and the Noosphere Concept: Russian Understandings of Society-Nature Interaction." *Geoforum* 37(1), 145~154.

_____. 2016. *Development of Russian Environmental Thought: Scientific and Geographical Perspectives on the Natural Environment*. Abingdon-on-Thames.

Oldfield, Jonathan et al. 2015. "Conceptualizing and Utilizing the Natu-

ral Environment: Critical Reflections from Imperial and Soviet Russia." *The Slavonic and East European Review* 93(1), 1~15.
Ostroumov, S. A. 2002. "New Definitions of the Concepts and Terms Ecosystem and Biogeocenosis." *Doklady Biological Sciences* 383(1-6), 141~143.
Pushkin, A. S. 1949. *Polnoe sobranie sochinenii v 16 tomakh, Vol.3: Stik hotvoreni ia, 1826-1836*. Moskva.
Quammen, David. 2018. *Tangled Tree: A Radical New History of Life*. New York.
Reddy, Elizabeth. 2014. "What Does It Mean to Do Anthropology in the Anthropocene?" *Platypus* (http://blog.castac.org/2014/04/what-does-it-me an-to-doanthropo- logy-in-the-anthropocene/)
Richter, Daniel et al. 2015. "Soil in the Anthropocene." *IOP Conference Series: Earth and Environmental Science* 25, 1~12.
Rispoli, Giulia. 2014. "Between 'Biosphere' and 'Gaia': Earth as a Living Organism in Soviet Geo-Ecology." *Cosmos and History: the Journal of Natural and Social Philosophy* 10(2), 78~91.
Rosenholm, Arja and Autio-Sarasmo, Sari.(Eds.) 2005. *Understanding Russian Nature: Representations, Values and Concepts*. Saarijarvi.
Ruddiman, William. 2003. "The Anthropogenic Greenhouse Era Began Thousands of Years Ago." *Climatic Change* 61(3), 261~293.
_____. 2005. "How Did Humans First Alter Global Climate?" *Scientific American* 292(3), 46~53.
Sapp, Jan et al. 2002. "Symbiogenesis: The Hidden Face of Constantin Merezh kowsky." *History and Philosophy of the Life Sciences* 24(3/4), 413~440.
Shalamov, Varlam. 1994. *Kolyma Tales*. Glad, John.(Trans.) London. (바를람 샬라모프. 2015.『콜리마 이야기』. 이종진 옮김. 을유문화사)
_____. 2013. *Sobranie sochinenii v shesti tomakh*, Vol.2. Moskva.
Shklovsky, Viktor. 1923. *Khod konia*. Moskva.
Shtil'mark, F. R. 1992. "The Evolution of Concepts about the Preser-

vation of Nature in Soviet Literature." *Journal of the History of Biology* 25(3), 429~447.

Siddiqi, Asif. 2010. *The Red Rockets' Glare: Spaceflight and the Russian Imagination, 1857-1957*. Cambridge, UK.

Steffen, W. and Crutzen, P. et al. 2007. "The Anthropocene: Are Humans Now Overwhelming the Great Forces of Nature?" *Ambio* 36(8), 614~621.

Steffen, W. and Grinevald, J. et al. 2011. "The Anthropocene: Conceptual and Historical Perspectives." *Philosophical Transactions: Mathematical, Physical and Engineering Sciences* 369(1938), 842~867.

Steffen, W. and Broadgate, W. et al. 2015. "The Trajectory of the Anthropocene: The Great Acceleration." *The Anthropocene Review* 2(1), 81~98.

Stone, Jonathan. 2008. "Polyphony and the Atomic Age: Bakhtin's Assimilation of an Einsteinian Universe." *PMLA* 123(2), 405~421.

Sukachev, V. N. 1972. *Izbrannye trudy*, t. 1. Leningrad.

Tansley, A. G. 1935. "The Use and Abuse of Vegetational Concepts and Terms." *Ecology* 16(3), 284~307.

Tenen, Dennis Yi. 2018. "Towards a Computational Archaeology of Fictional Space." *New Literary History* 49(1), 119~147.

Verdery, Katherine. 1994. "The Elasticity of Land: Problems of Property Restitution in Transylvania." *Slavic Review* 53(4), 1071~1109.

Vernadsky, Vladimir. 1924. *La géochimie*. Paris.

_____. 1945. "The Biosphere and the Noöphere." *American Scientist* 33 (1), 1~12.

_____. 1954. *Izbrannye sochineniia, Vol. 1: Ocherki geokhimii*. Moskva.

Wachtel, Michael. 2011. *A Commentary to Pushkin's Lyric Poetry: 1826-1836*. Madison, WI.

Wark, McKenzie. 2015. *Molecular Red: Theory for the Anthropocene*. Brooklyn.

Whyte, Kyle Powys. 2017. "Our Ancestors' Dystopia Now: Indigenous

Conservation and the Anthropocene." Heise, Ursula et al.(Ed.) *Routledge Companion to the Environmental Humanities*. Abingdon-on-Thames, pp.206~215.

Williams, Raymond. 1973. *The Country and the City*. Oxford, UK. (레이먼드 윌리엄스. 2013.『시골과 도시』. 이현석 옮김. 나남)

Wilson, Edward O. 2016. *Half-Earth: Our Planet's Fight for Life*. New York. (에드워드 윌슨. 2017.『지구의 절반: 생명의 터전을 지키기 위한 제안』. 이한음 옮김. 사이언스북스)

Yusoff, Kathryn. 2015. "Anthropogenesis: Origins and Endings in the Anthropocene." *Theory, Culture & Society* 116(2), 257~273.

Zalasiewicz, Jan et al. 2015. "When Did the Anthropocene Begin? A Mid-Twentieth Century Boundary Level is Stratigraphically Optimal." *Quaternary International* 383, 196~203.

Zolotonosov, Mikhail. 2003. *Brat'ia Merezhkovskie*. Moskva.

찾아보기

주제어

ⓡ

ⓜ

ⓑ

ㅇ

ⓩ

ㅊ

ㅋ

ㅌ

인명

ㅁ

ⓒ

ⓚ

엮은이

이별빛달빛

서울대학교, 존스홉킨스대학교, 하버드대학교에서 공부하고 연구했다. 한국에서 처음으로 열대학연구소를 설립했다. 전 지구적 열대우림의 파괴로 기후재앙이 더욱 가속화된다는 문제의식을, 열대학의 한 쌍에 해당하는 저작인 『열대의 서구, 朝鮮의 열대』와 『自然史혁명의 선구자들』에서 논의했다. 『훔볼트 세계사—自然史혁명』을 통해 한국 청년들에게 절박하게 요청되는 것은 식물지리학적 탐험 정신임을 강조했다. 현재 아주대학교 열대학연구소와 의과대학 교수이다.

옮긴이

김용우

한국교원대학교 역사교육과 교수. 『호모 파시스투스: 프랑스 파시즘과 반혁명의 문화혁명』(2005)을 집필했으며 『지구사의 도전: 어떻게 유럽중심주의를 넘어설 것인가』(2010) 등을 공동 편집했다. 최근에는 포퓰리즘으로 알려진 현대 유럽 극우파 세력의 역사적 뿌리를 찾는 작업뿐만 아니라 인류세라는 유례없는 위기 속에서 역사학과 역사교육이 나아갈 방향을 모색하고 있다.

김찬종

서울대학교 사범대학 지구과학교육과 교수로 재직 중이며, 2016년 2

월부터 2년간 사범대학장을 지냈다. 국제지구과학교육기구(IGEO) 회장, 한국과학교육학회 회장, 한국지구과학회 회장 등을 역임했다. 2018년 이후 기후변화를 주제로 과학기술 관련 사회적 쟁점(SSI) 교육과 테크놀로지 기반 시민과학 교육에 대한 연구를 지속하고 있다.

정홍상

APEC기후센터 원장을 역임했다. 기획재정부 대외경제협력관과 기상청 차장을 거쳤다. 서울대학교 경제학과를 졸업했고, 같은 대학교에서 경영학 석사를, 미국 코넬대학교에서 경제학 박사를 받았다. 지은 책에 『경제정책과 재정』(1999), 『국제기구 멘토링』(2016)이 있다. 기후변화에 대응하기 위한 정책, 기업·정부 부문의 회계·재무관리에 관심이 많다.

송성회

1985년부터 제주대학교 인문대학 독일학과 교수로 재직하다가, 2018년 3월부터 2년간 인문대학장을 역임했다. 2005년부터 교양과목으로 '문학과 생태학'을 강의했으며, 2003년 이후 '생태학으로 문학 읽기'로서의 문학생태학을 정립하기 위한 연구를 계속했다. 주요 논문으로는 「인류세 담론과 문학생태학」, 「괴테의 자연관과 섬세한 경험론」, 「생태학으로 문학 읽기: '근심 밈의 노예' 파우스트의 비극」, 「파우스트의 '비극'과 '구원'」 등이 있다.

이영현

성균관대학교에서 영문학과 번역학을 가르친다. 인류세 시대에 인류의 당면 과제 중에서 특히 식량 윤리나 유전자 조작 동식물, 인류세 환경에서 여성, 유색인종, 그리고 자연의 타자성 등의 문제를 기후변화소설(Climate fiction: Cli-fi)을 통해 탐구한다. 이와 더불어 번역본과 영문판을 비교 분석하는 번역 비평을 주로 한다. *Do You Know The 'Comfort Women' of the Imperial Japanese Military?*(2017) 등 한영 번역서를 냈다.

이지연

서울대학교 노어노문학과와 같은 대학원을 졸업 후 러시아학술원 문학연구소에서 박사학위를 받았다. 현재 한국외국어대학교 러시아연구소 교수로 재직하며 러시아 문학과 예술을 연구하고 가르치고 있다. 러시아 모더니즘 문학과 아방가르드 예술로부터 러시아 영화, 포스트소비에트 문화 정체성, 현대 러시아 대중문화에 이르기까지 20세기 러시아 문화예술의 다양한 측면을 조명하는 논문들을 발표했으며 2020~2021년에는 고등과학원 초학제 프로그램을 맡아 진행했다.

김명진

한국항공대학교와 서울대학교에서 과학기술사를 강의하면서 번역과 집필 활동을 하고 있다. 최근에는 냉전 시기와 68혁명 이후의 과학기술에 관심을 가지고 공부하는 중이다. 저서로 『야누스의 과학』(2008), 『20세기 기술의 문화사』(2018), 역서로는 『과학의 민중사』(공역, 2014), 『냉전의 과학』(공역, 2017) 등이 있다.

한울아카데미 2366

인류세와 기후위기의 大가속

지은이 | P. 크뤼천·D. 차크라바르티·J. B. 프레쏘·A. 말름 외
엮은이 | 이별빛달빛
옮긴이 | 김용우·김찬종·정홍상 외
펴낸이 | 김종수
펴낸곳 | 한울엠플러스(주)
편집 | 배소영

초판 1쇄 인쇄 | 2022년 4월 1일
초판 1쇄 발행 | 2022년 4월 10일

주소 | 10881 경기도 파주시 광인사길 153 한울시소빌딩 3층
전화 | 031-955-0655
팩스 | 031-955-0656
홈페이지 | www.hanulmplus.kr
등록 | 제406-2015-000143호

Printed in Korea.
ISBN 978-89-460-7366-1 93330

* 책값은 겉표지에 표시되어 있습니다.